"十四五"职业教育国家规划教材

高职高专
旅游大类专业
新形态教材

模拟导游

（第2版）

傅远柏　章平　主编

清华大学出版社
北京

内 容 简 介

本书以地陪工作任务为导向，兼顾全陪和领队的工作职责，对全书体系进行了系统化设计，分为七大模块：接团服务，参观游览服务，购物、餐饮、娱乐服务，旅游者个别要求的处理，旅游事故的处理，旅途才艺展示，送团服务。针对相应模块，编者分别设计了若干个具体的课程项目，以突出导游服务集体协作的特点。本书融知识、理论、实践为一体，设计微课观看、知识强化、情景模拟、角色扮演、师生互动等主要教学环节，激发学生的学习热情与参与意愿，着力培养学生的导游职业技能。本书为"十三五"职业教育国家规划教材，实现了导游理论与行业经验一体化，教材内容与在线资源一体化，教学环节与学习过程一体化，线上学习与线下学习一体化。

本书可作为高职高专院校旅游类专业课程教材，也可作为导游人员业务培训教材，还可供广大旅游从业人员与社会人员学习参考。

本书封面贴有清华大学出版社防伪标签，无标签者不得销售。
版权所有，侵权必究。举报：010-62782989，beiqinquan@tup.tsinghua.edu.cn。

图书在版编目(CIP)数据

模拟导游/傅远柏，章平主编．—2版．—北京：清华大学出版社，2022.6(2024.7重印)
高职高专旅游大类专业新形态教材
ISBN 978-7-302-54483-8

Ⅰ.①模… Ⅱ.①傅… ②章… Ⅲ.①导游－高等职业教育－教材 Ⅳ.①F590.633

中国版本图书馆CIP数据核字(2019)第265683号

责任编辑：刘士平
封面设计：傅瑞学
责任校对：李　梅
责任印制：杨　艳

出版发行：清华大学出版社
　　网　　址：https://www.tup.com.cn, https://www.wqxuetang.com
　　地　　址：北京清华大学学研大厦A座　　　邮　编：100084
　　社 总 机：010-83470000　　　　　　　　　邮　购：010-62786544
　　投稿与读者服务：010-62776969, c-service@tup.tsinghua.edu.cn
　　质量反馈：010-62772015, zhiliang@tup.tsinghua.edu.cn
　　课件下载：https://www.tup.com.cn, 010-83470410

印 装 者：三河市铭诚印务有限公司
经　　销：全国新华书店
开　　本：185mm×260mm　　印　张：16.25　　字　数：388千字
版　　次：2010年3月第1版　　2022年6月第2版　　印　次：2024年7月第4次印刷
定　　价：56.00元

产品编号：086568-02

本书编委会

顾　　问：王昆欣　姜文宏
主　　编：傅远柏　章　平
副 主 编：石媚山　李　晶
参编人员（按拼音为序）：
　　　　　程　巍　凡　丹　洪　楠　胡　燕
　　　　　刘红江　刘　恋　莫春雷　彭　雯
　　　　　钱小梅　邱　峰　孙建华　夏建国
　　　　　许　培

主要作者简介

傅远柏,男,1982年4月出生,中共党员,博士,宁波城市职业技术学院旅游学院副教授、国家高级导游。主要研究领域为旅游产业经济与政策、旅游职业教育等。现为浙江省文化旅游拔尖人才、浙江省高职高专专业带头人,曾担任浙江省旅行社品质等级评定员、浙江省旅游景区质量等级评定员、全国导游资格考试资深考评员等。主持、参与旅游管理浙江省特色专业、"十三五"优势专业,浙江省课堂教学改革,浙江省教育科学规划等多项课题,发表学术论文10余篇,主编出版专业教材3部。曾获全国高校微课教学比赛一等奖、浙江省高校青年教师教学竞赛一等奖、浙江省教育技术成果评比一等奖、浙江省高职院校教学能力比赛一等奖等多项教学奖励。先后获得"浙江省旅游行业技术能手""浙江省高等学校教坛新秀""宁波市优秀共产党员""浙江省高校优秀共产党员""浙江省'万名好党员'"等荣誉称号。

章平,男,1961年7月出生,1983年毕业于华东师范大学,1994年开始从事旅游高等职业教学研究工作。副教授,自2004年起担任宁波城市职业技术学院旅游学院执行院长。现任宁波市旅游协会理事,浙江省高职高专旅游类专家指导委员会委员,浙江省"十三五"优势专业负责人、宁波市旅游管理重点学科带头人,主持、参加十余项省市级课题,发表论文20余篇,主编出版专业教材3部。

石媚山,男,1982年1月出生,中共党员,青岛酒店管理职业技术学院文旅学院院长、副教授。主要研究方向为职业教育、旅游酒店管理。现为国家级骨干专业带头人,国家双高计划专业群重点建设专业带头人;全国旅游职业教育校企合作示范基地负责人,山东省青年创新团队负责人。国家级教师教学创新团队、山东省黄大年式教学团队核心成员。担任全国旅游职业教育教学指导委员会旅行社专委会委员、山东省研学旅行研究院院长、青岛市旅游智库秘书长、青岛市研学旅行基地协会会长、青岛城运文旅集团独立董事等社会职务。主持山东省职业教育教学改革研究课题、山东省教育科学"十四五"规划课题等10余项,发表学术论文20余篇,主编教材10本。先后荣获国家级教学成果奖二等奖、省级教学成果奖一等奖。荣获国家级课程思政教学名师、全国旅游教育杰出青年教师、山东省高等学校教学名师、山东省优秀共产党员、青岛市教学名师等荣誉称号。

李晶,女,1984年6月出生。浙江达人旅业股份有限公司部门总监,国家高级导游,杏人导游平台负责人。2005年从事旅游工作至今,先后获得宁波市导游大赛第一名,"宁波市青年岗位能手""宁波市财贸金融旅游行业文明优质服务标兵""宁波市首席工人""宁波十佳导游""宁波市金牌导游"等荣誉称号。2015年入选国家万名旅游英才计划,立项"技能技术大师"项目。2017年当选宁波十五届人大代表。2020年被选为浙江省旅游拔尖人才。2021年荣获首批文化和旅游系统全国劳动模范荣誉称号。

第 2 版前言

当今世界,百年变局和世纪疫情交织叠加,技术赋能、数字化变革引起行业产业的深刻转型,我国高素质技术技能人才面临巨大缺口,职业教育任重道远。党的二十大报告提出,"必须坚持科技是第一生产力、人才是第一资源、创新是第一动力,深入实施科教兴国战略、人才强国战略、创新驱动发展战略,开辟发展新领域新赛道,不断塑造发展新动能新优势。"强调"深入实施人才强国战略。培养造就大批德才兼备的高素质人才,是国家和民族长远发展大计。"旅游业作为国民经济的战略性支柱产业,已经成为人们获得感和幸福感的重要来源。导游作为旅游行业最具代表性的职业,被称为民间的外交大使,地方的形象代言人,在旅游产业发展过程中发挥着关键作用。职业院校是导游人才培养的在主要载体,《模拟导游》课程作为导游专业的核心课程,旨在对学生的导游职业能力进行培养,为学生走上实习和工作岗位打下坚定的基础。

党的二十大报告首次把教育、科技、人才进行"三位一体"统筹安排、一体部署,首次将"推进教育数字化"写入报告,是以习近平同志为核心的党中央作出的重大战略部署,赋予了教育在全面建设社会主义现代化国家中新的使命任务,明确了教育数字化未来发展的行动纲领。党的二十大报告还指出,要统筹职业教育、高等教育、继续教育协同创新,推进职普融通、产教融合、科教融汇,优化职业教育类型定位。这为本教材的数字化改革、产教融合探索提供了重要的理论依据与政策指引。

《模拟导游》第 1 版由清华大学出版社于 2010 年 3 月首次出版至今,受到用书单位和读者的普遍欢迎,于 2018 年 12 月入选浙江省高校"十三五"第二批新形态教材,2020 年 12 月入选"十三五"职业教育国家规划教材。本书以地陪工作任务为导向,兼顾全陪和领队的工作职责,对全书体系进行了系统化设计,分为七大模块:接团服务,参观游览服务,购物、餐饮、娱乐服务,旅游者个别要求的处理,旅游事故的处理,旅途才艺展示,送团服务。针对各模块,编者分别设计了若干个具体的课程项目,以突出导游服务集体协作的特点。本书融知识、理论、实践为一体,引导学生积极思考,参与实践,激发学生的学习热情,培养实际操作能力。第 2 版重点体现以下特色:导游理论与行业经验一体化,教材内容与在线资源一体化,教学环节与学习过程一体化,线上学习与线下学习一体化。具体表现如下。

(1) 导游理论与行业经验一体化

作者团队有机融合导游工作核心理论与资深导游的实战经验,并以导游工作过程系统化理念为导向,设计内容结构体系。本书由在校教师与行业专家共同开发,课程团队实力雄厚,具有丰富的实战经验。团队成员包括国家高级导游、国家导游技能大师、全国导游考试考评员、浙江省高职高专旅游专业带头人、浙江省旅游行业技术能手、浙江省最佳导游员等多名实力派教师。

(2) 教材内容与在线资源一体化

本书以工作过程系统化理念为导向,科学整合课程内容,使理论与实践有机结合;以课程项目为载体,依托优质在线教学资源,进行教学做一体化教学设计。吸收教学形态信息化创新应用的最新成果,融入课程思政元素,将优质微课等在线教学资源通过二维码形式融入书中,使教学内容更加立体、直观。

(3) 教学环节与学习过程一体化

重点课程项目设计微课观看、知识强化、情景模拟、角色扮演、师生互动等主要教学环节,力求达到教学做一体化。

微课观看:通过扫描二维码观看微课,让学生提前学习该项目的主要内容,并完成相应的习题测试。这一环节教师可以根据实际情况在课前或课堂上完成。

知识强化:鉴于学生在学习本门课程时已经有了一定的理论积累,这一环节教师可在学生观看微课的基础上,对该项目需要的重点知识进行强调与重申。

情景模拟:针对工作项目设计工作情景,包括时间、地点、人物、事件等因素。教师在教学时可对已经设定的情景进行调整,使之更加符合教学的需要。

角色扮演:在一定情景下,学生扮演相应的角色,完成特定的工作项目。学生可在训练提示的指导下,完成预先设定的填空,进行角色扮演。在这一环节,学生也可以不受本书限制,自行设计角色扮演方案。

师生互动:教师和学生共同围绕与本项目紧密联系的相关问题展开讨论,在选取该环节问题时突出开放性与实践性,由此激发师生的思维,活跃课堂氛围,为学生走上导游岗位进行充分的准备。

(4) 线上学习与线下学习一体化

与线下学习相结合,依托课程网站与慕课平台,在网上开展主题讨论、作业提交、课后答疑等教学活动,方便师生课堂内外的沟通。

《模拟导游(第2版)》由宁波城市职业技术学院傅远柏、章平担任主编,青岛酒店管理职业技术学院石媚山、浙江达人旅业股份有限公司李晶担任副主编。除了第1版编写团队成员外,第2版参与修订的人员还有:辽东学院姜文宏、孙建华,大连职业技术学院钱小梅,黑龙江旅游职业技术学院胡燕,东莞职业技术学院凡丹,珠海科技学院程巍,长江职业学院彭雯等。本书配套视频由《好导游是怎样炼成的》慕课教师团队完成,团队负责人为傅远柏,团队主要成员包括:宁波技师学院刘红江,宁波导游服务中心夏建国,中国国旅(宁波)国际旅行社邱峰等。

感谢华中师范大学胡静、敖荣军、李星明等,北京第二外国语学院邹统钎、韩玉灵等,澳门城市大学李玺、沈华文、罗剑明、高波、张涛等对专业学习和本书编写的指导和帮助。感谢宁波城市职业技术学院潘菊素、赵黎明、祝志勇、王霞、张建庆、朱建国、丁磊、罗南、丁大朋等领导、同事对本书编写修订工作的关心。感谢在我博士求学阶段,高贤、周程明、廖敏、吴家豪、宋红梅、尚子野同学给予的帮助和支持。感谢我的妻子周鑫梅,女儿傅洛伊和傅洛宜对我坚定有力的支持。本书在编写和修订过程中,参阅了大量国内外研究成果及相关素材,在此向各位作者表示衷心的感谢。

本书可作为高职高专院校旅游类专业课程教材,也可作为导游人员业务培训教材,还可供广大旅游从业人员与社会学员学习参考。若有不当之处,敬请批评指正。

傅远柏

2022 年 12 月于宁波高教园区

全书参考答案

第1版前言

项目课程是指以工作过程为导向选择课程内容,以学生参与完成工作任务为主要学习方式的课程模式,这种模式已成为我国高职教育课程改革的一个发展方向。近年来国内部分高职院校开始对部分课程进行项目课程改革,成效显著。

《模拟导游》作为一门导游专业核心课程,适合按照项目课程的建设要求,依据导游工作流程,合理设置课程项目和教学环节,重视学生参与、师生互动。通过知识的积累,能力的锻炼,切实提高学生的导游职业能力。对此我们专门编写了这本《模拟导游》项目课程教材,成功克服了学科体例教材用于实践性课程教学的弊端,将导游所需理论、知识、实践融为一体,对学生的能力训练过程进行精心设计,从而优化教学效果。具体表现如下。

1. 以行业实际为依据选取教学内容

导游作为旅游行业最具代表性的职业,其服务质量至关重要。随着旅游业的不断发展,旅游消费市场日益成熟,旅游者对导游的要求越来越高。本教材在内容选取上充分考虑了我国旅游行业的实际情况,在对导游所需的知识和技能进行深刻总结的基础上选取教学内容,并通过知识链接、补充阅读等形式提供了更加丰富的资讯。

2. 以工作任务为导向设计课程项目

导游有地陪、全陪、领队之分,三者共同构成了导游服务集体。出入境旅游中,领队是客源地组团社委派的代表,全陪是旅游目的地组团旅行社委派的导游,地陪则是旅游目的地地接社委派的导游员。国内旅游中一般没有领队,全陪是组团旅行社委派的导游,地陪则是地接旅行社委派的导游。在实际接待过程中,他们有着共同的服务对象和服务目标,基本服务环节有很多共同点。因此本教材以地陪工作任务为导向将课程内容分为七大模块,具体为模块一:接团服务,模块二:参观游览服务,模块三:购物、餐饮、娱乐服务,模块四:旅游者个别要求的处理,模块五:旅游事故的处理,模块六:旅途才艺展示,模块七:送团服务。并分别设计若干个任务具体的课程项目,兼顾全陪和领队的工作职责,突出集体协作的特点。

3. 以授课经验为基础组织教学环节

本教材的编者均有丰富的课堂教学和行业实践经验,充分考虑了内容主次、学生特点、课堂气氛、时间安排等因素,设置了知识强化、情景模拟、角色扮演、师生互动等主要的教学环节,书后还附有角色扮演和师生互动的参考答案。

理论准备:鉴于学生在学习本门课程时已经有一定的理论积累,因此这一环节仅对本项目需要的理论知识进行简明扼要的介绍。

情景模拟:针对工作任务,设计工作情景,包括时间、地点、人物、事件等因素。教师在教学时可对已经设定的情景进行调整,使之更加符合教学的需要。

角色扮演:在一定的情景下,学生扮演相应的角色,完成特定的工作任务。学生可在训练提示的指导下,完成预先设定的填空,进行角色扮演。在这一环节,学生也可以不受教材限制,自行设计角色扮演方案。

师生互动:教师和学生共同围绕与本项目紧密联系的有关问题展开讨论,在选取该环节问题时突出开放性与实践性,由此激发师生的思维,活跃课堂氛围,为学生走上导游岗位进行有益的准备。

4. 以知识能力为标准评价学习效果

每一课程项目都有明确的知识目标和技能目标,为课程总体教学目标的实现提供坚实有力的支撑,在此基础上通过项目考核全面评价学生的学习效果,打破以往过分依赖考试成绩的评价方法。教材中的项目考核表为统一设计,供大家参考。教师可在此基础之上适当调整内容或分值。

本书由宁波城市职业技术学院傅远柏、章平担任主编,参与编写的还有:刘恋(天津天狮学院)、许培(平顶山工业职业技术学院)、莫春雷(石家庄职业技术学院)、洪楠(南京工程高等职业学校)。具体编写任务如下:模块一(傅远柏、章平),模块二(刘恋、傅远柏),模块三(许培),模块四(莫春雷),模块五(洪楠、傅远柏),模块六(傅远柏),模块七(傅远柏、章平)。全书由傅远柏、章平统稿、定稿。

感谢北京第二外国语学院韩玉灵老师,华中师范大学胡静老师对本教材的编写工作给予的悉心指导;感谢宁波旅游培训中心马云辉老师,宁波市高级导游夏建国先生、凌敏先生,宁波大学周鑫梅女士,宁波中国青年旅行社总经理毕坚鸿先生提出的宝贵意见;还要感谢我的学生朱卓、张露、张青菁、尹卫琴、方洁等所做的大量基础性工作。本教材在编写过程中,参阅了大量国内外研究资料及有关网站信息,在此向各位作者表示衷心的感谢。

由于水平有限,时间仓促,教材当中难免会有不当之处,敬请广大读者不吝赐教。

傅远柏

2009 年 9 月于宁波高教园区

目 录

模块一　接团服务

项目1　接待准备　/ 2
　　任务一　熟悉接待计划　/ 5
　　任务二　落实接待事宜　/ 8
　　任务三　准备必要物品　/ 10

项目2　接站服务　/ 12
　　任务一　认找旅游团　/ 15
　　任务二　致欢迎词　/ 17
　　任务三　首次沿途导游　/ 19

项目3　入店服务　/ 22
　　任务一　办理住店手续　/ 24
　　任务二　介绍饭店设施　/ 26
　　任务三　用好第一餐　/ 26
　　任务四　安排叫早服务　/ 27

项目4　商定日程　/ 30
　　任务一　核对日程　/ 31
　　任务二　修改日程　/ 32
　　任务三　调整日程　/ 33

模块二　参观游览服务

项目5　市容导游　/ 38
　　任务一　市容特色和历史沿革导游　/ 41

任务二　社会经济和文化概述　/ 44

项目6　山地景观导游　/ 46
　　　任务一　地质构造分析　/ 49
　　　任务二　山体形态欣赏　/ 51
　　　任务三　山景色彩渲染　/ 51
　　　任务四　人文内涵讲解　/ 52

项目7　水体景观导游　/ 55
　　　任务一　水体成因分析　/ 58
　　　任务二　水体形态赏析　/ 59
　　　任务三　历史文化解读　/ 60
　　　任务四　水域风光介绍　/ 60

项目8　动植物景观导游　/ 63
　　　任务一　动物景观赏析　/ 66
　　　任务二　植物景观导游　/ 67

项目9　中国古代建筑导游　/ 71
　　　任务一　相关人物介绍　/ 74
　　　任务二　建筑功能说明　/ 75
　　　任务三　建筑特色分析　/ 76
　　　任务四　建筑结构阐释　/ 77

项目10　宗教建筑导游　/ 80
　　　任务一　建筑过程回顾　/ 84
　　　任务二　建筑格局分析　/ 85
　　　任务三　艺术特色鉴赏　/ 86
　　　任务四　宗教含义及功能阐释　/ 87

项目11　中国古代军事设施导游　/ 90
　　　任务一　建造历史介绍　/ 93
　　　任务二　地理位置解析　/ 94
　　　任务三　实用功能分析　/ 95
　　　任务四　历史战役回顾　/ 95

项目12　园林导游　　　/ 98
　　任务一　建筑细节讲解　　　/ 102
　　任务二　假山怪石欣赏　　　/ 103
　　任务三　构景方法介绍　　　/ 103
　　任务四　文化内涵剖析　　　/ 104

项目13　博物馆导游　　　/ 107
　　任务一　博物馆建筑介绍　　　/ 109
　　任务二　藏品来历讲解　　　/ 110
　　任务三　藏品制作工艺说明　　　/ 111
　　任务四　藏品地位分析　　　/ 112

模块三　购物、餐饮、娱乐服务

项目14　购物服务　　　/ 116
　　任务一　进店前讲解　　　/ 118
　　任务二　旅游商品介绍　　　/ 119
　　任务三　接受旅游者咨询　　　/ 121

项目15　餐饮服务　　　/ 123
　　任务一　团队正餐服务　　　/ 125
　　任务二　团队风味餐服务　　　/ 126
　　任务三　团队宴会餐服务　　　/ 128

项目16　娱乐服务　　　/ 131
　　任务一　参与性娱乐活动服务　　　/ 133
　　任务二　欣赏性娱乐活动服务　　　/ 134

模块四　旅游者个别要求的处理

项目17　旅游者服务个别要求的处理　　　/ 138
　　任务一　餐饮个别要求的处理　　　/ 145
　　任务二　住房个别要求的处理　　　/ 146
　　任务三　娱乐个别要求的处理　　　/ 147
　　任务四　购物个别要求的处理　　　/ 148

项目 18　旅游者活动安排个别要求的处理　/ 152

　　任务一　自由活动要求的处理　/ 157
　　任务二　探视亲友、亲友随团活动要求的处理　/ 158
　　任务三　中途退团或延长旅游期要求的处理　/ 159

项目 19　旅游者投诉的处理　/ 162

　　任务一　旅游产品问题引起的投诉的处理　/ 166
　　任务二　旅游者自身原因投诉的处理　/ 167

模块五　旅游事故的处理

项目 20　业务事故的处理　/ 170

　　任务一　误机(车、船)的处理　/ 173
　　任务二　漏接、错接、空接事故的处理　/ 175
　　任务三　遗失行李事故的处理　/ 179

项目 21　个人事故的处理　/ 182

　　任务一　丢失证件事故的处理　/ 183
　　任务二　丢失财物事故的处理　/ 185
　　任务三　旅游者走失事故的处理　/ 187

项目 22　旅游安全事故的处理　/ 190

　　任务一　交通安全事故的处理　/ 193
　　任务二　治安事故的处理　/ 195
　　任务三　火灾事故的处理　/ 197

模块六　旅途才艺展示

项目 23　个人才艺表演　/ 202

　　任务一　讲故事、说笑话　/ 207
　　任务二　朗诵　/ 210
　　任务三　唱歌　/ 212
　　任务四　魔术　/ 213

项目 24　旅途游戏的开展　/ 216

　　任务一　语言游戏　/ 220

任务二　娱乐游戏　　/ 221

模块七　送团服务

项目 25　送站服务　　/ 224
　　任务一　送站准备　　/ 228
　　任务二　离店服务　　/ 230
　　任务三　送行服务　　/ 231

项目 26　善后工作　　/ 235
　　任务一　整理带团记录　　/ 238
　　任务二　进行带团总结　　/ 239
　　任务三　做好收尾工作　　/ 239

参考文献　　/ 243

模块一　接团服务

　　有了良好的开端就成功了一半,接团服务是导游工作程序中的一个重要环节。做好接团服务能够迅速获取旅游者的信任,为后续工作打下有利的基础。地陪接受旅行社下达的旅游团接待任务后,要做好接待准备,按时前往指定地点迎接旅游团,安排旅游者入住饭店,与领队、全陪、核对、商定日程,并及时通知到每一位旅游者。

项目 1
接待准备

知识目标

熟悉接待计划的基本内容；
了解接待准备的主要内容；
掌握接待准备的具体流程。

技能目标

能正确分析接待计划；
能合理落实接待事宜；
能妥善做好物质准备。

微课观看

习题测试

判断题

1. 做好接团服务能够迅速获取旅游者的信任,为后续工作打下有利的基础。地陪的接待准备是从接到旅行社分配的任务,领取了盖有旅行社印章的旅游接待计划开始的。（　　）

2. 自然单间通常都是在团队旅游中产生的,只有在一个团队总人数为奇数时才会产生,因为这时会出现一个人住一间的情况。（　　）

3. OK票即是已经定妥日期、航班和机座的飞机票。OPEN票就是不定时客票,其实就是指定航班,但航班日不定,可以随时使用的票,一般需要提前向航空公司确认位置。（　　）

怎样做好接团前的准备工作?

单选题

原国家旅游局实施电子导游证改革之后,导游人员必须携带（　　）。

A. 导游人员资格证书　　　　　　B. 导游证IC卡
C. 导游身份标识　　　　　　　　D. 导游人员等级证书

多选题

1. 旅行社计调与导游交接任务之后,导游人员还要进一步熟悉接待计划。在这一过程中,导游需要特别注意的信息点包括（　　）。

　　A. 旅游团概况　　　　　　　　B. 旅游团成员基本情况
　　C. 旅游路线细节　　　　　　　D. 交通票据情况
　　E. 住房、餐饮、游览等方面的服务要求

2. 从理论上讲,地陪在接团前的准备工作主要包括（　　）。

　　A. 业务准备　　　B. 知识准备　　　C. 物质准备
　　D. 形象准备　　　E. 心理准备

注:全书习题测试题目规则如下。判断题(正确填A,错误填B);单项选择题(选择一个最佳答案);多项选择题(选择两项或以上最合适的答案)。本书附习题测试参考答案,可微信扫描前言中的二维码查看核对。

 知识强化

地陪的接待准备应在接到旅行社分配的任务,领取了盖有旅行社印章的旅游接待计划后立即开始。充分做好各项准备工作,能使地陪始终掌握服务工作中的主动权,做到心中有数,从而有计划、有步骤地完成接待任务。地陪的准备工作主要是业务准备、知识准备、物质准备、形象准备和心理准备。

一、业务准备

(一)熟悉接待计划

接待计划是组团旅行社委托各地方旅行社组织落实旅游活动的契约性安排,是导游人员了解该旅游团基本情况和安排活动日程的主要依据。地陪在旅游团抵达前应认真阅读接待计划和有关资料,准确地了解该团的服务项目和要求,重要事宜要做好记录。对接待计划上的内容有疑问,应及时与有关人员联系核实。

(二) 落实接待事宜

在旅游团的接待中,涉及各方面的接待环节,如交通、食宿、行李用车等内容。还有许多在接待计划中不能体现出来的细节,都需要导游人员在上团前进一步落实。如与全陪联系,约定接团的时间和地点;确认是否备齐有关旅行社、餐厅、饭店、购物商场、司机及其他相关人员的联系方式等细节。

二、知识准备

在接团前,地陪要根据旅游团的特点和参观游览项目的安排,对自己和客方有充分的了解,做到知己知彼。根据接待计划上确定的参观游览项目,对重点内容,特别是自己不太熟悉的内容,要提前做好外语和导游知识的准备。对旅游团大部分成员所从事的专业知识,要做好相关专业知识准备。地陪还应熟悉并掌握在服务过程中所涉及的交通、通信、货币、海关、卫生等方面的旅行常识。

三、物质准备

地陪应根据旅游团的特点和工作需要准备下列必要物品。职业证明:导游证、胸卡、接待计划、名片;业务用品:结算单据、导游旗、接站牌、扩音器、旅游车标志、宣传资料、意见表、导游图、记事通信本;个人用品:工作包、防护用品(帽、伞、润喉片)、必备现金、手机(备用电池)等。

四、形象准备

导游人员在宣传旅游目的地、传播中华文明时起着重要作用。美好的第一印象,有助于树立导游人员的良好形象,获取旅游者的信赖。因此导游要注重自身的形象美,包括内在美和外在美。内在美需长期努力培养,而外在美经过修饰即可达到。所以地陪每次上团前要做好仪容、仪表方面的准备,主要包括服饰美、化妆美和发型美等。

五、心理准备

(一) 准备面临艰苦复杂的工作

导游工作既是一项脑力劳动,又是一项体力劳动。除了依照导游工作规范,热情地向旅游者提供正常的导游服务外,对需特殊照顾的旅游者,还要提供个性化服务。在接待工作中,常有可能会发生各种各样的问题与事故需要导游去面对和处理。

（二）准备承受抱怨和投诉

在旅游接待过程中,有时可能遇到下列情况:导游员已尽其所能向旅游者提供热情周到的服务,由于其他接待环节出现差错或非人为因素造成旅游过程中的不愉快,导致旅游者的抱怨和投诉;甚至还有一些旅游者会无故挑剔或提出苛刻要求。为此,导游人员必须有足够的心理准备,冷静、沉着地面对,并继续以自己的工作热情感化旅游者。

任务一 熟悉接待计划

情景模拟 1

时间:2022年9月29日 13:00
地点:宁波城市旅行社
人物:地陪朱亚
事件:地陪朱亚接受宁波城市旅行社的委派,负责接待一个由北京风采旅行社发出的旅游团队,以下为该旅行社接待计划(表1-1)及旅游者名单(表1-2)。

表1-1 宁波城市旅行社接待计划

旅游单位	北京某公司			团号		BJFC-TD-220929-2	
旅游者人数	共9+1人,男:5　女:5　其中儿童:1						
订房标准	四星;　5间(双人:4间　单人:1间)共2晚(均为朝南高层景观房)						
订餐标准	早:西早10元/人　中:30元/人　晚:30元/人(均不含酒水)						
往返航班(车次)/时间				往:HU7098/16:30 返:MU5179/18:50(组团社代订)			
接团 时间地点	2022年9月30日 16:00 宁波栎社国际机场(行李自带)			送团 时间地点		2022年10月2日 16:20 宁波栎社国际机场	
组团社	北京风采旅行社			联系人	魏明	电话/传真	0108785××××
地陪导游	朱亚	电话	1364668××××	全陪导游	华杰	电话	1356748××××
行程摘要	时间	行　程　安　排					住宿宾馆
	9月30日	接机、沿途领略港城风貌、入住酒店					金港大酒店
	10月1日	溪口雪窦山、妙高台、千丈岩、蒋氏故居					金港大酒店
	10月2日	普陀山广福禅院、西山景区、普济寺朝拜、南海观音、送机					
租车单位	宁波锦江汽车租赁有限公司		送团司机		马师傅	电话	1385652××××
随团司机	马师傅	电话	1385652××××	接团司机	马师傅	电话	1385652××××
车牌号	浙B202×××(17座金龙客车)						
备　注	香花券费用自理						

旅行社(章):宁波城市旅行社　　　计调:陈某　　　导游:朱亚　　　2022年9月29日

表 1-2　旅游者名单

序号	姓名	性别	国籍	年龄	职业	备注
1	刘甲	男	中国	62	董事长	团长
2	王甲	女	中国	60	退休教师	
3	刘乙	男	中国	36	工程师	
4	沈乙	女	中国	34	教师	
5	刘丙	男	中国	8	小学生	不加床
6	Tom	男	美国	24	外籍员工	
7	Marry	女	美国	22	外籍员工	
8	张乙	男	中国	40	企业经理	素食主义者
9	江乙	女	中国	38	会计	
10	张丙	女	中国	67	退休员工	自然单间

知识链接：旅游团团号编码可以用组团旅行社名字大写拼音首字母，然后加上相应的出发日期，例如北京风采旅行社的 BJFC-220501。还有的社划分比较清楚，由社名代码＋部门代码＋日期＋团数组成，如表 1-1 所示团号 BJFC-TD-220929-2 的意思就是北京风采旅行社团队部 2022 年 9 月 29 号的第二个团。

注：本书每一任务对应一个或若干情景模拟与角色扮演，情景模拟与角色扮演逐一对应。如模块一项目 1 中的任务一仅对应情景模拟 1、角色扮演 1，任务二则对应情景模拟 2-1、角色扮演 2-1，情景模拟 2-2、角色扮演 2-2，情景模拟 2-3、角色扮演 2-3。

角色扮演 1

（地陪朱亚开始熟悉旅游接待计划。）

旅游团概况：_____

_____

训练提示：了解组团社名称、全陪姓名、联系人姓名、电话、客源地及其使用语言。确定以前是否合作过，促进良好合作和及时沟通。可以据此书写接站牌，与组团社等相关接待部门确认。

旅游团成员基本情况：_____

_____

训练提示：了解旅游团成员的情况有助于接团后的核对，也有利于个性化服务的开展。针对旅游团的性别结构、职业构成、年龄层次、宗教信仰，可以制定合理行程，确定重点关照对象，并及时与餐厅、景点等部门联络。

旅游路线细节：_____

_____

训练提示：了解全程路线、乘坐交通工具及抵离时间、班次、地点，当地是行程首站、中间站还是末站。便于接站、送站，有助于合理安排行程，并据此与组团社积极协调。

交通票据情况：_____
_____

训练提示：该团返程票或者去下一站的交通票是客人自理还是旅行社代订，有无变更及更改后的情况；座别为火车票还是飞机票。接待海外团应了解该团机票有无国内段；要弄清楚票种是 OK 票还是 OPEN 票。

知识链接：OK 票即已经定妥日期、航班和机座的机票。持 OK 票者若在该联程或者回程站停留 72 小时以上，国内机票须在联程或回程航班机起飞前两天的中午 12 时以前，国际机票须在 72 小时前办理座位再确认手续，否则原定座位不予保留。OPEN 票是不定期机票，旅游者乘机前须持机票和有效身份证件（护照、身份证等）去航空公司办理订座手续。订妥座位后才能乘机，此种客票无优先权、无折扣优惠。

（注意特殊要求和禁忌。）

住房要求：_____
_____

训练提示：了解房间数及类别、朝向，有无自然单间、有无 VIP 房、有无加床。

知识链接：自然单间通常都是在团队旅游中产生的，如果一个团队的总人数为奇数，就会出现一个人住一间的情况，即产生自然单间。即使团队总人数为偶数，也可能会出现自然单间；如游客中有一男一女，但他们并非夫妻或情侣，就会出现两个自然单间。大多数情况下，若出现自然单间，旅行社都会要求旅游者补房租的差价，也就是说，如果一间房是100 元，你还要付 50 元的房租差价，因为团费里的住宿费都是以两个人住一间来计算的。

餐饮要求：_____
_____

训练提示：了解早餐类型、正餐含酒水否、有何禁忌、有无风味餐。

游览要求：_____
_____

训练提示：了解该团有无必去的景点、在景点景区有无专门活动、有无自费项目以及讲解要求等。

其他要求：_____
_____

训练提示：明确有无会见、参观需要，是否有老弱病残的特别关照对象，便于安排食、住、行、游等事宜，并积极与酒店、餐厅、交通运输部门等相关单位联络。还可以根据需要，准备轮椅、拐杖、氧气袋等物品。

任务二　落实接待事宜

情景模拟 2-1

时间:2022 年 9 月 29 日 15:00
地点:宁波城市旅行社
人物:地陪朱亚、司机马师傅
事件:地陪朱亚与司机电话联络,落实接待车辆。

角色扮演 2-1

司:喂,您好!
地:您好,是马师傅吗?_____

司:是的,明天怎么碰头呢?
地:_____

司:嗯,那好的。
地:对了,您的车牌号是浙 B202XX 吗?
司:是的,是一辆蓝色的 17 座金龙客车。
地:我想问一下车上麦克风和空调都还好吧?
司:这些都没问题的。
地:那就好。给您简单介绍一下情况,_____

司:没关系,那他们在宁波住两晚咯?
地:是的,都在金港大酒店,详细情况我到时会跟您讲的。
司:那好的,我知道了。
地:那明天见!
司:明天见!

训练提示:地陪应与司机或者交通运输部门核实接团的车型、车牌号、碰头的时间、地点,以确保提前到达接站地点。如果接待大型团队,车上应贴上醒目的编号或者标志,一般是贴在车前玻璃处。

情景模拟 2-2

时间:2022 年 9 月 29 日 15:30
地点:宁波城市旅行社
人物:地陪朱亚、总台服务员
事件:地陪朱亚与宾馆总台的电话联络,落实住房。

项目1　接待准备

角色扮演2-2

总:您好,金港大酒店客房预订部,请问有什么可以帮您呢?
地:＿＿＿＿＿＿＿＿＿＿＿＿＿＿＿＿＿＿＿＿＿＿＿＿＿＿＿＿＿＿＿＿＿＿＿＿＿

总:请您稍等,我查一下。团号是不是BJFC-TD-220929-2?
地:对,是的。
总:好的,他们明晚入住,人数9＋1,共4个双人标准间,1个单人间,1个全陪床,对吗?
地:对,我们要求所有房间＿＿＿＿＿＿＿＿＿＿＿＿＿＿＿＿＿＿＿＿＿＿＿＿＿＿＿
总:嗯,我们是按照你们的预订要求来安排的。
地:为方便我们联系客人,＿＿＿＿＿＿＿＿＿＿＿＿＿＿＿＿＿＿＿＿＿＿＿＿＿＿＿
总:嗯,没问题的,你们客人并不太多。
地:谢谢你们的配合,还有,这个团队的早餐是西式的吧?
总:嗯,没错。
地:这个旅游团队明晚五点以后入住,请贵酒店的行李服务生届时做好准备。谢谢你!再见!
总:不用谢,再见!
训练提示:地陪应熟悉旅游团所住饭店位置、概况、服务设施和服务项目;核实旅游团所定房型、房间数、是否含早餐及其类型。如有必要,地陪可亲自前往饭店向有关人员了解团队排房情况,主动介绍团队的特点,与饭店接待人员配合做好接待工作。

情景模拟2-3

时间:2022年9月29日16:00
地点:宁波城市旅行社
人物:地陪朱亚、餐厅服务员
事件:地陪朱亚与餐厅的电话联络,落实用餐。

角色扮演2-3

餐:您好,甬城餐厅。
地:＿＿＿＿＿＿＿＿＿＿＿＿＿＿＿＿＿＿＿＿＿＿＿＿＿＿＿＿＿＿＿＿＿＿＿＿＿

餐:有的,团号是BJFC-TD-220929-2吗?
地:是的,是9＋1的。还有几个细节问题要跟您讲一下。＿＿＿＿＿＿＿＿＿＿＿＿＿
＿＿＿＿＿＿＿＿＿＿＿＿＿＿＿＿＿＿＿＿＿＿＿＿＿＿＿＿＿＿＿＿＿＿＿＿＿＿

餐:还是按照原来的用餐标准吧?
地:是的,拜托了哦!
餐:没问题,拜拜!
训练提示:地陪应提前与各有关餐厅联系,确认旅游团日程所安排的每一次用餐情况。在确认时,需讲明旅行社名称、团号、人数、餐饮标准、用餐日期和餐次、特殊要求等。

任务三　准备必要物品

情景模拟 3

时间：2022 年 9 月 29 日 16：30
地点：宁波城市旅行社
人物：地陪朱亚
事件：地陪朱亚开始准备和制作必要物品。

角色扮演 3

准备必要物品：

训练提示：地陪上团前应准备好接待计划、导游证、胸卡、导游旗、接站牌、团队结算单、旅游者意见调查表、现金等。地陪还应准备分发给旅游者的导游图等旅游资料，供应范围内的饮用水、水果、小食品等。还可以根据旅游团队的特殊要求，为残疾人预备轮椅、拐杖，为探险旅游团准备所需的帐篷、防寒衣物、防雨用具等有关工具，以及应不时之需的手电筒、手机充电器等物品。

制作接站牌如图 1-1 所示。

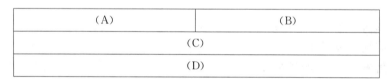

(A)	(B)
(C)	
(D)	

图 1-1　接站牌

训练提示：可以在接站牌上方(A)处写下组团旅行社名称，(B)处写下客源地，(C)处写下团队代号及全陪或领队姓名，(D)处写下地接社名称。书写时注意使用鲜艳的颜色并书写粗体字。

师生互动

一、怎样应对旅途中已多次遭遇不快的团队？

二、如何准备讲解内容和兴趣话题？

案例：小赵是河北廊坊××旅行社刚工作一年的年轻导游员，他带的一个系列团让他记忆深刻，也学到了不少知识。暑假，这个团队前后分四批参加"承德避暑山庄—木兰围场"三日游。因为小赵的老家就在承德,社里安排小赵接待第一批团。这批客人很多都是所在单位的领导,小赵为此做了很多准备工作,欢迎词、欢送词、景点讲解、当地风土人情等,内容详细,而且有一定的深度,客人反应很好。社里决定让小赵再带最后一批团,小赵这次上团的讲解内容跟上次差不多,而且更加熟练流利,但是反应平平。事后旅行社接待部经理向该团的团长了解,小赵带的第一批团年纪大的人居多,文化水平较高。最后一批团大多是初中文化或中专文化以下的一线职工,而且是爱玩爱动的年轻人,他们反映小赵讲得没意思。

项目考核

项 目	要 求	满分	得分
礼节礼貌	仪容仪表(头发、面容、手、指甲、服饰等)	10	
	行为举止(坐、立、行、手势、表情、礼貌用语等)	10	
角色扮演	书面材料(能完成规定的书面材料)	10	
	配合默契(角色之间配合自然流畅)	10	
	知识运用(能正确运用相关专业知识)	10	
	任务完成(能够完成特定情景下的工作任务)	10	
	学习态度(专心致志)	10	
师生互动	言之有理(针对问题能提出有价值的观点)	10	
	表达准确(口头表达能力)	10	
	参与热情(参与课堂的积极性)	10	
总 分		100	

个人小结	

补充阅读
一个优秀导游
的上团准备

补充阅读
导游员的服饰
语言艺术

项目 2

接 站 服 务

> **知识目标**
>
> 了解接站服务的程序；
> 掌握欢迎词的内容与种类；
> 熟悉首次沿途导游的主要内容。

> **技能目标**
>
> 能圆满完成接站服务；
> 能进行欢迎词的创作及讲解；
> 能进行规范的首次沿途导游。

微课观看

习题测试

判断题

1. 接团当天地陪应提前去旅行社落实或打电话询问旅游团计划有无变更情况。出发前,向交通口岸问讯处问清所接旅游团所乘班次的准确抵达时间。一般情况下,至少应在飞机抵达预定时间前2小时,火车、轮船抵达预定时间前1小时向问讯处询问。（　　）

2. 如被通知所接班次晚点,地陪应立即与旅行社有关部门联系,听从安排,重新落实接团事宜。（　　）

3. 在旅游团出站前,地陪持接站标志,站在出口处醒目位置,热情迎候旅游团。接小型旅游团或无领队、全陪的散客旅游团时,则没有必要使用接站牌。（　　）

4. 转移是指导游员带领旅游者离开机场（车站、码头）,前往所下榻饭店的过程,这是导游员给客人留下良好第一印象的重要环节。（　　）

5. 不同时区的时间计算遵循"同减异加,东加西减"的规则。"同"指同在东时区或同在西时区,则两时区相减,"异"则相反。例如东八区和东五区都在东时区,时差则为8－5＝3。（　　）

怎样迎接旅游团队？

怎样做好转移途中的服务？

单选题

1. 地陪应提前（　　）抵达交通口岸,与司机商定车辆停放位置。
  A. 15分钟　　　　B. 30分钟　　　　C. 1小时　　　　D. 90分钟

2. 某旅行社接待了一个来自美国东部的旅游团,接站的时间是美国时间8月3日晚上10点。那么这一时刻应该是北京时间（　　）。
  A. 8月4日上午的11:00　　　　B. 8月2日上午的11:00
  C. 8月4日晚上的11:00　　　　D. 8月2日上午的11:00

3. 欢迎词感情真挚,亲切自然,如话家常,娓娓道来,旅游者容易接受,尤其适用于休闲消遣型旅游者。上述文字使用的是（　　）欢迎词。
  A. 聊天式　　　　B. 调侃式　　　　C. 抒情式　　　　D. 安慰式

多选题

1. 旅游团抵达前,地陪应做好工作（　　）。
  A. 确认交通工具的准确抵达时间　　B. 与旅行车司机联络
  C. 提前抵达接站地点　　　　　　　D. 再次核实班次抵达的准确时间
  E. 持接站标志迎候旅游团

2. 旅游团抵达后,地陪应做好工作（　　）。
  A. 认找旅游团　　　　　　　　　　B. 核实人数
  C. 询问团队情况　　　　　　　　　D. 集中清点并交接行李
  E. 集合登车

3. 从导游规范的角度来说,欢迎词的基本内容应该包括(　　　)。
   A. 问候语:各位来宾、各位朋友,大家好
   B. 欢迎语:代表所在的旅行社欢迎旅游者光临本地
   C. 介绍语:介绍自己和司机
   D. 感谢语:对客人的配合表示感谢
   E. 祝愿语:预祝旅途愉快顺利
4. 转移途中的导游服务一般包括工作要点(　　　)。
   A. 致欢迎词　　　　　　B. 调整时差　　　　　　C. 首次沿途导游
   D. 集中清点并交接行李　　E. 集合登车

 知识强化

所谓接站服务,是指地陪前往机场(车站、码头)迎候旅游者,并将旅游者转移到所下榻饭店过程中所要做的工作。地陪应使旅游团在接站地点得到及时、热情、友好的接待,了解在当地参观游览活动的概况。

一、旅游团抵达前的服务

(一) 确认交通工具的准确抵达时间

接团当天地陪应提前去旅行社落实或打电话询问旅游团计划有无变更情况。出发前,向机场(车站、码头)问讯处问清所接旅游团所乘班次的准确抵达时间。一般情况下,至少应在飞机抵达预定时间前2小时,火车、轮船抵达预定时间前1小时向问讯处询问。

(二) 与旅行车司机联络

电话通知司机出发的时间,商定碰面地点。与司机碰面后,地陪应先告诉司机该团的活动日程和具体安排。

(三) 提前抵达接站地点

地陪应提前30分钟抵达机场(车站、码头),与司机商定车辆停放位置。如已安排行李员,地陪应与行李员取得联络,并向行李员交代旅游团的名称、人数,通知行李运送地点,了解行李抵达饭店的大体时间。

(四) 再次核实班次抵达的准确时间

地陪在落实上述工作后,还须再次向问讯处确认或通过班次抵达显示牌确认班次准确抵达时刻。如被通知所接班次晚点,推迟时间不长,地陪可留在接站地点继续等候,迎候旅游团;推迟时间较长,地陪应立即与旅行社有关部门联系,听从安排,重新落实接团事宜。

(五) 持接站标志迎候旅游团

在旅游团出站前,地陪持接站标志,站在出口处醒目位置,热情迎候旅游团。接小型旅

游团或无领队、全陪的散客旅游团时,要在接站牌上写上客人姓名,以便客人能主动与地陪联系。

二、认找旅游团

旅游团所乘班次的客人出站时,地陪要设法尽快找到所接旅游团。地陪在找到所要接待的旅游团后,要及时向全陪或领队核实实到人数,并询问团队情况,集中清点并交接行李,然后集合登车。

三、转移途中的服务

转移是指导游员带旅游者离开机场(车站、码头)前往所下榻饭店的行车途中,是导游员给客人留下良好第一印象的重要环节。地陪在此过程中要做好以下三个方面的工作。

(一)致欢迎词

一般情况下,在客人上了旅游车后赴饭店途中致欢迎词,但如果遇到有领导前往迎接或在机场逗留时间较长或旅游团人数较多不能保证每辆车上都有陪同时,则可在机场(车站、码头)致欢迎词。欢迎词的内容应视旅游团的性质、国籍,旅游者的年龄、文化水平、职业、居住地区及旅游季节等不同而有所不同,不可千篇一律,说话要符合导游身份,做到诚恳、亲切,切忌做作,尽量做到简明扼要、精彩纷呈。

(二)调整时差

接首站入境团,地陪要介绍两地的时差,并请旅游者调整好时差,并告知在今后的游览中将以北京时间为作息标准时间。

(三)首次沿途导游

首次沿途导游是导游在机场(车站、码头)接到旅游团后前往饭店途中的第一次导游讲解。既可以满足旅游者的好奇心与求知欲,又可以达到通过展示自身知识、技能使旅游者对导游人员产生信任感和满足感的目的。首次沿途导游依据路途远近和时间长短而定,主要介绍当地的风光、风情及下榻饭店。

任务一　认找旅游团

情景模拟1

时间:2022年9月30日16:40
地点:宁波栎社国际机场
人物:地陪朱亚(地)、马师傅、全陪华杰(全)、行李员事件:地陪朱亚提前全面检查准备工作落实情况后,与马师傅提前半小时抵达机场,并联络金港大酒店的行李车一同前往。

角色扮演1

(地陪朱亚持接站标志,站在出口处醒目位置,热情迎候来自北京的旅游团队。机场广播航班抵达,之后地陪朱亚在出口处见到了有北京风采旅行社标志的旅游团。)

地:＿＿＿＿＿＿＿＿＿＿＿＿＿＿＿＿＿＿＿＿＿＿＿＿＿＿＿＿＿＿

全:是的,我是华杰。

地:我叫朱亚,是你们的地接导游。

全:您好!朱导。

地:您好!欢迎你们!我们已经在酒店为你们订好了房间,你们是10个人对吗?

全:一共是12个人。

地:增加了两位是吗?

全:是的。

地:要分开住吗?

全:不用,是夫妻,同一房间就可以了。

地:＿＿＿＿＿＿＿＿＿＿＿＿＿＿＿＿＿＿＿＿＿＿＿＿＿＿＿＿＿＿

全:加我的1件,一共18件。

地:我们的旅游车和行李车已经在外面等候了。

全:谢谢,你辛苦了。

地:不用谢。我们先招呼一下客人。

(地陪朱某举起导游旗,面向旅游者。)

地:＿＿＿＿＿＿＿＿＿＿＿＿＿＿＿＿＿＿＿＿＿＿＿＿＿＿＿＿＿＿

现在请大家跟着我,在这边宽敞的地方停留一下,如果有要去洗手间的旅游者往左边走,10分钟后在这里集合。

(清点人数。)

地:人都到齐了,大家都检查一下自己的行李,看看有没有什么物品遗落在飞机上。

(旅游者检查完毕无误。)

地:好的,现在请大家带好行李物品,跟着我走。

(他们朝旅游车和行李车走去。)

地:旅途还好吧?

全:我们遇到了一点涡旋气流,但总的来说飞行还好。

地:我想你们坐了这么长时间的飞机,一定很累了,我们直接开车去饭店吧?

全:嗯,按照原计划安排吧!

(他们来到旅游车和行李车附近。)

地:＿＿＿＿＿＿＿＿＿＿＿＿＿＿＿＿＿＿＿＿＿＿＿＿＿＿＿＿＿＿

（行李员、全陪、地陪开始共同清点行李，办理交接手续。）

地：一共是18件，请大家放心，我们的行李员会把这些行李全部运送到我们住的酒店里去。现在请各位带上手提行李和随身物品上车。

（地陪朱亚恭候在车门旁，协助或搀扶客人上车就座。待客人坐稳后，检查行李是否放稳，再次礼貌清点人数。）

地：马师傅，我们可以出发了！

训练提示：

（1）认找旅游团。地陪举接站牌站在明显的位置上，让领队或全陪（或客人）前来联系，同时地陪应根据旅游者的民族特征、衣着、组团社的徽记等作出判断，或主动询问，问清该团领队、全陪或客人姓名、人数、国别、团名，一切相符后才能确定是自己所要接待的旅游团。

（2）核实人数。地陪在找到所要接待的旅游团后，应及时向领队或全陪核实到人数，如与计划人数不符，则要及时通知旅行社，以便作相应的服务更改。

（3）询问团队情况。地陪还应向领队或全陪询问团内旅游者的身体状况、有无特殊要求，如团队是白天到达，则应与全陪、领队商定是先回饭店，还是马上进行游览。

（4）集中清点并交接行李。旅游团如乘坐飞机抵达，地陪应协助所接待旅游团旅游者将行李集中到指定位置，提醒他们检查各自的行李物品是否完好无损。与领队、全陪、行李员一起清点并核实行李件数，并填好一式两份的行李交接单（见表2-1），与行李员双方签字，一份交予行李员。如在检查过程中发现有行李未到或破损现象，地陪应协助当事人到机场失物登记处或有关部门办理行李丢失登记和赔偿申报手续。若所接旅游团乘坐火车抵达，在接到旅游团后，地陪应向全陪或领队索取行李托运单，并将单据交接给行李员，同样需填写行李卡，行李卡上应注明团名、人数、行李件数、所下榻饭店，一式两份，并由双方签字。

表2-1　行李交接单

时间	旅行社	团队名称	行李件数	地陪签名	行李员签名	备注

（5）集合登车。地陪要提醒旅游者带齐手提行李和随身物品，引导其前往乘车处。旅游者上车时，地陪应站在车门一侧恭候客人上车，并向客人问好，必要时可助其一臂之力。旅游者上车后，应协助其就座，礼貌地清点人数，等所有人员到齐坐稳后，方可示意司机开车。

任务二　致欢迎词

情景模拟2

时间：2022年9月30日17:00

地点：旅游大巴

人物：地陪、司机、全陪、全团旅游者

事件：你作为当地某旅行社的地陪，向来自某地的旅游团队致欢迎词。

角色扮演 2

地：_____

训练提示：欢迎词应包括如下基本内容。问候语：各位来宾、各位朋友,大家好;欢迎语：代表所在的旅行社欢迎旅游者光临本地;介绍语:介绍自己和司机;祝愿语:预祝旅途愉快顺利。可以自己假定该团基本情况,有针对性地准备欢迎词。由于不同的旅游团存在着差别,所以欢迎词也不应千篇一律。要根据不同阶层、地区采取不同的方式,以收到最好的效果。一般来讲,欢迎词主要有以下类型。规范式:要点全面,简单直接,没有华丽的辞藻,也没有幽默表现,适用于规格较高、身份特殊的旅游者。对普通旅游者而言略显单调乏味,甚至会引起反感。聊天式:感情真挚,亲切自然,如话家常,娓娓道来,旅游者容易接受,尤其适用于休闲消遣型旅游者。调侃式:风趣幽默,亦庄亦谐,玩笑无伤大雅,自嘲不失小节,言者妙语连珠,听者心领神会,可以调节气氛,消除紧张,不适用于身份较高、自持骄矜的旅游者。抒情式:语言凝练,感情饱满,富有哲理,引用名言警句,使用修辞手法,能够激发旅游者兴趣,烘托现场气氛,但不适用于文化水平较低的旅游者。安慰式:语气温和,通情达理,试图用善解人意的话语拨开旅游者心中的阴云。旅游者可能会因交通工具晚点、行李物品损坏或遗失或者与工作人员争执产生不快。导游人员通过询问全陪或领队,观察旅游者的言谈举止从而做到心中有数,有的放矢。

规范式:尊敬的各位领导,大家辛苦了。首先我代表××旅行社欢迎各位领导来到我国的东方商埠、时尚水都——宁波。我是本团宁波之行的导游员,我叫王飞,大家可以叫我小王或者王导。我们的司机叫田华,田师傅的驾驶经验非常丰富,大家完全可以放心。在接下来的几天里,我和田师傅将努力为大家提供满意的服务。大家有什么要求和建议,请向我提出,我们会尽力满足。衷心祝愿大家在宁波旅途愉快。

聊天式:西安的朋友,你们好!我先了解一下,大家是一个单位的吗?(是的)哦,这就好,那么大家早就认识了。下面,我们也来认识一下,我姓李,大名李俊,是××旅行社派出的专职导游员。再了解一下,在座的各位哪一位是领导?(这位是我们吴处长)哦,吴处长您好,那这次您就是老大,不过在武汉期间老大也要听我的,我多厉害。(笑声)开个玩笑。下面为各位介绍一位真正的老大,就是这位司机方师傅,他可掌管着我们全团人的方向,这位老大在旅游圈中可谓德高望重,很有威信,有了方师傅,我们大家尽可放心,保证大家玩得开心、愉快。

调侃式:各位朋友,大家好!有一首歌曲叫《常回家看看》,有一种渴望叫常出去转转,说白了就是旅游。在城里待久了,天天听噪声,吸尾气,忙家务,搞工作,真可以说是操碎了心,磨破了嘴,身板差点没累垮呀!(众人笑)所以我们应该经常出去旅游,到青山绿水中陶冶情操,到历史名城去开阔眼界,人生最重要的是什么,不是金钱,不是权力,我个人认为是健康快乐!大家同意吗?(众人会意)

抒情式:各位朋友,欢迎您到山西来。山西这片土地,似乎很少有人用美丽富饶来描述它,但在这里您却可以嗅到中华大地五千年的芬芳。穿越山西南北,粗犷的黄土高坡向我们展示出一幅尘封的历史画卷。太行山的傲岸,吕梁山的纯朴,恒山、五台山的豪放都将带给您满眼的绿和满腹的情。在这历史悠久,乡情浓郁的地方,它独特的文化气息将令您度过一个远离喧嚣和烦躁的阳光假期。

安慰式:各位朋友,大家好,欢迎来到首都——北京,我是您的导游小张,在接下来的旅行中我将竭诚为您提供导游讲解服务。刚刚上车后我发现几位朋友情绪低落,是不是看到天上下雨感觉旅游不方便呢?其实在古代,皇帝出游时沿途的百姓都要端着盆往路上洒水,以消旅尘,但现在我们不用麻烦别人,老天为我们泼了水,空气变得更加清新。刚刚来到北京,我们就享受到了皇帝才有的礼遇,我们是多么幸运呀。(笑声)

任务三　首次沿途导游

情景模拟3

时间:2022年9月30日17:10
地点:旅游大巴
人物:地陪、司机马师傅、全陪、全团旅游者
事件:针对你所熟悉的城市,设计简单的行车线路,作为地陪接站后带领团队前往下榻酒店,进行首次沿途导游。

角色扮演3

行车线路:_____
_____
_____
_____
_____
_____

首次沿途导游：_____

_____
_____
_____
_____
_____
_____
_____
_____
_____
_____
_____

训练提示：首次沿途导游讲解的内容主要包括：①风光导游。简明扼要、突出重点、突出特色、见景生情、节奏明快。②风情导游。历史沿革、行政区划、人口气候、社会生活、文化传统、风物特产、市容市貌等。③介绍下榻饭店。饭店名称、地理位置、周边环境、星级规模、设施设备、注意事项等。④宣布集合时间和地点。说明当日或次日活动集合时间、上车地点、车牌号码等。风光风情可以交替进行，使旅游者对本地有一个初步全面的认识。

师生互动

一、导游人员车上讲解时应掌握哪些服务规范？

_____
_____
_____
_____
_____

二、导游人员沿途导游时应如何选择风光内容？

_____
_____
_____
_____
_____

项目考核

项 目	要 求	满分	得分
礼节礼貌	仪容仪表(头发、面容、手、指甲、服饰等)	10	
	行为举止(坐、立、行、手势、表情、礼貌用语等)	10	
角色扮演	书面材料(能完成规定的书面材料)	10	
	配合默契(角色之间配合自然流畅)	10	
	知识运用(能正确运用相关专业知识)	10	
	任务完成(能够完成特定情景下的工作任务)	10	
	学习态度(专心致志)	10	
师生互动	言之有理(针对问题能提出有价值的观点)	10	
	表达准确(口头表达能力)	10	
	参与热情(参与课堂的积极性)	10	
总 分		100	
个人小结			

补充阅读
时差综合症

补充阅读
欧洲人最爱的中国
十大旅游城市

项目 3

入店服务

知识目标

了解入店服务的程序；
了解入店中可能出现的问题。

技能目标

能为旅游者办理住店手续；
能带领旅游者用好第一餐；
能为旅游团队安排叫早服务。

微课观看

习题测试

判断题

1. 旅游团抵达饭店后,导游员应及时办妥住店手续,热情引导旅游者进入房间和认找自己的大件交运行李,并进行客房巡视,处理旅游者入住过程中可能出现的各种问题。（　　）

2. 根据导游服务规范,地陪导游员应做好分房方案,并按照方案办妥入住登记手续。属于单位集体包团或入境游团队中有境外旅行社代表的,分房方案应分别交由包团单位代表或境外旅行社代表制定。（　　）

3. 地陪应与旅游团全体成员约定集中用餐的时间和地点;等全体成员到齐后,亲自带领旅游者进入餐厅,向餐厅领座服务员询问本团的桌次,然后引领旅游团成员入座。（　　）

4. 在带团过程中,全陪、地陪、领队是一个导游工作集体,遇到问题,埋怨、赌气不但无济于事,反而会火上浇油,只有团结协作,冷静处理,才能更好地解决问题,完成共同的接待任务。（　　）

怎样为旅游者
提供入店服务？

多选题

在入店过程中,地陪应做好的工作包括(　　)。

A. 协助办理入住手续　　　　　　B. 分发房卡

C. 介绍下榻饭店　　　　　　　　D. 照顾旅游者和行李进房

E. 确定叫早时间

 知识强化

导游员在旅游者进入饭店时,为其提供周到的服务非常重要,因为饭店是旅游者在游览地"临时的家"。地陪应尽快地协助领队办理旅游团入店手续,让旅游者了解饭店的基本情况和住店注意事项,照顾旅游者进房并取得行李;让旅游者知道当天或第二天的日程安排。

一、协助办理入住手续

旅游者抵达饭店后,地陪可在饭店大堂内指定位置让旅游者稍作等候,并尽快向饭店总服务台讲明团队名称、订房单位;帮助填写住房登记表,并向总服务台提供旅游团队名单,拿到住房卡(房间号)后,再请领队或全陪分配房间;地陪应记下领队、全陪和旅游团成员的房号。

二、介绍下榻饭店

地陪在协助办理完旅游团入住手续后,应向全团介绍饭店内设施。介绍外币兑换处、商场、娱乐场所、公共洗手间、中西餐厅等设施的位置；说明旅游者所住房间的楼层和房间门锁的开启方法；提醒旅游者住店期间的注意事项及各项服务的收费标准；如旅游者系晚间抵达（需用晚餐），还应宣布晚餐时间、地点和用餐形式。

三、照顾旅游者和行李进房

旅游者进房时，地陪必须到旅游团所在楼层，协助楼层服务员做好接待工作，并负责核对行李，督促行李员将行李送至旅游者的房间。因为旅游者进房并不意味着万事大吉，常常会发生以下问题：门锁打不开；客房不符合标准；房间不够整洁或卫生漏做；重复排房；室内设施不全或有损坏现象；卫生设施无法使用；电话线不通；不是夫妻的男女被安排在同一房间等问题。这时，地陪要协助饭店有关部门及时处理。同时，还会发生行李没有及时送到，或个别旅游者没有拿到行李、错拿行李、行李有破损等情况。这时，地陪应尽快查明原因，采取相应的措施。

四、带领旅游团用好第一餐

旅游团第一餐安排在旅游者进房前还是进房后，要根据旅游者的入店时间和旅游者的要求来定。地陪应与旅游团全体成员约定集中用餐的时间和地点；等全体成员到齐后，亲自带领旅游者进入餐厅，向餐厅领座服务员询问本团的桌次，然后引领旅游团成员入座。

五、确定叫早时间

待一切安排妥当后，地陪应与领队、全陪一起商定第二天的叫早时间，并请领队通知全团成员，地陪还应将叫早时间通知饭店总服务台，办理叫早手续。

六、重申当天或第二天的活动安排

地陪应向全团旅游者重申当天或第二天的日程安排，包括叫早时间、用餐时间、地点，集合地点、出发时间，用餐形式和地点等；提醒旅游者作必要的游览准备。一般在第一餐将要结束，旅游者还未离开之前重申。

任务一　办理住店手续

情景模拟 1

时间：2022 年 9 月 30 日 17：30
地点：宁波金港大酒店
人物：地陪朱亚、全陪华杰、酒店接待员、全团旅游者事件:旅游车抵达宁波金港大酒店,地陪朱亚协助全陪华杰办理入住手续。

角色扮演 1

(地陪朱亚让旅游者在大堂稍作等候,走向饭店前台。)
接:下午好,我能为您做些什么?
地:_____
接:请稍候,我查一下。后来您加了1个双人间,共5双、1单、1司陪房,对吗?
地:_____
接:这是房号,您登记一下。
地:都在同一层吗?
接:对,都在12楼。
地:请问您能告诉我单间、VIP 房、司陪房的房号吗?
接:1208 是 VIP 房,1211 是单间,1201 是司陪房。
地:按我们的要求 VIP 房已摆放鲜花和水果了吗?
接:都已经放好了。
地:你能告诉我哪个房间离电梯最近吗?
接:1205 离电梯最近,一出电梯口就是。这边是所有的房卡。
地:好的,谢谢。
(地陪朱亚协助全陪华杰分配房间。)
地:这是房卡,您来分配一下房间吧!
全:好的。团长的住房是哪间?
地:我在这里都已经做好了标记,您看 VIP 房是 1208,1211 是单间,1201 是司陪房,其余都是标准间。
全:那对腿脚不太利索的老夫妇怎么安排?
地:那就给他们 1205 好了,离电梯近,方便一点。
全:好的,房间已经分好了,这是团队的分房登记表。
地:登记表需要三份,我们留一份,服务台一份,行李员一份。这是房卡,麻烦你发一下。
全:_____

_____

地:大家进入房间先检查一下,如果有什么问题,_____

_____

全:我的房间号是 1201,大家记住了哦。
(地陪介绍饭店设施,并强调注意事项。)
地:大家把自己的随身物品带好,乘电梯上楼,大件行李马上就会送到您的房间。大家在房间稍作休息,18:00 到一楼大堂集中,我们去用晚餐。
(地陪朱亚与全陪华杰合理分工。)
全:那我先同客人一起上楼,照顾客人进房。
地:好的,我在这里关照一下行李,等下我上来。

训练提示：旅游团抵达饭店后,地陪负责办理入住手续,协助领队和全陪办理住店登记。请领队分发房卡,若该团无领队,则请全陪代劳。

任务二　介绍饭店设施

情景模拟 2

时间:2022年9月30日17:40
地点:某饭店大厅
人物:地陪、全陪、全团旅游者
事件:在客人拿到房卡后,你作为地陪开始介绍该饭店设施。

角色扮演 2

地:
___
___
___
___
___

训练提示：地陪待旅游者拿到房卡后,应讲清本团队所住的楼层,钥匙房卡的正确使用,饭店内的设施与设备,饭店的功能分区及其所提供的服务,如餐厅、运动场所、娱乐场所、商品部、商务中心等。针对外国朋友要介绍外币兑换处(机)、兑换比例、西餐厅位置等,并做一些安全提醒工作。

任务三　用好第一餐

情景模拟 3

时间:2022年9月30日18:00
地点:甬城餐厅
人物:地陪朱亚、全陪华杰、餐厅经理、司机马师傅、全团旅游者
事件:地陪根据原先预定,已再次向餐厅落实用餐事宜,引领客人用餐。

角色扮演 3

(旅游者入住后准时在大堂集合,在地陪朱亚的带领下来到餐厅。)

地:_____
经:您好,我姓李,是餐厅经理。我们已经做好了安排,后来又加了两个人是吗?
地:是的,李经理,之前我打过你们的电话。
经:11+1,12人台,给你们安排在"丹山赤水"包厢。
地:_____
经:这个我们已经按照你们的要求为她单独备餐了。
地:那就好,就按照预定的标准!
经:好的,那你现在把客人带过来吧!
(地陪朱亚引领客人入座。)
地:各位团友,_____
_____
_____

(餐厅经理走了进来,服务员开始上菜。)
地:这位是餐厅李经理。这位是我们的全陪华导。
经:您好,希望饭菜能合你们的胃口,有什么建议请向我提出。
全:谢谢你们的精心准备,随时联系。
地:好的,那我们先出去,祝大家用餐愉快。
训练提示:等大家坐好后,应向旅游者介绍就餐的有关规定,如哪些饮料包括在费用之内,哪些不包括在内,若有超出规定的服务要求,费用由旅游者自理等,以免产生误会;地陪还应向餐厅说明团内有无食素旅游者,有无特殊要求或饮食忌讳;并将领队介绍给餐厅经理或主管服务员,以便直接联系;等客人开始用餐,地陪方可离开并祝大家用好餐。

任务四 安排叫早服务

情景模拟 4

时间:2022年9月30日18:30
地点:甬城餐厅
人物:地陪朱亚、全陪华杰、全团旅游者
事件:地陪朱亚与全陪商定第二天行程后,请全陪通知旅游团,地陪通知酒店总台。

角色扮演 4

(地陪朱亚与全陪华杰商量第二天叫早时间。)
地:我们这两天的日程安排您都知道了吗?
全:是的,但是具体时间还要确定一下。
地:明天几点叫客人起床呢?

全：明天的行程紧吗？
地：＿＿＿＿＿＿＿＿＿＿＿＿＿＿＿＿＿＿＿＿＿＿＿＿＿＿＿
全：那稍微晚一点吧！
地：那就 7:00 叫早，7:30 用早餐，8:00 准时在餐厅门口集合。您能通知下客人吗？
全：好的，就这样安排吧！
（地陪与总台联系。）
总：您好，金港大酒店总台，我有什么可以为您效劳的呢？
地：＿＿＿＿＿＿＿＿＿＿＿＿＿＿＿＿＿＿＿＿＿＿＿＿＿＿＿
总：好的，请告诉我团名和叫早时间。
地：＿＿＿＿＿＿＿＿＿＿＿＿＿＿＿＿＿＿＿＿＿＿＿＿＿＿＿
总：好的，我知道了。谢谢您，再见。

训练提示：地陪在结束当天活动离开饭店以前，应与领队、全陪商量第二天叫早及用餐时间，并请领队通知全团。由于该团队无领队，则请全陪代劳，地陪则应通知总台，告知具体时间安排。

师生互动

一、进错了饭店导游员怎么办？

案例：导游员李小姐出任华东线全陪，带团游览南京、镇江、扬州、上海、杭州五个城市。当旅游团抵达上海时，依照接待计划，入住一家相当不错的××大酒店，住房由李小姐所在的旅行社自订。然而当李小姐和地陪来到该饭店的总台时，发现电脑上没有这个团的客房预订。小李马上打电话给自己的旅行社，旅行社计调解释后来因为价格原因选择了另外一家开张时间不太长，但是更豪华、价格却相对较便宜的饭店，但没能及时在接待计划书上更改过来，因此误导了全陪李小姐。

二、住宿单位服务发生故障，导游员该怎么办？

项目考核

项　目	要　求	满分	得分
礼节礼貌	仪容仪表(头发、面容、手、指甲、服饰等)	10	
	行为举止(坐、立、行、手势、表情、礼貌用语等)	10	
角色扮演	书面材料(能完成规定的书面材料)	10	
	配合默契(角色之间配合自然流畅)	10	
	知识运用(能正确运用相关专业知识)	10	
	任务完成(能够完成特定情景下的工作任务)	10	
	学习态度(专心致志)	10	
师生互动	言之有理(针对问题能提出有价值的观点)	10	
	表达准确(口头表达能力)	10	
	参与热情(参与课堂的积极性)	10	
总　分		100	

个人小结

补充阅读
酒店专用术语
（中英文）

项目 4

商定日程

知识目标

了解核对日程的主要内容；
了解修改日程的主要情形；
了解调整日程的主要原因。

技能目标

能与领队、全陪核对日程；
能合理修改和调整日程。

知识强化

旅游团抵达后,地陪应把旅行社有关部门已经安排好的活动日程与领队、全陪一起核对、商定,征求他们的意见。这样做,一则表明对领队、全陪、旅游者的尊重;二则旅游者也有权审核活动计划,并提出修改意见;同时我们可利用商谈机会了解旅游者的兴趣、要求。所以说,核对、商定日程是做好接待工作的重要环节,也是地陪和领队、全陪之间合作的序曲。日程一经商定,须及时通知每一位旅游者,各方面都应遵守。

一、商定日程的时间、地点和对象

商定日程的时间宜在旅游团抵达的当天,最好是在游览开始前进行。对一般观光旅游团,甚至可在首次沿途导游过程中,在宣布本地游览项目时用最短的时间确定日程安排;也可在旅游团进入饭店,待一切安排完毕后再进行;对重点团、学术团、专业团、考察团,则应较慎重地在旅游团到达饭店后进行。商谈日程的地点可因地制宜,一般在饭店的大堂,有时也可在旅游车上,对重点团、专业团、考察团,必要时可租用饭店会议室。商谈日程的对象,可视旅游团性质而定,对一般旅游团可与领队或全陪商谈,也可请团内有名望的人参加,如旅游团没有领队,可与全团成员一起商谈;对重点团、专业团,除领队外,还应请团内有关负责人参加。

二、商谈日程的原则

商谈日程时,必须遵循的原则如下。宾客至上、服务至上的原则,主随客便的原则,合理而可能的原则,平等协商的原则。日程安排既要符合大多数旅游者的意愿,又不宜对已定的日程安排做大的变动,因为变动过大,可能会涉及其他部门的工作安排。

任务一　核对日程

情景模拟 1

时间:2022 年 9 月 30 日 17:50
地点:宁波金港大酒店
人物:地陪朱亚、全陪华杰
事件:客人入住饭店等工作都已经安排妥当,地陪朱亚与全陪华杰开始核对日程。

角色扮演 1

(地陪朱亚通过电话与在酒店房间的全陪华杰联系。)

地:华先生,客人的房间都安排好了吗?
全:嗯,都安排好了。
地:＿＿＿＿＿＿＿＿＿＿＿＿＿＿＿＿＿
全:好的,我随后就到,请稍等。
(两人在一楼大厅会面。)
地:华先生,客人对房间还满意吧?
全:挺满意的,辛苦你了。
地:不用谢,应该的。您看过日程表了吧?
全:是的,安排得不错。
地:＿＿＿＿＿＿＿＿＿＿＿＿＿＿＿＿＿
全:那明天中午在哪里用餐?
地:在溪口大酒店。
全:后天游览景点后能赶上飞机吗?
地:＿＿＿＿＿＿＿＿＿＿＿＿＿＿＿＿＿
全:那就没什么问题了。

训练提示:核对日程的内容一般包括:各自手中的接待计划有无出入;每日日程安排的具体情况;特殊活动的安排情况;向领队或全陪征求对地接社安排的详细日程的意见;离开本地时的交通工具,航班(车次)及时间。

任务二　修改日程

情景模拟 2

时间:2022 年 9 月 30 日 17:50
地点:宁波金港大酒店
人物:地陪朱亚、全陪华杰
事件:全陪华杰提出修改日程。

角色扮演 2

全:对了,听说宁波的天一阁很有名气哦?
地:是的,它是亚洲现有最古老的藏书楼。
全:这个团里很多客人都很感兴趣,如果能去一下就太好了,不知道能不能安排?
地:＿＿＿＿＿＿＿＿＿＿＿＿＿＿＿＿＿
全:没问题,如果客人同意的话,我们将按规定支付。
地:＿＿＿＿＿＿＿＿＿＿＿＿＿＿＿＿＿
(地陪向地接社汇报)
地:我向公司请示过,车费 10 元,门票费 20 元,每人共 30 元,您看可以吗?

全:好的,谢谢你,回头我再向客人征求一下意见。
地:＿＿＿

全:没问题,我来对客人说。
训练提示:
商定日程时,对可能出现的几种情况,地陪应采取相应的处理措施如下。

(1) 领队或全陪提出小的修改意见或要求增加新的游览项目。①不存在绕路问题而且时间上有保证,同时又不产生新的费用,尽力予以安排;②需要加收费用的项目,应事先向领队、全陪或旅游者讲明,按有关规定收取费用;③对确有困难而无法满足的要求,要详细解释、耐心说服。

(2) 领队或全陪提出的要求与原日程不符且涉及接待规格。①耐心解释,说明情况,指出其可能带来的不良后果;②婉言拒绝,并说明导游员不便单方面不执行合同;③如有特殊理由,地陪要请示接团社的有关部门。

(3) 领队或全陪与地陪手中的接待计划有部分出入。①及时报告地接社,查明原因,分清责任。②如果是地接社的责任,应实事求是说明情况,赔礼道歉,按正确的接待计划执行。③如果是境外组团社的责任,应在双方都能接受的基础上商定行程。

任务三 调整日程

情景模拟3

时间:2022年9月30日 17:50
地点:北京某饭店
人物:地陪、全陪
事件:由于受到大雪天气影响,双方商量调整日程。

角色扮演3

地:刚接到旅行社的电话,明天北京会有大雪。
全:那对我们的行程会有影响吗?
地:这几天长城肯定是去不了了。
全:那有什么好的替代项目吗?
地:你觉得北京海洋馆怎么样?
全:价格太贵,每位要120元,长城才45元。
地:要不带旅游者前往红楼梦的拍摄地北京大观园吧!那是一处极富特色的古典园林。
全:门票多少钱呢?
地:北京大观园40元,到时候我们按实结算。
全:那好的,我先征求一下社里的意见。

地：好的，我也向社里汇报一下。
（组团社和地接社均表示同意，由地陪向旅游者进行解释。）
地：_____

训练提示：地陪在与领队或全陪商定日程时，可能由于因客观原因、不可预料的因素（如天气、自然灾害、交通问题等），需要对原有日程进行调整。地陪必须做到心中有数，对调整原因做出实事求是的解释，切不可为旅行社利益而对旅游者进行隐瞒或欺骗。对调整后的日程，地陪要有充分的预见和足够的准备。涉及新产生的费用要与领队、全陪认真协商，并向旅游者说明。对于重大的日程调整，一定要经组团社和地接社的同意，变更及调整的项目或计划要由旅行社工作人员或授权导游签字确认。

师生互动

一、地陪应怎样合理安排日程？

二、旅游团因故延长在一地的游览时间，导游员怎么办？

项目考核

项　　目	要　　求	满分	得分
礼节礼貌	仪容仪表（头发、面容、手、指甲、服饰等）	10	
	行为举止（坐、立、行、手势、表情、礼貌用语等）	10	
角色扮演	书面材料（能完成规定的书面材料）	10	
	配合默契（角色之间配合自然流畅）	10	
	知识运用（能正确运用相关专业知识）	10	
	任务完成（能够完成特定情景下的工作任务）	10	
	学习态度（专心致志）	10	
师生互动	言之有理（针对问题能提出有价值的观点）	10	
	表达准确（口头表达能力）	10	
	参与热情（参与课堂的积极性）	10	
总　　分		100	

个人小结	

补充阅读
旅游线路设计的
基本原则

补充阅读
不可抗力

模块二　参观游览服务

　　参观游览活动是一次完整的旅游行程的核心,是旅游者出游的根本目的。同时,对于导游来说,也是为旅游者提供导游服务、体现导游服务质量的重要环节。因此,导游要根据不同类型景观、景点的特点,掌握参观游览环节中的各种讲解技巧和注意事项,并通过提前准备、熟悉导游词将其运用到实际的导游服务中,向旅游者提供高质量的导游服务。

项目 5

市 容 导 游

> 📌 **知识目标**
>
> 掌握市容导游的概念及其特点；
> 掌握市容导游基本内容。

> 📋 **技能目标**
>
> 能撰写市容导游讲解词；
> 能对典型城市进行市容导游讲解。

微课观看

习题测试

判断题

1. 参观游览活动是导游为旅游者提供导游服务、体现导游服务质量的重要环节。导游人员要在规范化服务的基础上,根据不同的景观类型与游览需求,向旅游者提供个性化服务。（　　）

2. 根据导游服务规范,景点游览过程中,导游应在计划的时间与费用标准内,尽量集体活动,尽可能多讲一些内容,使旅游者充分地游览、观赏,让游客觉得不虚此行。（　　）

3. 在景点游览过程中,导游应注意旅游者的安全并随时提醒旅游者自己注意安全,自始至终与旅游者在一起活动,并随时清点人数,以防旅游者走失或意外事故的发生。（　　）

4. 视频中"精忠报国""尽忠报国"的主要区别是,"精忠"是岳飞的拳拳报国之心,"尽忠"更多的是他人对岳飞的一种褒扬。（　　）

5. 导游有声语言,具体是指导游语言的音量、语速、语调等因素。
（　　）

6. 导游无声语言,又称导游态势语言,指的是导游讲解过程当中的站姿、表情、目光、手势等因素。（　　）

7. 音量是指声音的大小,我们在进行导游讲解时,要综合考虑游客数量、讲解场地和讲解内容的重要程度来调节音量,主要目的就是让游客能清楚地听到导游讲解的内容。
（　　）

8. 导游讲解时目光应采用平视与环视相结合的方式,与游客真诚沟通,平均分配到现场的每一位客人。（　　）

9. 导游讲解方法,是指导游学界和业界的前辈们通过实践与总结,为我们提供的导游讲解内容的处理方式与技巧。（　　）

怎样规范提供
参观游览服务?

怎样运用导游
讲解有声与
无声语言?

怎样有效使用
导游讲解方法?

单选题

1. 2022年10月16日,习近平在中国共产党第二十次全国代表大会上的报告指出,从二〇三五年到（　　）把我国建成富强民主文明和谐美丽的社会主义现代化强国。

　　A. 二〇四五年　　B. 本世纪中叶　　C. 二〇四零年　　D. 二〇五五年

2. 2022年10月16日,习近平在中国共产党第二十次全国代表大会上的报告指出,中国式现代化的本质要求是:实现（　　）发展。

　　A. 高水平　　　　B. 高速　　　　　C. 高效　　　　　D. 高质量

3. 一般来讲,导游讲解的语速为每分钟（　　）字左右为宜。

　　A. 150　　　　　B. 200　　　　　C. 300　　　　　D. 350

4. "你想进来刺杀,我铺它个横七竖八。你想躲在暗处,我就让广场无树无花。这其中有何玄机呢? 大家请随我来,谜底马上揭开!"这段导游词主要体现了（　　）的讲解方法。

　　A. 问答法　　　　　　　　　　　B. 设置悬念法

C. 触景生情法 D. 类比法

5. "这些鎏金铜缸也没有逃脱侵略者刺刀刮体的厄运,眼前这口缸上的道道刮痕已成为帝国主义侵略中国的铁证。1900年的8月13日至8月15日,八国联军攻陷北京,进占紫禁城。……忘记过去,就意味着背叛,我们一定要铭记历史,脚踏实地,为实现中华民族的伟大复兴,贡献自己的力量!"这段导游词主要体现了( )的讲解方法。

A. 问答法 B. 设置悬念法
C. 触景生情法 D. 类比法

多选题

1. 根据导游服务规范,在景点游览过程中,地陪应做到( )。
  A. 与各站保持有效沟通,使旅游接待计划得以全面顺利实施,并监督各站服务适时到位
  B. 提前到达集合地点,并督促司机做好出发前的各项准备工作
  C. 团队出发及每次移动前清点人数
  D. 在乘坐交通工具向异地移动途中,提醒旅游者注意人身及财物的安全,安排好旅游者旅途生活,适时组织娱乐活动或专题讲解,努力使旅游者在旅途中感到充实、轻松、愉快
  E. 游览过程中,尽量使用生动、风趣、吐字清晰易懂,富有感染力的讲解语言,对景点做繁简适度的讲解

2. 语调是指音调的高低变化,语调与( )等因素有关。
  A. 感情色彩 B. 接受能力 C. 祈使强度
  D. 内容难度 E. 疑问程度

3. 导游讲解时的手势分为( )。
  A. 强调手势 B. 象形手势 C. 指示手势
  D. 无意识手势 E. 情意手势

4. 在导游讲解方法中,问答法的形式主要有( )。
  A. 自问自答法 B. 问而不答法
  C. 我问客答法 D. 客问我答法

5. 突出重点法是常见的导游讲解方法,一般要突出的内容有( )。
  A. 具有代表性的景观 B. 与众不同之处的特征
  C. 景区(点)的入口处 D. 游客感兴趣的内容

6. 导游讲解方法中的类比法可根据比拟的不同分为( )。
  A. 同类相似类比 B. 同类相异类比
  C. 内容近似之比 D. 时代之比
  E. 换算

7. 下列属于同类相似类比的是( )。
  A. 北京的王府井大街比作日本东京的银座、美国纽约的第五大街、法国巴黎的香榭丽舍大街
  B. 讲到梁山伯与祝英台时,可将其比作中国的罗密欧与朱丽叶
  C. 在宫殿建筑和皇家园林的风格和艺术上,将北京的故宫和巴黎附近的凡尔赛宫相比
  D. 参观苏州时,可将其比作"东方威尼斯"

知识强化

城市是在人类历史发展过程中逐渐形成的人类聚居区,是人类文明的组成部分,具有历史悠久、人口稠密、经济发达、交通便利、旅游景点聚集等特点,因此城市在一次参观游览中通常能成为活动的中心或交通枢纽,而市容导游往往也就成了一次完整的旅游活动中不可或缺的组成部分。

市容导游是指导游对旅游者所抵达或经过的城市、乡镇及所在的省区进行的有关当地的历史沿革、地理概况、气候状况、社会发展、经济建设、文化民俗等方面的讲解,使旅游者对当地的基本情况有初步的了解。

市容导游的内容主要包括以下两个方面。

其一是市容特色和历史沿革。每座城市都有其独特的地理位置和气候特征,每座城市也都有其特有的发展过程,因此每座城市就形成了特有的性格和特色,这些正是其吸引旅游者前来的魅力所在。导游在市容讲解中,要对城市的众多元素进行提炼和筛选,抓住其特色,尽情渲染,才能给旅游者留下较深刻的印象。一个城市的性格特色可能会来自它的独特的地理位置或气候条件、创建成因、发展历程、历史地位、与其有关的重大事件或历代名人、经久不衰的神话传说、生动的文学或影视形象等。

其二是社会经济和文化概述。一个城市的经济成就和文化状况既是在漫长的历史发展中取得的,也能反映出一个城市现今的状态和当地居民的精神风貌。在对一个城市的社会经济进行导游时,一般应包括:该地的支柱产业、特色经济、传统产品、交通条件、居民生活水平、城镇建设、对外贸易、风物特产等。文化概述的内容应包括:该地的民族构成、民俗风情、传统文化、现代文明、饮食特色、娱乐休闲等。

总之,市容导游要将一个城市或地区的能形成吸引力的信息或特点进行精选,然后介绍给旅游者。

任务一 市容特色和历史沿革导游

情景模拟 1-1

时间:2022年10月23日
地点:北京
人物:地陪小刘
事件:地陪小刘为第一次到北京来的上海旅游者介绍北京的历史。正值党的二十大胜利闭幕之际,地陪小刘为旅游者介绍大会的基本情况,对二十大的精神进行宣传。

角色扮演 1-1

小刘:各位团友,搭尬好!(上海话,意为大家好。)

> **知识链接**：身为导游，应该能使用一些简单的方言土语，在接待来自天南海北的旅游者时适当使用，以拉近与旅游者的距离，营造亲切、友好的氛围。

非常高兴与大家相聚、相知在美丽的北京，这里不但是一片古老的土地，更是我们伟大祖国的首都。

下面我先为大家简单地介绍一下北京的基本情况。位于华北平原的北京简称京，是中华人民共和国的首都，四个直辖市之一，是全国政治、文化和国际交往中心。

北京作为城市的历史可以追溯到3000年前。秦汉以来，北京地区一直是中国北方的军事和商业重镇，先后被称为蓟城、燕都、燕京、涿郡、幽州、中都、南京、大都、京师、顺天府、北平等。

> **知识链接**：导游在讲解时，一定要注意要在运用语言方面做到"正确"。正确，即导游语言的规范性。这是导游语言科学性的具体体现，是导游在讲解时必须遵守的基本原则。"一伪灭千真"，如果导游信口开河、杜撰史实，一旦旅游者发现，必定产生极大的反感，会怀疑其所有导游讲解的真实性，甚至会否定导游的一切。因此，导游在进行讲解之前，必须查阅大量的资料，以使自己的导游词具有真实性和科学性。导游讲解的内容必须有根有据，正确无误，切忌胡编乱造、张冠李戴，即使是神话传说也应有所本源，而且须与游览景点紧密联系。另外，导游语言的科学性越强，越能吸引旅游者的注意，越能满足他们的求知欲，导游也会受到更多的尊重。

训练提示：北京简称京。中华人民共和国首都。为历史悠久的世界著名古城。位于华北平原西北边缘，东南距渤海约150千米，面积16 410平方千米。北有军都山，西有西山，山地占全市面积的62%；东南是永定河、潮白河等河流冲积而成的、缓缓向渤海倾斜的平原。北京是世界历史文化名城和古都之一。早在70万年前，北京周口店地区就出现了原始人群部落"北京人"。而北京建城也已有两千多年的历史，最初见于记载的名字为"蓟"。公元前1045年北京成为蓟、燕等诸侯国的都城；公元前221年秦始皇统一中国以来，北京一直是中国北方重镇和地方中心；自公元938年以来，北京又先后成为辽陪都、金上都、元大都、明清国都。1949年10月1日被正式定为中华人民共和国的首都。

中国共产党第二十次全国代表大会，是在全党全国各族人民迈上全面建设社会主义现代化国家新征程、向第二个百年奋斗目标进军的关键时刻召开的一次十分重要的大会。二十大会期为2022年10月16日至10月22日，大会的主题是：高举中国特色社会主义伟大旗帜，全面贯彻新时代中国特色社会主义思想，弘扬伟大建党精神，自信自强、守正创新，踔厉奋发、勇毅前行，为全面建设社会主义现代化国家、全面推进中华民族伟大复兴而团结奋斗。大会主要议程是:听取和审查十九届中央委员会的报告;审查十九届中央纪律检查委员会的工作报告;审议通过《中国共产党章程(修正案)》;选举二十届中央委员会;选举二十届中央纪律检查委员会。

情景模拟 1-2

时间:2022年10月1日
地点:天津
人物:地陪小刘
事件:地陪小刘介绍天津的历史。

角色扮演 1-2

小刘:欢迎大家来到天津旅游。天津市是中央四大直辖市之一,海河穿城而过,被天津人称为"母亲河"。天津是中国北方最大的沿海开放城市、中国历史文化名城、中国首批优秀旅游城市,2006年国务院将天津城市定位为"国际港口城市、北方经济中心和生态城市"。天津历史悠久,早在新石器时代就有先民在此繁衍生息。_____
_____
_____

从历史上看,天津城区成陆较晚,宋代以前未见史册,金朝在当时原住民聚落之一的大直沽建立"直沽寨"。_____

那朱棣为什么选择"天津"这个名字呢?_____

到清雍正三年,_____

训练提示:天津简称津,意为天子渡过的地方,别名津沽、津门等。天津始于隋朝大运河的开通。在南运河和北运河的交会处、现在的金钢桥三岔河口地方,是天津最早的发祥地。唐中叶以后,天津成为南方粮、绸北运的水陆码头。金代在直沽设"直沽寨",元朝设"海津镇",是军事重镇和漕粮转运中心。明建文二年(1400年),朱棣率兵经直沽渡河南下夺取政权,1403年改元永乐,天津这个名称出现于永乐初年。天津作为军事重地,于永乐二年(1404年)正式设卫,翌年设天津左卫,转年又增设天津右卫。清顺治九年(1652年),三卫合一,归并于天津卫。1860年天津被辟为通商口岸后,西方列强纷纷在天津设立租界,天津成为中国北方开放的前沿和近代中国"洋务运动"的基地。由天津开始的军事近代化,以及铁路、电报、电话、邮政、采矿、近代教育、司法等方面建设,均开全国之先河,天津成为当时中国第二大工商业城市和北方最大的金融商贸中心。1949年新中国成立后,天津作为直辖市,经济建设和社会事业全面发展,进一步巩固了中国重要的综合性工业基地和商贸中心的地位。改革开放以来,天津的港口优势不断增强,对外交往进一步扩大。

任务二　社会经济和文化概述

情景模拟 2

时间：2022 年 10 月 1 日

地点：新疆乌鲁木齐

人物：地陪小张

事件：地陪小张接待一个旅游团队，在行程的第一天进行乌鲁木齐的市容导游。

角色扮演 2

小张：正如大家所知，乌鲁木齐的地理位置非常独特，它是连接内地，通向中亚的交通枢纽，是欧亚大陆桥的桥头堡，同时，乌鲁木齐机场也是我国五大门户机场之一，已开通有区内、国内、国际航线近百余条。_____

_____

_____

如果您走在乌鲁木齐的大街小巷，到处都可以看到自由市场，_____

_____

_____

训练提示：乌鲁木齐是中国连接中亚地区乃至欧洲的陆路交通枢纽，现已成为中国扩大向西开放、开展对外经济文化交流的重要窗口。在世界商贸发达城市所占有的沿海、沿边、沿河、沿线四大地理要素中，乌鲁木齐既占沿边之利，又得沿线之益，这是新疆、也是乌鲁木齐在西部大开发中最大的地理优势。特别是随着新亚欧大陆桥的全线贯通，乌鲁木齐作为新亚欧大陆桥中国段的西桥头堡，在中国西部乃至中亚经济发展中的地位和作用日益增强。乌鲁木齐机场为中国五大门户机场之一，已开通国际、国内、区内航线 100 多条。乌鲁木齐火车站是新疆铁路的总枢纽，也是中国与中亚地区重要的客货集散地，直通国际、国内列车 20 多对。公路、城市道路四通八达，形成了连接内外、横贯南北的交通网络。乌鲁木齐拥有国际水平的现代通信手段。所有这些，构筑起了一条现代化的立体"丝绸之路"，为乌鲁木齐走向世界架起了金桥。乌鲁木齐的风物特产主要有维吾尔族花帽、手工刺绣、金银首饰、玉雕制品、地毯、木雕、羊角鞭、锡伯族烟袋、皮靴、艾得来斯绸、英吉沙小刀、和田地毯等，都是手工制作的。土特产有鹿茸、阿胶、鹿血酒、伊犁特曲、葡萄酒等。最吸引人的，要属各种新鲜的水果了，如葡萄、哈密瓜、石榴、巴旦杏、无花果、蟠桃、伊犁苹果以及各种各样的水果干。

师生互动

一、导游词一般由哪几部分组成？

二、市容导游可以在什么时候进行？

项目考核

项　目	要　求	满分	得分
礼节礼貌	仪容仪表（头发、面容、手、指甲、服饰等）	10	
	行为举止（坐、立、行、手势、表情、礼貌用语等）	10	
角色扮演	书面材料（能完成规定的书面材料）	10	
	配合默契（角色之间配合自然流畅）	10	
	知识运用（能正确运用相关专业知识）	10	
	任务完成（能够完成特定情景下的工作任务）	10	
	学习态度（专心致志）	10	
师生互动	言之有理（针对问题能提出有价值的观点）	10	
	表达准确（口头表达能力）	10	
	参与热情（参与课堂的积极性）	10	
总　分		100	

个人小结	

补充阅读

城市级别划分标准和城市榜单

补充阅读

中国部分城市名称由来

补充阅读

党的二十大报告速览

项目 6

山地景观导游

知识目标

了解山地景观的特征；
了解山地景观的典型代表；
掌握山地景观的导游讲解方法。

技能目标

能对山地景观进行导游词创作；
能对典型山地景观进行导游讲解。

项目6 山地景观导游

微课观看

习题测试
判断题

1. 古代中国人对于山怀有崇拜与敬畏,自唐宋时期开始,历代帝王都有登山封禅和祭祀山帝的传统。（　　）

怎样进行山地景观导游讲解？

2. 古代的溪口因为有了雪窦山而蜚声遐迩,汉代文人孙绰就曾以"海上蓬莱,陆上天台"之词来赞誉过雪窦风光,更有人赞其"兼有天台山的雄伟,雁荡山的奇秀和天目山的清静"。（　　）

3. "登东山而小鲁,登泰山而小天下",来到泰山,我们不仅要让游客体会"会当凌绝顶,一览众山小"的豪迈,还不得不提历代帝王狂热追求的泰山封禅大典。"封"是在泰山下扫除一片净土,在净土上祭祀土神,报答后土的恩赐;"禅"是在泰山上堆土为坛,在坛上祭祀天神,报答上苍的护佑。（　　）

单选题

西岳华山以（　　）著称,东岳泰山以（　　）有名,中岳嵩山以（　　）为其特色,北岳恒山以（　　）闻名,南岳衡山以（　　）著称。以下选项正确的是（　　）。

A. 险、雄、峻、幽、秀　　　　　　B. 雄、险、幽、秀、峻

C. 险、雄、幽、秀、峻　　　　　　D. 险、峻、幽、秀、雄

多选题

我们在进行山地景观导游讲解时,一般可以选择（　　）角度。

A. 地质构造分析　　　　　　　　B. 山体形态鉴赏

C. 文化内涵解读　　　　　　　　D. 自费项目介绍

E. 革命精神传承

知识强化

山地景观是基本地貌类型中最富有多样性、组合型造型的自然景观资源。由于山地自然环境结构的丰富性和特殊性,再加上不少山地附着的人文景观与历史文化胜迹,从而构成了综合性很强的山地自然与人文景观资源和旅游生态环境资源,为人们进行观光、休憩、疗养、登山、攀岩、探险、考察等多种旅游活动,提供了特殊的条件。因此山地景观的导游也是导游应该重点掌握的。

一、山的概述

山,又称山岳,在学术上是指高度较大,坡度较陡的高地。具体来说是指一般海拔高度500米以上,相对高度在200米以上,且具有明显山顶、山坡和山麓组成的隆起高地。山地可以按照不同的标准分类,如按照海拔高度划分,可分为极高山（海拔高度大于5 000米、相对高度均在1 000米以上）,高山（海拔高度在3 500～5 000米、相对高度在200～1 000米）,

中山(海拔高度1 000～3 500米,相对高度在200～1 000米),以及低山(海拔高度在500～1 000米、相对高度在200～1 000米)。又如按成因来分类,可将山地分为构造山、侵蚀山和堆积山。

二、山地景观的分类

从旅游观光的角度来看,可把山地景观分为体育探险登山旅游地形和风景观赏山岳旅游地形。体育探险登山旅游地形海拔较高,以高山冰雪世界和冰川地貌的奇诡景象为特征,是探险和科学考察人员向往的理想场所。在我国,这种地形集中分布在兰州—昆明一线以西,特别是青藏高原周边。风景观赏山岳旅游地形,是指在具有自然美的典型山岳景观基础上,渗透人文美的山地空间综合体。它给人一种综合美感,包括形象美、色彩美、动态美、听觉美、嗅觉美以及人文因素美等,其中以形象美为核心和基础。千姿百态的山岳,或雄奇浩荡,或险峻巍峨,或清新秀丽,或幽古神秘,各有其动人心魄之处。按照山岳的成因为依据,可以将风景观赏山岳分为以下五大类型。

(一)花岗岩名山

花岗岩是分布十分广泛的酸性侵入岩,岩体造型丰富,质坚形朴,常形成山地的核心。其景观特点是:主峰明显,群峰簇拥,峭拔危立,雄伟险峻。我国的泰山、黄山、华山、衡山、九华山、崂山、浙江天台山、盘山等,几乎全部或大部分为花岗岩组成。

(二)岩溶山水风景

岩溶地貌又称喀斯特地貌,主要发育在碳酸岩类岩石地区,其景观的基本特征:山地高度不大,石峰林立或孤峰突起,而且造型丰富。景区内溶洞遍布,洞内常有地下湖或地下暗河,以及由石灰岩溶解沉淀而形成的石钟乳、石笋、石柱、石花等千姿百态的洞穴景观,主要分布在广西和云贵高原等地。

(三)丹霞风光

丹霞山地是在红色砂岩地区发育而成的,因为在广东仁化县丹霞山发现而被命名为丹霞地貌。其景观特点是丹山碧水、精巧玲珑。仁化丹霞山是我国典型的丹霞风景区。此外,位于闽北崇安县的武夷山风景区,36座峰峦雄踞于九曲溪畔,形成"曲曲山回转,峰峰水抱流"的丹霞山水和深邃、幽奇的洞穴景观。安徽的齐云山是我国丹霞地貌中最高的山地,因"一石插天,直入云汉,谓之齐云"而得名。此外,江西贵溪的龙虎山和圭峰、广东乐昌金鸡岭等都是著名的丹霞风景区。

(四)其他自然因素形成的名山

1. 火山流纹岩山地

典型代表为位于浙江乐清的雁荡山,因古时岗顶有湖,秋雁宿之,而得雁荡之名。属于致密坚硬的火山流纹岩,在外力作用下,形成丰富多彩的造型地貌和变幻造型地貌景观。著名的灵峰、双鸾峰、展旗峰等造型逼真,被称为我国造型地貌的博物馆。

2. 熔岩山地

以黑龙江五大连池火山为代表,历史上曾多次喷发,形成了14座火山椎体和广阔的熔岩台地。熔岩流壅塞白河,形成五个串珠状湖泊,谓之五大连池。因岩浆喷发的场面活跃如初,故有"火山地貌博物馆"之称,是我国重要的火山地貌保护区。

3. 砂岩山地

以张家界为代表的武陵源风景区,形成独特的砂岩峰林地貌。其景观特征是奇峰林立、造型生动、沟谷纵横、植被茂密。

(五)历史文化名山

因文化景观或历史遗迹众多而形成的名山。此类名山特点突出,拥有特有的历史价值、文化价值、宗教价值等。如有"革命摇篮"之誉的井冈山,名闻寰宇的八达岭,因《黄鹤楼》一诗而传名的武汉蛇山;因开凿石窟而享誉世界的名山,如洛阳的龙门山等。此外以寺观为中心形成的佛教、道教游览名山更是遍布大江南北,大家都熟悉的佛教名山有五台山、九华山、峨眉山等,道教名山有武当山、青城山、崂山、龙虎山等。这些山地自然风光优美,加之建筑景观宏伟、历史文物和宗教文物众多,组成了具有浓厚宗教文化氛围的游览山地。

任务一 地质构造分析

情景模拟1

时间:2022年10月2日
地点:云南昆明路南
人物:地陪小王、旅游者文先生
事件:地陪小王接待一个来自西安的旅游团队,在接站、进行了昆明的市容导游之后,于第二天带领旅游团前往第一个旅游景点——石林。

角色扮演1

(乘坐旅游车前往石林。)

小王:各位朋友,大家好!在中国旅游,人们有这样的说法:到了北京登"墙头",到了西安看"坟头",到了桂林观山头,到了上海数人头,到了苏州看丫头,到了昆明……大家猜猜看该看什么"头"呢?

> **知识链接**:在这一段导游词中,导游分别运用了讲解方法中的类比法和问答法。所谓"类比法",是指以熟喻生,达到触类旁通的导游手法,即用旅游者熟悉的事物与眼前的景物比较,便于他们理解,使他们感到亲切,从而取得事半功倍的导游效果。本例是用旅游者较为熟悉的北京的"墙头"、西安的"坟头"等引出昆明的石头。"问答法",就是在导游讲解时,

导游向旅游者提问题或启发他们提问题的导游方法。使用问答法的目的,是为了活跃游览气氛,激发旅游者的想象思维,促使旅游者、导游之间产生思想交流,使旅游者获得参与感或自我成就感的愉快,也可避免导游人员唱独角戏的灌输式讲解,加深旅游者对所游览景点的印象。

  文先生:嗯——,石头!

  小王:对了,就是石头。前面所提的"墙头""坟头"所指不用说了,而这石头指的就是我们今天即将游览的石林。不少旅游者说:不到石林等于没到昆明。由此可见石林在云南旅游中的地位。正因如此,上至国家元首,下至平民百姓,凡来昆明者必到石林一饱眼福。

  (旅游车到达路南石林后)

  小王:各位朋友,说话间我们就来到了我们今天的目的地石林的精华景区之一——大石林景区。请各位带好随身携带的行李,准备下车随我去一览石林的风采。现在各位随我上山,先去纵览石林全貌。

  知识链接:在到达一个旅游景点或结束一天的游览返回酒店时,导游都应提醒旅游者带好自己的随身物品下车,特别是贵重物品。另外,导游还应提醒司机关好车窗、锁好车门,做好安全保障工作。

  文先生:这石林是怎么生长出来的呢?

  小王:问得好,既然是"石林",就应该有一个生长过程。那这些岩石是怎么形成的呢?在法国的旅游广告中,就有这样的一个说法:到云南来观赏石林,是"去看3亿年前的海洋"。

  文先生:3亿年前的海洋?怎么会有这样的说法?

  小王:这要从原来路南地区的地貌说起。

  知识链接:值得注意的是,在导游讲解过程中,导游人员应根据旅游者的职业和文化层次,对不同的旅游者适当地调整导游词的内容,为其讲解最感兴趣的部分。以本角色扮演为例,如果旅游者是学生或对地质感兴趣的旅游者,可以针对喀斯特地貌的形成、特征和表现形式等进行讲解;如果旅游者是农民朋友或从事农业研究工作的,他们感兴趣的是在这种保持不了水分和肥料的石灰岩地貌上当地的农民是如何进行耕作的;如果客人是第一次来到南方,就可以和客人讲讲南方的土为什么会呈现红色,为什么云南会"一山有四季,十里不同天"等。

  训练提示:云南石林的成因:在泥盆纪时期(距今5.7亿—2.5亿年前),石林所在的滇东一带是沉在海中的。当时气候温暖潮湿,海洋中的生物生长快且种类繁多,有珊瑚、孔虫、瓣鳃及各类腕足动物等。这些生物死亡后,其骨骼与砂、泥质一起沉积。至2.7亿年前石林成为热带浅海,海底沉积了巨厚的(1 000~2 000米)浅海台地生物礁相灰岩。后来由于地壳运动,这里被抬升,海退成陆,地面受到侵蚀,形成准平原状态,逐渐陷落成湖盆,进一步产生溶蚀作用。到喜马拉雅造山运动时期,这里又再次被抬升。在岩层抬升过程中各种外力因素,如水、土、生物等的作用促成了今天我们所看到的奇特地貌。

任务二　山体形态欣赏

情景模拟 2

时间:2022 年 10 月 2 日
地点:陕西华山
人物:地陪小黄
事件:地陪小黄为一个前来华山游览的旅游团队进行导游讲解。

角色扮演 2

小黄:朋友们,我们现在来到的就是玉泉院,它是攀登华山的必经之地。据说因这里的泉水与山顶的玉井相通,水质清冽甘美,故名"玉泉院"。院中建筑多是清代乾隆年间重新修建的。请大家顺着我手指的方向看那些树,也许许多人都认识它,对,这就是青柯树。青柯树在此浮苍点黛,故名"青柯坪"。我们再继续向前走,就来到了华山第一险"回心石"和"千尺幢"。_____

出千尺幢不远是百尺峡,这里是登山的第二道险关。_____

出峡,过仙人桥,前面又是一段险路"老君犁沟",_____

沿着这条路前进,在沟的尽头就是被称为"猢狲愁"的陡壁,再向前,就到了华山北峰。

知识链接:在五岳中,西岳华山以险著称,东岳泰山以雄有名,中岳嵩山以峻为其特色,北岳恒山以幽闻名,南岳衡山以秀著称。

训练提示:在青柯坪东有一巨石,名叫"回心石",前面是华山头道险境——千尺幢,以前体弱者到此石,向导就劝其回头下山,故名。千尺幢有石梯370余阶,是一条很陡峭的山槽,盘旋于悬崖峭壁之上,游人需手握铁索,手足并用,沿陡峭、只可容一人上下的山路攀登。其间,崖壁陡峭,头顶只见一线天光,惊险绝伦。过千尺幢,马上就是百尺峡,百尺峡高46米,有石阶91级。在高耸的两侧山壁之间,夹着一块巨石,上书"惊心石"。老君犁沟,传说是太上老君牵来自己的青牛,在这个陡壁处犁出的一条小路。共有500多个石级。

任务三　山景色彩渲染

情景模拟 3

时间:2022 年 10 月 2 日

地点:北京香山

人物:导游小许

事件:香山的导游小许为旅游者介绍香山的红叶。

角色扮演3

小许:亲爱的各位团友,欢迎你们来到香山游览。香山位于北京市西北郊的西山东麓,_____

_____

_____

说到香山,就不能不提到香山的红叶。很多没来过香山的旅游者都以为香山上的红叶是枫树的叶子,其实不然,_____

_____

_____

训练提示:北京香山的红叶是典型的以色引人的景观。香山位于北京西北郊西山东麓,东南距市中心28千米,最高峰为香炉峰,海拔557米,山顶有巨石两块,叫乳峰石,其形酷似"香炉",周围又常有云雾弥漫,如袅袅升空的香烟,香山因此得名。香山景色秀丽,名胜遍布,风光旖旎,极富自然情趣。秋来黄栌换装,漫山红遍,如火如荼,此即"香山红叶",是燕京八景之一。

任务四 人文内涵讲解

情景模拟4

时间:2022年10月2日

地点:山东泰山

人物:地陪小李、旅游者郑先生

事件:地陪小李为来到泰山的旅游者讲解"封禅"的含义和历史。

角色扮演4

小李:封禅文化是泰山最重要的历史文化现象,泰山的显赫名气正是来源于此。

郑先生:封禅文化?什么是封禅啊?

小李:封禅源自于古代,是封建帝王时代的一种政治和迷信的混合物。封禅是一种祭祀

性的礼仪活动，_____
_____
_____

  郑先生：哦，是这样。那这封禅大典是从什么时候开始的呢？
  小李：封禅和朝拜泰山，载入史册是从秦始皇开始的，_____
_____
_____

  训练提示：封禅是中国各代帝王在泰山举行的一种祭祀天地神的宗教活动，它是泰山特有的一种文化现象。在泰山上筑土为坛以祭天，报天之功称作"封"；在泰山下小山上除地，报地之功称作"禅"，传说先秦有72代君王封禅泰山，正史记载秦、汉、唐、宋皆有帝王封禅，明清两代改封禅为祭祀。

师生互动

一、山岳成为名山一般应具备哪些条件？

二、游览山地景观时导游应注意什么？

项目考核

项 目	要 求	满分	得分
礼节礼貌	仪容仪表(头发、面容、手、指甲、服饰等)	10	
	行为举止(坐、立、行、手势、表情、礼貌用语等)	10	
角色扮演	书面材料(能完成规定的书面材料)	10	
	配合默契(角色之间配合自然流畅)	10	
	知识运用(能正确运用相关专业知识)	10	
	任务完成(能够完成特定情景下的工作任务)	10	
	学习态度(专心致志)	10	
师生互动	言之有理(针对问题能提出有价值的观点)	10	
	表达准确(口头表达能力)	10	
	参与热情(参与课堂的积极性)	10	
总 分		100	

个人小结	

补充阅读
中国的主要山脉

补充阅读
中华十大名山

项目 7

水体景观导游

知识目标

了解水体景观的特征；
了解水体景观的典型代表；
掌握水体景观的导游讲解方法。

技能目标

能对水体景观进行导游词创作；
能对典型水体景观进行导游讲解。

微课观看

怎样进行水体景观的导游讲解？

习题测试

判断题

1. 水体景观作为一种重要的旅游资源，不仅能够净化和美化环境，还能为人们开展旅游、休闲活动提供必要条件。（   ）

2. 在杭州有宛如西子的西湖，在岳阳有浩浩汤汤的洞庭湖，而在嘉兴，则有朦胧诗画般的南湖。它是浙江三大名湖之一，处于嘉兴城北，古称"陆渭池"。南湖素以"轻烟拂渚，微风欲来"的迷人景色著称于世。（   ）

3. 宋朝诗人杜牧有诗云："南朝四百八十寺，多少楼台烟雨中"，烟雨楼之名即取自于该诗句。（   ）

4. 地表水体的自然形态主要有三种：面状水，如湖、海；线状水，如江、河、瀑；点状水，如泉等。每一种水体景观又可以根据不同的标准进一步分类。（   ）

5. 1921年8月，中国共产党第一次全国代表大会原本在上海法租界秘密召开，参加会议的代表一共有13人，会议临近结束时，遭法租界巡捕的袭扰而被迫停会。根据上海代表李达夫人王会悟的建议，8月2日会议转移到嘉兴南湖的一条游船上继续举行。（   ）

单选题

下列属于火口湖的是（   ）。

A. 昆明滇池   B. 长白山天池

C. 黑龙江五大连池   D. 藏南的八宿错

多选题

湖泊是陆地上洼地积水形成的、水域比较宽广、换流缓慢的水体，按其成因分类可分为（   ）主要类型。

A. 构造湖   B. 火口湖   C. 冰川湖

D. 堰塞湖   E. 海迹湖

知识强化

水是自然环境形成和发展中最活跃的因素之一。水作为"生命之源"，在人们的生命和生活中，起着举足轻重的作用。水既为各种动植物提供了生存的基础，又可以美化和净化环境，改良小气候，而宽广的水域还能为游人提供游泳、划水、帆船等各种娱乐活动和疗养、品茗的条件和场所，因此，在旅游活动中，"水"的地位非常重要。

地表水体的自然形态有三种：面状水——湖、海；线状水——江、河、瀑；点状水——泉。

一、海洋

根据海洋所处的地理位置及其水文特征的不同，海洋可以分为洋、海、海湾和海峡。洋是世界大洋中远离大陆、深度大、面积广、不受大陆影响、具有较稳定的理化特征和独立的潮汐系统以及强大洋流系统的水域。世界大洋的总面积,约占海洋面积的89%。世界共有4个大洋,即太平洋、印度洋、大西洋、北冰洋。海是靠近大陆,深度浅,面积小,兼受洋陆影响,具有不稳定的理化特征,潮汐现象明显,并有独立海洋系统的水域。海的面积约占海洋的11%,深度从几米到二三千米不等。世界主要的海接近50个。海湾是海洋伸入大陆的部分,其深度和宽度向大陆方向逐渐减小。海峡是连通海洋与海洋的狭窄的天然水道。从旅游的角度讲,重点的观赏对象是海,而且多局限于海岸带,海岸带由三个基本单元组成:一是海岸,是指在平均高潮线以上的沿岸陆地部分;二是潮间带,是指介于平均高潮线和平均低潮线之间的地带;三是水下岸坡,是指平均低潮线以下的浅水部分。海岸带的海岸、沙滩、岛屿始终是海洋旅游的重中之重。

二、湖泊

湖泊是陆地上洼地积水形成的、水域比较宽广、换流缓慢的水体。陆地上的湖泊多样而复杂,依据不同的目的和指标,可将湖泊划分为不同的类型。

湖泊按其成因分类可分为:构造湖,由地壳运动产生断裂凹陷而成;火口湖,是火山或熔岩高原喷口积水而成;冰川湖,由冰川作用形成;堰塞湖,是熔岩流或泥石流等物质阻塞河床使其成为湖泊;海迹湖(潟湖),浅水海湾被沙堤或沙嘴分开形成,等等。按湖水排泄条件分,湖泊可分为湖水通过江河排入海洋的外流湖和不能流入海洋的内陆湖。按湖水所含的盐度分类,可分为淡水湖、咸水湖和盐湖。

三、江河

河流是陆地表面上经常或间歇有水流动的线形天然水道。每条河流都有河源和河口。河源是指河流的发源地,有的是泉水,有的是湖泊、沼泽或是冰川,各河河源情况不尽相同。河口是河流的终点,即河流流入海洋、河流(如支流流入干流)、湖泊或沼泽的地方。在干旱的沙漠区,有些河流河水沿途消耗于渗漏和蒸发,最后消失在沙漠中,这种河流称为瞎尾河。为沟通不同河流、水系与海洋,发展水上交通运输而开挖的人工水道称为运河,也称渠。

除河源和河口外,每一条河流根据水文和河谷地形特征分为上、中、下游三段。通常大江大河在入海处都会分多条入海,形成河口三角洲。通常把流入海洋的河流称为外流河,补给外流河的流域范围称为外流流域。流入内陆湖泊或消失于沙漠之中的瞎尾河称为内流河,补给内流河的流域范围称为内流流域。

具有旅游意义的江河景观,可归纳为景色优美的江河景观和漂流探险的江河景观两类。前者中的有些河流开发历史悠久,沿河附近多有旅游名城相间分布。江河漂流探险是近几年逐步兴起的一种旅游形式,它以全程参与、有惊无险、野趣无穷的魅力,吸引着越来越多的旅游者。

四、瀑布

瀑布在地质学上叫跌水,即河水在流经断层、凹陷等地区时垂直地跌落。它是自然山水结合的产物,具有形、声以及动态的景观特点。瀑布的大小、气势主要取决于地势落差和水量。瀑布的最大特点是山水完美结合、融为一体,具体表现为瀑布的三态变化:形态、声态和色态。在我国的秦岭——淮河以南地区,由于地形的特点及潮湿的气候,因而形成的瀑布较多,特别是在雨季。我国三大瀑布风景区是黄果树瀑布风景区、壶口瀑布风景区和吊水楼瀑布风景区。

五、泉

泉是地下水的天然露头,是地下含水层或含水通道呈点状出露地表的地下水的涌出现象,为地下水的集中排泄形式。它是在一定的地形、地质和水文地质条件的结合下产生的。泉水多出露在山区与丘陵的沟谷和坡角、山前地带、河流两岸、洪积扇的边缘和断层带附近,而在平原区很少见。

泉一般可按化学成分、水的温度、水的渗透压、酸碱度以及理疗作用等分类。在旅游观光中,最有价值的是以下几种:冷泉,常因水质清醇甘洌而供饮用或作为酿酒的水源;矿泉,是含有一定数量的特殊化学成分、有机物或气体,或具有较高水温,能影响人体生理作用的泉水,其中温泉指水温在 34℃ 以上的矿泉;观赏泉,是景观奇特、具有观赏价值的泉。

任务一　水体成因分析

情景模拟 1

时间:2022 年 10 月 3 日
地点:黑龙江镜泊湖景区
人物:地陪小陈、旅游者贺先生
事件:地陪小陈在镜泊湖的游船中为旅游者介绍镜泊湖的美景。

角色扮演 1

小陈:亲爱的游客朋友们,我们现在泛舟其上的就是我国最大的火山熔岩堰塞湖——镜泊湖,＿＿＿

贺先生:这镜泊湖的造型好奇怪啊!在我的印象中,"湖"不是应该浩瀚无边,让人有横无际涯的感觉吗?像洱海、太湖不都是这样的吗?

小陈:贺先生的这个问题提得很好啊。镜泊湖的造型与它的成因是密切相关的。＿＿＿＿＿＿＿＿＿＿＿＿＿＿＿＿＿＿＿＿＿＿＿＿＿＿＿于是,一个美丽的高山湖泊,留在了长白山支脉张广才岭的腹部。张广才岭并非以某位汉人的姓氏命名,＿＿＿

知识链接:中国五大淡水湖:鄱阳湖是我国第一大淡水湖,位于江西省。洞庭湖是我国第二大淡水湖,位于湖南省。我国第三大淡水湖太湖位于江苏省。洪泽湖位于江苏省。巢湖位于安徽省。

训练提示：风光秀丽的镜泊湖宛如一颗璀璨夺目的明珠镶嵌在祖国的北疆上，它以独特的朴素无华的自然美闻名于世，吸引越来越多的国内外游人。镜泊湖，历史上称阿卜湖，又称阿卜隆湖，唐玄宗开元元年（公元713年）称呼汗海，明代始呼镜泊湖，清朝称为毕尔腾湖。今仍通称镜泊湖，意为清平如镜。镜泊湖位于黑龙江省东南部张广才岭与老爷岭之间。镜泊湖是历经五次火山爆发，由熔岩阻塞河流形成的高山堰塞湖，是世界上少有的高山湖泊。以天然无饰的独特风姿和峻奇神秘的景观而闻名于世，是国家著名风景区和避暑胜地。湖深平均为40米，由南向北逐渐加深，最深处达74米，湖身纵长45千米，最宽处6千米，最窄处枯水期也有300米，全湖分为北湖、中湖、南湖和上湖四个湖区，总面积90.3平方千米，湖呈西南——东北走向，蜿蜒曲折，呈S形，湖岸多港湾，湖中大小岛屿星罗棋布。镜泊湖原始天然，风韵奇秀，山重水复，曲径通幽。

任务二　水体形态赏析

情景模拟2

时间：2022年10月3日
地点：贵州黄果树瀑布景区
人物：地陪小孟
事件：地陪小孟在为旅游者简要地介绍黄果树瀑布。

角色扮演2

小孟：大家请看，这就是我国第一大瀑布，也是世界著名大瀑布之一——黄果树瀑布。黄果树瀑布距省城贵阳市137千米，位于贵州省西部镇宁县和关岭县接壤处的打邦河支流的白水河上。黄果树大瀑布与世界上其他著名的大瀑布相比，虽然没有非洲维多利亚大瀑布、北美洲尼亚加拉大瀑布、委内瑞拉安赫尔大瀑布那般宽阔、高深和雄伟，但是，黄果树大瀑布自有它的奇特之处，_____

_____

知识链接：在这段导游词中，导游使用了"类比法"中的"同类相异类比法"，这种类比法可将两种景物比出规模、质量、风格、水平、价值等方面的不同。这段导游词中，就是将黄果树瀑布与世界上的其他著名瀑布进行比较，以突出其自身的特色。

训练提示：贵州黄果树瀑布是中国最大的瀑布。位于贵州省安顺市镇宁布依族苗族自治县境内的白水河上。周围岩溶广布，河宽水急，重峦叠嶂，气势雄伟。白水河流经当地时河床断落成九级瀑布，黄果树为其中最大一级。瀑布宽30米（夏季可达40米），总落差约78米，是世界著名大瀑布之一。瀑布对面建有观瀑亭，游人可在亭中观赏汹涌澎湃的河水奔腾直泻犀牛潭。腾起的水珠在附近形成水帘，盛夏到此，暑气全消。瀑布后绝壁上凹成一洞，称"水帘洞",洞深20多米,洞口常年为瀑布所遮,可在洞内窗口窥见天然水帘之胜境。

任务三　历史文化解读

情景模拟3

时间:2022年10月3日
地点:济南趵突泉公园
人物:地陪小林
事件:地陪小林为旅游者讲解趵突泉公园的核心景观趵突泉。

角色扮演3

小林:现在大家看到的就是趵突泉公园的核心——趵突泉景区,它是全园构图的中心,是一个由亭、堂、廊、榭组成的封闭空间,高低错落的建筑像众星捧月一样,簇拥着喷突腾涌的趵突泉。趵突泉历史悠久,＿＿＿＿＿＿＿＿＿＿＿＿＿＿＿＿＿＿＿＿＿＿＿＿＿＿＿

＿＿

> **知识链接**:中国历史上曾将镇江中泠泉、北京玉泉、济南趵突泉、江西庐山谷帘泉命名为"天下第一泉"。

训练提示:趵突泉位于济南市区中心,南靠千佛山,东临泉城广场,北望大明湖,面积158亩,是以泉为主的特色园林。该泉位居济南七十二名泉之首,被誉为"天下第一泉",也是最早见于古代文献的济南名泉。趵突泉是泉城济南的象征与标志,与千佛山、大明湖并称为济南三大名胜。趵突泉有文字记载的历史,可上溯至我国的商代。趵突泉是古泺水之源,古时称"泺",早在2600年前的编年史《春秋》上就有"鲁桓公会齐侯于泺"的记载。宋代曾巩任齐州知州时,正式赋予泺水以"趵突泉"的名称。该泉也有"槛泉""娥英水""温泉""瀑流水""三股水"等名。趵突泉水分三股,昼夜喷涌,水盛时高达数尺。所谓"趵突",即跳跃奔突之意,反映了趵突泉三窟迸发,喷涌不息的特点。

任务四　水域风光介绍

情景模拟4

时间:2022年10月3日
地点:广西漓江景区
人物:地陪小罗、旅游者李先生
事件:地陪小罗在为即将登上游船游览的旅游者简要地介绍漓江。

角色扮演 4

小罗：现在我手里拿的这件东西，大家应该都非常熟悉，一张面值为 20 元的人民币。（把 20 元的纸币平伸开来展示给旅游者看）不知道大家有没有注意过它的背面，（将纸币反过来），大家知道这是什么风景吗？

李先生：应该就是漓江吧！

知识链接：在导游讲解过程中，导游可以利用身边的一些小"道具"，通过身边熟悉的"事物"引出相对来讲不太熟悉的"景物"，既增加了旅游者对此景物的认知，同时还使得导游词变得生动、有趣。

小罗：没错，这个风景就是漓江，一会儿大家就可以在游船上看到这个图案的实物版了。大家知道这漓江的"漓"是什么意思吗？

李先生：这个还真不清楚。

小罗：按照字典的解释，这"漓"字是清澈、透明的意思，从这名字中大家就能够联想到漓江的美丽和魅力了吧。漓江，是中国锦绣河山的一颗明珠，是桂林风光的精华，是桂林风光的灵魂，是桂林风光的精髓。它属于珠江水域，发源于_____

_____

从美学的角度来看，漓江的特点，可以概括为清、奇、巧、变四个字，这也是桂林山水的特点。

知识链接：这段导游词通过"概述法"用几个形容词简明扼要地对漓江的景色进行了概述性的介绍，既突出了漓江的特点，又能给旅游者留下很深刻的印象。

李先生：这四个字应该怎么解释呢？

小罗：_____

好了，俗话说得好，百闻不如一见，现在就请大家登上游船，和我一起去欣赏这美丽的桂林山水吧。

训练提示：漓江，是中国锦绣河山的一颗明珠，是桂林风光的精华。漓江属于珠江水系，发源于桂林东北兴安县的猫儿山，流经广西桂林、阳朔，至平乐县恭城河口，全长 170 千米。由桂林至阳朔 84 千米的漓江，像一条青绸绿带，盘绕在万点峰峦之间，奇峰夹岸，碧水萦回，削壁垂河，青山浮水，风光旖旎，犹如一幅百里画卷。这百里漓江，依据景色的不同，大致可分为三个景区：第一景区，桂林市区至黄牛峡；第二景区，黄牛峡至水落村；第三景区，水落村至阳朔。漓江的"漓"字，在字典里面是清澈、透明的意思，大概也是漓江名称的最佳含义。从美学的角度来看，漓江的特点，可以概括为清、奇、巧、变四个字，这也是桂林山水的特点。

师生互动

一、水体旅游资源的美可以体现在哪些方面？

二、中国的哪些文化可以与"水"联系在一起?

三、怎样理解"绿水青山就是金山银山"的理念?

材料:党的二十大报告提出,大自然是人类赖以生存发展的基本条件。尊重自然、顺应自然、保护自然,是全面建设社会主义现代化国家的内在要求。必须牢固树立和践行绿水青山就是金山银山的理念,站在人与自然和谐共生的高度谋划发展。

项目考核

项 目	要 求	满分	得分
礼节礼貌	仪容仪表(头发、面容、手、指甲、服饰等)	10	
	行为举止(坐、立、行、手势、表情、礼貌用语等)	10	
角色扮演	书面材料(能完成规定的书面材料)	10	
	配合默契(角色之间配合自然流畅)	10	
	知识运用(能正确运用相关专业知识)	10	
	任务完成(能够完成特定情景下的工作任务)	10	
	学习态度(专心致志)	10	
师生互动	言之有理(针对问题能提出有价值的观点)	10	
	表达准确(口头表达能力)	10	
	参与热情(参与课堂的积极性)	10	
总 分		100	

个人小结

补充阅读
世界三大瀑布

补充阅读
河流之最

项目 8

动植物景观导游

知识目标

了解动植物景观的特征；
了解动植物景观的典型代表；
掌握动植物景观的导游讲解方法。

技能目标

能对动植物景观进行导游词创作；
能对典型动植物景观进行导游讲解。

微课观看

怎样进行动植物景观导游讲解?

习题测试

判断题

1. 在旅游过程中,动植物既能给我们带来"接天莲叶无穷碧,映日荷花别样红"的美丽景色,也能给我们营造"蝉噪林愈静,鸟鸣山更幽"的雅致氛围,我国传统文化还赋予了很多动植物以特别的寓意,这更能为我们的旅途增添独具魅力的文化意境。（　　）

2. 松、竹、梅被誉为岁寒三友;红豆象征思慕和依恋;梅、兰、竹、菊并称花中四君子等。竹在文学作品中被赋予了节气、正直、虚心的寓意,具有较高的文化地位。（　　）

3. 动植物园的一个重要意义就是针对濒危物种进行保护研究,例如被称为植物活化石的银杏、水杉、金钱松、珙桐等,被称为动物活化石的大熊猫、扬子鳄等。（　　）

4. 狮子、老虎等猛兽,无论是圈养还是放养,对人类都有很强的攻击性,动物伤人事件屡见报端。导游人员在讲解中一定要提醒游客注意自身行为,遵守园内制度和规则,引导游客文明旅游,不然后果不堪设想。（　　）

单选题

"宁可食无肉,不可居无竹。无肉使人瘦,无竹使人俗。"是（　　）的名句。

A. 苏轼　　　　B. 李白　　　　C. 杜甫　　　　D. 王安石

多选题

我们在进行动植物景观导游讲解时,应该注意（　　）方面。

A. 注重知识含量　　　　　　　　B. 体现文化意蕴

C. 创设旅游体验　　　　　　　　D. 宣传环保意识

E. 强调安全问题

知识强化

动植物是自然界最具活力的因素之一。动植物的活动及其产物同人类经济文化生活有极为密切的关系,可为人类提供衣、食、住、行、医药和工业材料,同时对自然环境的改造和保护也有重要作用。随着现代旅游事业的发展,人类旅游活动观赏利用的对象已不仅局限于山水风光,动植物中有一部分也已成为人类旅游发展利用的对象。

一、动物

（一）动物景观概述

动物是自然界的主要构景要素之一,而一些珍稀奇异的动物本身也是一种引人注目的旅游资源。动物除了自身的外貌、鸣叫、生活习性等方面可供欣赏娱乐外,还是开发狩猎、垂钓旅游的必要资源。

我国的动物种类多,数量大,包括兽、禽、鱼、虫等。我国不少旅游区都有特有的动物,也有一些旅游区养殖特有的动物,制作出富有地方风味的食品以飨旅游者。为保护我国的珍禽异兽,国家将古老而稀有或濒临灭绝的动物划定为国家一类或二类保护动物,采取措施重点保护起来。

(二)动物景观的观赏与讲解

1. 突出奇特性

奇特是指动物在形态、生态、习性等方面的奇异性与逗乐性。动物能活动、迁徙,做出种种有趣的表演,对游人的吸引力大大超过了植物。

2. 珍稀性

世界上许多动物都是特有的、稀少的,甚至是濒于灭绝的。这些动物往往成为旅游者所关注的对象,成为构成旅游吸引力的重要因素。

3. 药用性

这是动物资源的一部分功能,许多动物全身是宝,是著名的中药材,如虎骨、鹿茸、驴皮等。

4. 表演性

在人工饲养和驯化的条件下,某些动物会模仿人类的动作或在驯养员的指挥下做一些技艺表演,在动物主题公园内基本都有类似的表演。

5. 宗教与寓意性

在不同国家和不同民族地区,由于宗教的原因,人们把某些动物奉为神灵,如印度教的"牛"崇拜。

二、植物

(一)植物景观概述

在大自然中,植物是装点环境的最基本要素,有美化环境、分割空间、营造意境、愉悦心情的功能,可以说树木花草是山水的肌肤、自然界的容貌。另外,植物在维护大自然生态平衡、调节地球水气分布等方面起着重要的作用。由于一个地区植被的生长会受到海拔、水分、温度、土壤等地理及气候因素的影响,因此,植被的分布具有明显的地带性,而植物本身也往往能成为一个地区地带性的主要标志。世界上的植物景观可以被粗略地分为森林景观、灌丛景观、草原景观、荒漠、草甸和草木沼泽。

我国是世界上植物资源最丰富的国家之一,仅次于马来西亚和巴西,居世界第三位。自然植被有各种类型的森林、草原。森林包括针叶林、落叶阔叶林、常绿阔叶林、热带季雨林以及它们之间的过渡类型。草原有温带草原、干旱荒漠草原和高寒草原。我国还保留了一批古老和稀有的孑遗物种,如水杉、银杉、珙桐、银杏等,被称为"化石植物"。

(二)植物景观的观赏与讲解

植物有形、色、味、声、古、光、影、幽及风韵等诸多美感,是观赏的主要内容。具体来说,在讲解过程中,导游要突出植物的以下特色,给旅游者以美的享受。

1. 突出形态

大自然的花草树木,高低不同,大小不一,千姿百态,风格迥异。有的树木可以长到几十米甚至一百多米,而有的草木却只有几厘米高。有的植物遒劲挺拔,而有的却弱小娇柔。另外,植物的树叶、花形和果实也是多彩多姿的。

2. 突出色彩

花草树木以其多样的色彩,给人以愉悦的感觉。绿色,是植物最基本、最普遍的色彩,而绿色也因此成了生命和青春的象征。而并非所有植物的叶子都是绿色的,另外,随着季节的变化,很多植物叶子的颜色也会随之发生转变,变为黄色、红色等。植物中花的颜色更是丰富多彩、五彩缤纷。"姹紫嫣红"这个成语就是对花卉色彩的最好描绘。

3. 突出香味

植物的茎、叶、花、果,不仅装饰了自然景观,有的还散发出沁人心脾的芳香,给人以无限欢快的嗅觉美,从而调节情绪,益于身心。某些植物的特异芳香,不仅使人精神振奋,还诱使人们亲自去尝试体验。

4. 突出性能

植物除了具有审美价值之外,还同时具有实用价值。许多植物具有药用价值,成为中草药的重要来源;有的具有经济价值,可用来制作各种生活用品及工艺品;有的还有食用价值,成为人们餐桌上的美味佳肴。

5. 突出寓意

有些植物富有深刻的寓意,被人为地赋予了人格化的特点。我国人民自古有着通过植物来寄托自己感情和理想的民族特性。如松、竹、梅被誉为岁寒三友;红豆象征思慕和依恋;梅兰竹菊并称花中四君子等。

任务一 动物景观赏析

情景模拟 1

时间:2022 年 10 月 4 日
地点:四川成都大熊猫繁育基地
人物:地陪小吕、来自当地某小学的小朋友们
事件:在大熊猫繁育基地中,地陪小吕在为旅游者介绍中国的国宝——大熊猫。

角色扮演 1

小吕:小朋友们,欢迎大家来到位于成都大熊猫繁育基地的熊猫的家。大家之前都看到过熊猫吗?

小朋友:看到过,看到过……

项目8 动植物景观导游

小吕:哦,大家都看到过啊,那大家都在哪里看到过啊?

小朋友:动物园里……电视上……图画书上……

小吕:在这么多地方都能看到熊猫啊!但是,大家知道它为什么叫"熊猫"吗?

小朋友:因为它长得像猫……

小吕:呵呵,嗯,看上去好像是有点像啊,可是其实啊,它本来不叫熊猫的。在近代,大熊猫被叫作猫熊或大猫熊,_____

_____

那大家知道熊猫都吃什么吗?

小朋友:竹子。

小吕:嗯,大家说得很对,大熊猫最喜欢的食物就是竹笋了,但其实啊,它也吃别的东西,它还是个食肉动物呢,_____

_____

知识链接:在对儿童旅游者进行导游讲解时,导游人员一方面应充分地考虑到他们的生理和心理特点,尽量多地使用问答式的讲解方法,让他们参与其中;另一方面,使用的语言应通俗易懂,语气应柔和活泼。在讲解时,可酌情讲一些天真有趣的童话、小故事、儿歌、谜语等吸引他们,既活跃了气氛,又吸引了注意力,使他们不到处乱跑,保证他们的安全。

训练提示:大熊猫体型肥硕似熊,憨态可掬,但头圆尾短,头部和身体毛色黑白相间分明。头圆而大,前掌除了5个带爪的趾外,还有一个第六趾。躯干、尾白色,两耳、眼周、四肢和肩胛部全是黑色,腹部淡棕色或灰黑色。化石显示,大熊猫的祖先出现在二三百万年前的洪积纪早期。距今几十万年前是大熊猫的极盛时期,它属于剑齿象古生物群,大熊猫的栖息地曾覆盖了中国东部和南部的大部分地区,北达北京,南至缅甸南部和越南北部。后来同期的动物相继灭绝,大熊猫却孑遗至今,并保持原有的古老特征,所以,有很多科学价值,因而被誉为"活化石",中国把它誉为"国宝"。除发情期外,大熊猫常过着独栖生活,昼夜兼行。巢域面积为3.9~6.4平方千米不定,个体之间巢域有重叠现象,雄体的巢域略大于雌体。雌体大多数时间仅活动于30~40公顷的核域内,雌体间的核域不重叠。食物主要是高山、亚高山上的50种竹类,偶食其他植物,甚至动物尸体。日食量很大,每天还到泉水或溪流饮水。

任务二 植物景观导游

情景模拟 2-1

时间:2022年10月4日

地点:四川蜀南竹海

人物:地陪小马

事件:地陪小马正在为来到蜀南竹海游览的旅游者讲解景区概况以及中国的竹文化。

角色扮演 2-1

小马：大家好！欢迎来到蜀南竹海观光旅游，希望大家能享受这次愉快的竹海之旅。人们常说：到了东南看大海，到了东北看林海，到了西北看沙海，而今天到了西南，则要看竹海了。这竹海呀，指的就是我们的蜀南竹海。蜀南竹海位于_____

_____

蜀南竹海原名万岭箐。_____

_____

人们常说没有文化的旅游就是没有生命力的旅游。今天大家来到了竹海，我就不能不和你们说说这中国的竹文化了。其实竹是世界上最远、最古老的一种植物，我国也是开发竹子最早，利用竹子最早的一个国家，在食用、建筑上都有突出的表现，同时竹材坚韧、刚柔也是工艺美术品的重要材料。竹子浑身是宝。一说到它_____

_____

训练提示：翠甲天下的蜀南竹海，位于四川南部的宜宾市境内，辖区面积120平方千米，核心景区44平方千米，景区内共有竹子400余种，7万余亩，是我国最大的集山水、溶洞、湖泊、瀑布于一体，兼有历史悠久的人文景观的最大的原始"绿竹公园"。蜀南竹海原名万岭箐。据传北宋著名诗人黄庭坚到此游玩，见此翠竹海洋，连连赞叹："壮哉，竹波万里，峨眉姐妹耳！"即持扫帚为笔，在黄伞石上书"万岭箐"三字，因而得名。蜀南竹海是中国最壮观的竹林。7万余亩土地上楠竹密布，铺天盖地。夏日一片葱茏，冬日一片银白，是国内外少有的大面积竹景。蜀南竹海竹类品种繁多，除楠竹外，还有人面竹、算盘竹、慈竹、绵竹、花竹、凹竹等30多个品种。中国是竹的故乡，不仅竹类竹质资源丰富，而且养竹用竹历史悠久。早在7000年前，我们的祖先已用竹子制作箭头、弓弩等武器，用于娱乐、捕猎或战争。自古以来，在中华民族的日常衣、食、住、行中，到处都有竹的倩影。宋代大文豪苏东坡曾感叹地说："食者竹笋、庇者竹瓦、载者竹筏、炊者竹薪、衣者竹皮、书者竹纸、履者竹鞋，真可谓不可一日无此君也。"

情景模拟 2-2

时间：2022年10月4日
地点：海南海口
人物：地陪小牛
事件：地陪小牛正在为旅游者介绍品类繁多的海南热带水果。

项目8 动植物景观导游

角色扮演 2-2

小牛：看过海南的美景之后，我建议大家一定要尝一下海南的美味，而这新鲜的热带水果自然是海南美味的一部分。海南的水果又多又好吃，除了椰子、龙眼、香蕉、木瓜以外，海南还有许多奇珍异果：波罗蜜、火龙果、人参果、莲雾、阳桃、番石榴、槟榔、红毛丹等。首先我们来说说波罗蜜，_____

在海南，大家随处可见的水果还有椰子，_____

海南还出产一种听名字就非常神秘的水果——神秘果，_____

训练提示：海南岛素有"百果园"的美誉，热带水果达 53 种，遍布全岛各地。主要品种有椰子、波罗蜜、菠萝、芭蕉、香蕉、杧果、榴梿、荔枝、龙眼、阳桃、柠檬、橄榄、红毛丹、西番莲、木瓜、神秘果等，初来海南的朋友一定会被海南的水果弄得目不暇接。

师生互动

一、请列举一些具有寓意的植物。

二、在对动植物景观进行导游时要注意什么？

项目考核

项 目	要 求	满分	得分
礼节礼貌	仪容仪表（头发、面容、手、指甲、服饰等）	10	
	行为举止（坐、立、行、手势、表情、礼貌用语等）	10	
角色扮演	书面材料（能完成规定的书面材料）	10	
	配合默契（角色之间配合自然流畅）	10	
	知识运用（能正确运用相关专业知识）	10	
	任务完成（能够完成特定情景下的工作任务）	10	
	学习态度（专心致志）	10	
师生互动	言之有理（针对问题能提出有价值的观点）	10	
	表达准确（口头表达能力）	10	
	参与热情（参与课堂的积极性）	10	
总 分		100	

个人小结

补充阅读
我国一级保护
动物名录

补充阅读
中国十大名花

项目 9

中国古代建筑导游

知识目标

了解中国古代建筑的类型和特征；
了解中国古代建筑的典型代表；
掌握中国古代建筑的导游讲解要领。

技能目标

能对中国古代建筑进行导游词创作；
能对典型中国古代建筑进行导游讲解。

微课观看

怎样进行中国古代建筑导游讲解？

习题测试

判断题

1. 中国古代建筑是中华民族灿烂文化的重要组成部分，是中国文化的有效载体，是中国古代各个时代文明的光辉标志。导游对中国古代建筑的导游讲解质量，能有效地反映导游人员的文化素养。（　　）

2. 国家重点文物保护单位保国寺位于宁波江北灵山，它历史悠久，建筑古朴，有着"千年古建，江南一绝"的美誉。（　　）

3. 保国寺的历史最早可以追溯到两千年前的西汉。当时光武帝手下的一名骠骑将军张意和他的儿子张齐芳东征之时途经灵山，见这里山清水秀，于是辞官隐居，后随着佛教的传入便舍宅为寺。（　　）

4. 唐僖宗李儇为了护卫正处于风雨飘摇之中的李家皇朝，钦赐"保国寺"名，并一直沿用至今。（　　）

5. 藻井是中国古代特有的一种装饰样式，它一般装在主体建筑的天花中，从外形看像一口凹进天花里面的井，而且装饰有藻文饰样。（　　）

6. 我国传统木结构建筑中的一种独有构件——斗拱。斗是弓形的短木。拱是方形的木垫块，拱架在斗上向外挑出，两端之上再放斗，层层叠加，形成一个上大下小的托架，起到承重的作用。（　　）

单选题

彩画原来是为木结构防潮、防腐、防蛀，后来才突出其装饰性，宋代以后彩画已成为宫殿不可缺少的装饰艺术。按由高到低的顺序，可分为（　　）三个等级。

A. 和玺彩画、旋子彩画、苏式彩画　　B. 旋子彩画、苏式彩画、和玺彩画

C. 苏式彩画、和玺彩画、旋子彩画　　D. 和玺彩画、苏式彩画、旋子彩画

多选题

1. 保国寺在中国古代建筑中，不仅有着悠久的历史，最主要、最奇特的就是它建筑方面的"四绝"，包括（　　）。

A. 虫不蛀　　　　B. 鸟不入　　　　C. 大殿无横梁

D. 蜘蛛不结网　　E. 梁上无灰尘

2. 导游人员进行古代建筑导游讲解，教师建议可从（　　）方面着手。

A. 建筑特色分析　　B. 建筑色彩对比　　C. 建筑格局解读

D. 建筑等级分析　　E. 遗产保护教育

知识强化

中国古代建筑是文化遗产的重要组成部分，是中华民族灿烂文化的有效载体，是中国古代各个时代人类文明的光辉标志。可以说，在中国，旅游者无论走到哪里都能见到中国古代建筑的身影。对于旅游者来说，了解中国历史就可以从了解中国古代建筑开始。党的二十大报告提出，要加大文物和文化遗产保护力度，加强城乡建设中历史文化保护传承，建好用

好国家文化公园。因此,导游人员再在带团过程当中,不仅要对中国古代建筑进行解读,也要对游客进行文化遗产保护的宣传教育。

一、中国古代建筑的造型及基本构件

(一)台基

又称基座,系高出地面的建筑物底座。用以承托建筑物,并使其防潮、防腐,同时可弥补中国古建筑单体建筑不甚高大雄伟的欠缺。大致可分为四种:普通台基、较高级台基、更高级台基(即须弥座,又名金刚座)和最高级台基。

(二)木头圆柱

常用松木或楠木制成的圆柱形木头。置于石头(有时是铜器)为底的台上。多根木头圆柱,用于支撑屋面檩条,形成梁架。

(三)开间

四根木头圆柱围成的空间称为"间"。建筑的迎面间数称为"开间",或称"面阔"。建筑的纵深间数称"进深"。中国古代以奇数为吉祥数字,所以平面组合中绝大多数的开间为单数;而且开间越多,等级越高。北京故宫太和殿、北京太庙大殿开间均为十一间。

(四)大梁(即横梁)

架于木头圆柱上的一根最主要的木头,以形成屋脊。常用松木、榆木或杉木制成。是中国传统木结构建筑中骨架的主件之一。

(五)斗拱

是中国古代建筑独特的构件。方形木块叫斗,弓形短木叫拱,斜置长木叫昂,总称斗拱。一般置于柱头和额枋、屋面之间,用来支撑荷载梁架、挑出屋檐,兼具装饰作用。斗拱的大小与出挑的层数有关,层数越多,等级越高。

(六)彩画

原是为木结构防潮、防腐、防蛀,后来才突出其装饰性,宋代以后彩画已成为宫殿不可缺少的装饰艺术。按由高到低的顺序,可分为三个等级:和玺彩画、旋子彩画和苏式彩画。

(七)屋顶(古称屋盖)

中国传统屋顶有以下七种:庑殿顶、歇山顶、悬山顶、硬山顶、攒尖顶、盝顶、卷棚顶,其中以重檐庑殿顶、重檐歇山顶为最高级别,其次为单檐庑殿顶、单檐歇山顶。

(八)山墙

即房子两侧上部成山尖形的墙面。常见的山墙还有风火山墙,其特点是两侧山墙高出屋面,随屋顶的斜坡面而呈阶梯形。

(九)藻井

中国传统建筑中天花板上的一种装饰。名为"藻井",含有五行以水克火,预防火灾之义。一般都在寺庙佛座上或宫殿的宝座上方。是平顶的凹进部分,有方格形、六角形、八角形或圆形,上有雕刻或彩绘,常见的有"双龙戏珠"。

二、中国古代建筑的分类

(一)宫殿

宫殿是帝王朝会和居住的地方,规模宏大,形象壮丽,格局严谨,给人强烈的精神感染,突显王权的尊严。中国传统文化注重巩固人间秩序,与西方和伊斯兰建筑以宗教建筑为主不同,中国建筑成就最高、规模最大的就是宫殿。宫在秦以前是中国居住建筑的通用名,从王侯到平民的居所都可称宫,秦汉以后,成为皇帝居所的专用名;殿原指大房屋,汉以后也成为帝王居所中重要建筑的专用名。此后的宫殿一词习惯上指秦以前王侯的居所和秦以后皇帝的居所。宫殿虽豪华壮丽,但大多数都在王朝更替或是争夺皇位时,毁于战火或被拆毁。我们今天所能看到的、保存得完好的宫殿主要有两处:即北京的故宫和沈阳的清故宫。

(二)坛庙

坛指天坛、地坛等;庙指祖庙及诸神庙等。在中国古代的传统文化思想中,包含着浓重的对祖先的崇敬,对土地、粮食、天地、日月的感恩,对各种文神、武神以及其他神的崇拜。为了寄托这种崇敬和感恩的心情,就产生和形成了许多坛庙建筑,如北京的太庙、社稷坛、孔庙、关帝庙和各地的宗祠等。

(三)陵墓

在古代的中国,人们认为人死以后,虽然肉体会腐坏,但灵魂却能永存,因此一直有"事死如事生"的观念。帝王、贵族不同于凡民,死了以后,更需要筑陵墓,以祈求祖宗保佑,社稷永存。中国帝王陵墓的演变,呈现出形式多样的特点,且多珍藏有珍贵的历史文物,因此很多古代帝王陵墓都已成为举世闻名的旅游胜地。

(四)伟大工程

古代伟大工程景观实际上属于古代公共建筑的一种,主要包括交通设施和水利工程两部分。交通设施包括赵州安济桥、泉州洛阳桥、泉州安平桥等古代桥梁建筑。水利工程方面,如建于战国时期的都江堰、于元代开挖的京杭大运河等。

任务一　相关人物介绍

情景模拟1

时间:2022年10月5日
地点:陕西临潼秦始皇兵马俑

人物:地陪小沈

事件:在从饭店前往秦始皇兵马俑博物馆的旅游车上,地陪小沈正为旅游者介绍秦始皇陵的历史和相关背景。

角色扮演 1

小沈:各位团友,大家好! 今天我们将要游览的是有"世界第八大奇迹"之称的秦始皇兵马俑,它是我国封建社会第一位皇帝——秦始皇陵墓的一个陪葬坑。在到达兵马俑之前,我先向大家简单介绍一下秦始皇。

_____

_____

_____

中国皇帝大都为自己营造巨大而豪华的陵墓。秦始皇也不例外。_____

_____

_____

_____

《史记》只对秦陵内部做了大概的描述,而陵内的实际情况如何,我们也只能等到陵墓发掘的那一天才能知晓了,相信到时候一定会引起全世界考古界的轰动的。

训练提示:秦始皇(公元前259年—前210年),中国第一个封建王朝——秦王朝的始皇帝。公元前247年,秦王嬴政13岁时即王位。22岁时,举行了成人加冕仪式,正式登基,亲理朝政。自公元前230年至前221年,先后灭韩、赵、魏、楚、燕、齐六国,完成了统一大业,建立起第一个以早期汉族为主体的强大的多民族统一的封建大帝国——秦朝。秦王嬴政自认为自己的功劳胜过之前的三皇五帝,将大臣议定的尊号改为"皇帝"。秦始皇是中国历史上第一个使用"皇帝"称号的君主。秦兵马俑是秦始皇陵周围的大型陪葬俑阵。秦始皇陵坐落于陕西省临潼骊山北侧,修筑于公元前221年。其中最大的是第一号俑坑,据估计埋有6 000个以上同真人等大的陶俑,同时还有马拉战车数乘。

任务二 建筑功能说明

情景模拟 2

时间:2022年10月5日
地点:四川都江堰景区
人物:地陪小孙
事件:地陪小孙在为刚刚到达景区的旅游者讲解都江堰的功用。

角色扮演 2

小孙：相信刚刚大家在旅游车中都已经注意到了沿途纵横交错的河渠，奔涌着盈盈的清水，流淌进远近碧绿的田畴，而那就是都江古堰的灌渠。

_____

_____

而把岷江引进平原，缔造了"益州天府"的大功臣，就是公元前三世纪的蜀郡太守李冰，是他带领人民群众建造了举世无双的都江堰工程，非常科学地实现了导江、防洪、引流灌溉的一系列功效。大家随我到观景楼俯瞰一下都江堰的全貌。

_____

_____

今天我们看起来，它们是那样的简单，甚至觉得平凡。其实这正印证了"伟大出于平凡"这句格言。都江堰渠首工程蕴涵着极大的科学性，其设计和建造所体现的认识自然和利用自然的水平之高，即使是两千多年后的今天看来，仍然可以称为最高水平的成就。

知识链接：在对游览景点进行了详细的介绍以后，用凝练的词句概括其独特之处，给旅游者留下突出印象的导游手法，叫作"画龙点睛法"。本角色扮演中即是使用了此种导游方法，导游用简练的语言概括了都江堰工程的意义之所在，突出了它在水利技术和历史方面的价值，帮助旅游者进一步领略其奥妙，获得更多、更高的精神享受。

训练提示：都江堰坐落于四川省都江堰市城西，位于成都平原西部的岷江上。都江堰水利工程建于公元前256年，是由秦蜀郡太守李冰父子主持修建的，是全世界迄今为止，年代最久、唯一留存、以无坝引水为特征的宏大水利工程。都江堰水利工程由创建时的鱼嘴分水堤、飞沙堰溢洪道、宝瓶口引水口三大主体工程和百丈堤、人字堤等附属工程构成。科学地解决了江水自动分流、自动排沙、控制进水流量等问题，消除了水患，使川西平原成为"水旱从人"的"天府之国"。两千多年来，一直发挥着防洪灌溉作用。截至1998年，都江堰灌溉范围已达40余县，灌溉面积达到66.87万公顷。

任务三 建筑特色分析

情景模拟 3

时间：2022年10月5日
地点：北京故宫
人物：地陪小田、旅游者申先生
事件：地陪小田为在故宫中游览的旅游者介绍紫禁城中的主建筑——太和殿。

角色扮演3

小田：各位朋友，现在大家看到的是太和殿，也就是咱们俗称的金銮殿，它是我国现存木结构大殿的杰出典范之作，也是整座紫禁城内级别最高的建筑。只有在皇帝举行盛大典礼时才使用，象征皇权的至高无上。

申先生：最高级别？建筑的级别是怎么回事？

小田：您先不要着急，等我慢慢说，您慢慢看。

知识链接：北京故宫太和殿、泰安岱庙天贶殿、曲阜孔庙大成殿被称为"东方三大殿"。在本角色扮演中，导游采用了导游技巧中的"制造悬念法"，即导游在导游讲解时提出令人感兴趣的话题，但故意引而不发，激起旅游者急于知道答案的欲望，使其产生悬念的方法。采用这种导游方法会给旅游者留下特别深刻的印象，而且导游人员可始终处于主动地位，成为旅游者注意的中心。

训练提示：太和殿，俗称"金銮殿"，高35.05米，东西64米，南北35米，面积为2 377平方米，是紫禁城诸殿中面积最大的一座，而且在形制上也是规格最高，最富丽堂皇的建筑。太和殿是五脊四坡大殿，从东到西有一条长脊，前后各有斜行垂脊两条，这样就构成五脊四坡的屋面，建筑术语上叫庑殿式。檐角有10个走兽（分别为龙、凤、狮子、天马、海马、狻猊、押鱼、獬豸、斗牛、行什），为中国古建筑之特例。大约从14世纪明代起，重檐庑殿是封建王朝宫殿等级最高的形式。太和殿有直径达1米的大柱72根，其中6根围绕御座的是沥粉金漆的蟠龙柱。殿内有沥粉金漆木柱和精致的蟠龙藻井，殿中间是封建皇权的象征——金漆雕龙宝座，设在殿内高2米的台上，御座前有造型美观的仙鹤、炉、鼎，背后是雕龙屏。太和殿是皇帝举行重大典礼的地方，皇帝即位、生日、婚礼、元旦等都在这里庆祝。

任务四 建筑结构阐释

情景模拟4

时间：2022年10月5日

地点：北京天坛

人物：地陪小田、旅游者申先生

事件：地陪小田介绍天坛中回音壁的建筑结构。

角色扮演 4

小田：各位团友，中国著名的回音建筑——天坛回音壁到了。既然这面墙壁叫作回音壁，那它的妙处相信大家都想亲自体验一下吧！好，现在大家就可以和您的朋友来试一试，一个人站在这里，另一个人站在西配殿的墙边，中间隔着两座配殿，看都看不到，那能不能听到彼此说话呢？您可以亲自试一下。

申先生：真的可以听到啊，真神奇啊！这是怎么回事啊？

小田：是不是像打电话一样啊？它的原理是这样的：_____

_____

_____

_____

_____

> **知识链接**：回音壁、三音石和圜丘坛的天心石的回音效果，被称为天坛的三大声学现象。对于一些可以允许旅游者亲身体验的游览项目，导游应指导旅游者亲自参与到活动中，并引导旅游者总结出游览心得，增强对景点的认知，深化对景点的印象。

训练提示：回音壁就是皇家穹宇的围墙。墙高3.72米，厚0.9米，直径61.5米，周长193.2米。墙壁是用磨砖对缝砌成的，墙头覆着蓝色琉璃瓦。围墙的弧度十分规则，墙面极其光滑整齐，对声波的折射是十分规则的。只要两个人分别站在东、西配殿后，贴墙而立，一个人靠墙向北说话，声波就会沿着墙壁连续折射前进，传到一二百米的另一端，无论说话声音多小，都可以使对方听得清清楚楚，而且声音悠长，堪称奇趣，为人们营造出一种"天人感应"的神秘气氛，所以称为"回音壁"。

师生互动

一、中国古代建筑的哪些构件可以反映出建筑的等级？

_____

_____

_____

_____

_____

二、在对中国古代建筑进行讲解时应把握哪些要点？

_____

_____

_____

_____

_____

项目考核

项　　目	要　　求	满分	得分
礼节礼貌	仪容仪表（头发、面容、手、指甲、服饰等）	10	
	行为举止（坐、立、行、手势、表情、礼貌用语等）	10	
角色扮演	书面材料（能完成规定的书面材料）	10	
	配合默契（角色之间配合自然流畅）	10	
	知识运用（能正确运用相关专业知识）	10	
	任务完成（能够完成特定情景下的工作任务）	10	
	学习态度（专心致志）	10	
师生互动	言之有理（针对问题能提出有价值的观点）	10	
	表达准确（口头表达能力）	10	
	参与热情（参与课堂的积极性）	10	
总　　分		100	
个人小结			

补充阅读
中国古代建筑
元素中的龙子

补充阅读
中国古代建筑
发展简史

项目 10

宗教建筑导游

> **知识目标**
>
> 了解宗教建筑的类型和特征；
> 了解宗教建筑的典型代表；
> 掌握宗教建筑的导游讲解要领。

> **技能目标**
>
> 能对宗教建筑进行导游词创作；
> 能对典型宗教建筑进行导游讲解。

微课观看

习题测试
判断题

1. 宗教建筑是人类宗教意识、审美观念、建筑技术的集中体现,在建筑史和文化艺术史中占有重要的地位。我国的宗教文化非常丰富,其中信徒较多、影响较大的宗教主要是佛教、伊斯兰教、基督教和道教。（ ）

2. 在三代人的努力之下,前后历经 90 年时间,乐山大佛终于在唐贞元十九年,也就是公元 803 年彻底完工,距今已有 1 200 余年的历史了。（ ）

3. 中国古代的宗教建筑如同其他古建筑一样具有巧妙而科学的框架式结构、庭院式的组群布局、丰富多彩的艺术形象和富有诗情画意的园林艺术特点。（ ）

4. 按照伊斯兰教教义规定,斋戒是教徒必须履行的五大天命之一。斋戒在伊斯兰教教历的八月进行,因此这个月被称为斋月。凡成年健康的穆斯林都应全月封斋,即每日从拂晓前至日落,禁止饮食和房事等。（ ）

怎样进行宗教建筑导游讲解？

单选题

导游小章一开场就用到了(　　),用"一条水,一座山,一个凡人,还有一位和尚"勾勒出溪口的全貌,接着用(　　),着重介绍雪窦寺的弥勒大佛,不仅介绍了弥勒大佛的建造历史和造型含义,还与现实相结合,解读大佛精神,用(　　),给旅游者带来智慧的启迪,发人深省。以下选项正确的是(　　)。

A. 画龙点睛法、突出重点法、触景生情法
B. 突出重点法、触景生情法、画龙点睛法
C. 触景生情法、画龙点睛法、突出重点法
D. 画龙点睛法、触景生情法、突出重点法

多选题

中国教堂建筑艺术风格主要有(　　)四种。

A. 罗马式　　　　　　B. 哥特式　　　　　　C. 拜占庭式
D. 西方古典式　　　　E. 中国宫殿式

 知识强化

旅游与宗教文化有着密切的关系。中国的宗教文化非常丰富,既有本土的道教,也有外来的世界三大宗教。宗教建筑作为宗教文化的重要组成部分和精华所在具有非常大的朝拜作用和很强的欣赏功能。

一、佛教

佛教,是世界三大宗教之一,由公元前 6 至前 5 世纪古印度的迦毗罗卫国(今尼泊尔境内)王子所创,他的名字是悉达多,他的姓是乔达摩。因为他属于释迦族,因此人们又称他为

释迦牟尼,意思是释迦族的圣人。

(一) 供奉的对象

1. 佛

所谓佛,即自觉、觉他、觉行圆满者。寺院经常供奉的佛有:三身佛,即法身佛毗卢遮那佛、报身佛卢舍那佛和应身佛(又称化身佛)释迦牟尼佛;三方佛(又名横三世佛),即东方净琉璃世界教主药师佛、婆娑世界教主释迦牟尼佛、西方极乐世界教主阿弥陀佛;三世佛(又名竖三世佛),左侧为过去世佛,以燃灯佛为代表,右侧为未来世佛,即弥勒佛,中间为现在世佛,即释迦牟尼佛;华严三圣,即毗卢遮那佛及其两个最亲密的助手——文殊菩萨和普贤菩萨。

2. 菩萨

所谓菩萨,即指自觉、觉他者。寺院中常见的菩萨有:文殊菩萨、普贤菩萨、观世音菩萨、地藏菩萨、大势至菩萨。他们又分别组合为"三大士"(文殊、普贤、观世音)、"四大士"(文殊、普贤、观世音、地藏,又称"四大菩萨")和"五大士"(文殊、普贤、观世音、地藏、大势至)。

3. 罗汉

全称为阿罗汉,即自觉者,称已灭尽一切烦恼、应受天人供养者。他们永远进入涅槃不再生死轮回,并弘扬佛法。寺院中有十六罗汉、十八罗汉和五百罗汉,还有民间传说的济公也列在罗汉之中。

4. 护法天神

本是古印度神话中惩恶护善的人物,佛教称为"天",是护持佛法的天神。著名的护法天神有四大天王、韦驮、哼哈二将(密迹金刚)、伽蓝神关羽等。

(二) 佛教建筑

1. 寺院

寺,本为汉代从事某项具体工作的中高级官署的通称,后来逐步演变为僧人居所的专称,成为僧人修持佛法和弘扬佛教教义的场所。汉地佛寺的一大特点,就是有一条南北中轴线,寺院的主要建筑都建在这条中轴线上,附属建筑则在中轴线的东西两侧。中轴线上的建筑由南往北,依次为山门、天王殿、大雄宝殿、法堂、藏经阁等。天王殿前的东西有钟楼、鼓楼对峙。大雄宝殿前的左右是伽蓝堂和祖师殿相对。法堂前左右为斋堂和禅堂。法堂后或藏经阁左右是方丈室。另有库房、厨房、客房、浴室等分布四周。大寺名刹,还另辟有五百罗汉堂。有的著名大寺院在寺院的左后侧或右后侧设立戒坛,自成格局,另为一院。还有的附有塔院(又称塔林)。

2. 石窟

石窟是一种就着山势开凿的寺庙建筑,里面有佛像或佛教故事的壁画。佛教提倡遁世隐修,因此僧侣们选择崇山峻岭的幽僻之地开凿石窟,以便修行之用。中国的石窟起初是仿印度石窟的制度开凿的,多建在中国北方的黄河流域。从北魏至隋唐是凿窟的鼎盛时期,尤其是在唐朝时期修筑了许多大石窟,唐代以后逐渐减少。

3. 佛塔

佛塔的造型起源于印度。汉代,随着佛教传入中国,佛塔的建筑在后汉末年就已经风行全国了。我国的佛塔按建筑材料可分为木塔、砖石塔、金属塔、琉璃塔等,两汉南北朝时以木塔为主,唐宋时砖石塔得到了发展。按类型可分为楼阁式塔、密檐塔、喇嘛塔、金刚宝座塔、墓塔等。塔一般由地宫、基座、塔身、塔刹组成,塔的平面以方形、八角形为多,也有六角形、十二角形、圆形等形状。塔有实心、空心、单塔、双塔,登塔眺望是我国佛塔的功能之一。塔的层数一般为单数,如三、五、七、九、十一、十三层等。

另外,我国和佛教有关的建筑还有石刻大佛等,如四川的乐山大佛。

二、道教

道教是中国的主要宗教之一。东汉时形成,到南北朝时盛行起来。道教徒尊称创立者之一张道陵为天师,因而又叫"天师道"。后又分化为许多派别。道教奉老子为教祖,尊称他为"太上老君"。

(一) 供奉的对象

1. 尊神

道教尊奉的尊神主要有:三清(元始天尊、灵宝天尊、道德天尊);四御(北极紫微大帝、南极长生大帝、勾陈上宫天皇大帝、承天效法后土皇地祇);三官大帝(天、地、水三官)。

2. 神仙

"老而不死曰仙",仙又有人仙、地仙、天仙和神仙之分。道教神仙的队伍十分庞大。最常见的神仙有:真武大帝、文昌帝君、魁星、八仙、天妃娘娘(妈祖)等。

3. 护法神将

道教的护法神将主要有关胜帝君和王灵官。

(二) 道观的格局

自唐以后,道观一般都是呈现坐北朝南、东西对称的格局。在南北中轴线上修建有山门、中庭、殿堂和寝殿等建筑作为主体。而两边和后部还修有廊庑、旁房和花园、水池等。各种内部庭院多采用四合院形式。大多数道观内,都修建了数量不等的多座殿堂,以供奉各路道教神仙。主要的殿堂有三清殿、玉皇殿、三官殿、重阳殿、七真殿以及药王殿、关圣殿、灵官殿等。

三、伊斯兰教

伊斯兰教是世界性的宗教之一,与佛教、基督教并称为世界三大宗教。"伊斯兰"系阿拉伯语音译,原意为"顺从""和平",指顺从和信仰宇宙独一的最高主宰安拉及其意志,以求得来世的和平与安宁。信奉伊斯兰教的人统称为"穆斯林"(意为"顺从者")。7世纪初兴起于阿拉伯半岛,由麦加人穆罕默德所创传。

（一）信奉的最主要对象

安拉（即真主），是伊斯兰教信奉的独一无二的主宰，唯一的创造宇宙万物、主宰一切、无所不在、永恒唯一的真主。伊斯兰教不设偶像。

（二）中国的清真寺

中国唐、宋、元时期，清真寺的建筑风格主要是阿拉伯式，全部用砖石砌筑，平面布局，外观造型和细部处理多呈阿拉伯伊斯兰风格。广州怀圣寺、泉州清净寺、杭州真教寺、扬州礼拜寺，是始建于唐宋时期的清真寺，合称中国四大古寺。元代的清真寺在外观造型上基本保留了阿拉伯的建筑形式，但已逐步吸收了中国传统建筑的布局和砖木结构体系，形成了中、阿混合形制。明清两代所建的清真寺，受中国传统建筑影响，形式变化很大，整体结构除礼拜大殿和邦克楼外，又增置讲经堂和沐浴室，总体结构多为传统的殿宇式，大殿结构复式化，由前卷棚、中大殿、后窑殿三部分组成，多为砖木混合结构。

四、基督教

基督教发源于公元1世纪巴勒斯坦的耶路撒冷地区的犹太人社会，创始人为耶稣。

（一）信奉的对象

基督教宣称，上帝只有一个，但包括圣父、圣子、圣灵三个位格。三者虽各有特定位格，却完全同具一个本体，同为一个独一真神，而不是三个神，故三位一体。

（二）教堂建筑

进入中世纪之后，教堂建筑的形式主要有三种：第一种是罗马式教堂，其外形像封建领主的城堡，以其坚固、敦厚、牢不可破的形象显示教会的权威，采用典型的罗马式拱券结构，如意大利的比萨教堂。第二种是拜占庭式教堂，从美学上看，拜占庭式的建筑对线条之美的表现十分特殊，与罗马式厚重的墙壁相比，善采用较为轻薄的墙、较高的屋顶和较大的窗户。它采用的双层柱头显得十分华美，有的艺术史家称这是美术史上最雅致、最华丽的柱式之一。当然，最值得称道的还是他的彩色镶嵌玻璃纹样。拜占庭建筑中最有代表性的是君士坦丁堡圣索菲亚大教堂。第三种是哥特式教堂，它的形式比"罗马式"轻巧且更富于装饰意味，采用很多尖塔式的装饰，以其高耸入天与上帝接近的感觉，控制人们的精神感情，如意大利的米兰大教堂和法国的巴黎圣母院。

任务一　建筑过程回顾

情景模拟 1

时间：2022年10月6日

地点：四川乐山大佛

人物：地陪小郝、旅游者金先生

事件：地陪小郝在为到乐山大佛游览的旅游者讲解大佛的修建过程。

角色扮演 1

小郝：现在大家看到的就是举世闻名的千年古佛——乐山大佛。

金先生：千年古佛？有这么久了？

小郝：说它是千年古佛不但没有夸张，反而还是谦虚的说法呢。_____

_____

_____

金先生：还真是这样呢！一千多年前就能建成这样大的佛像，真是了不起啊。那这佛像是谁提议修建的？又是出于什么目的呢？

小郝：说到这建佛像的功臣啊，我们就不能不提到一个人，那就是海通禅师。_____

_____

_____

训练提示：乐山大佛地处四川省乐山市，雕凿在岷江、青衣江、大渡河汇流处的岩壁上，又名凌云大佛，为弥勒佛坐像。乐山大佛是唐代摩崖造像中的艺术精品之一，是世界上最大的石刻弥勒佛坐像。乐山大佛开凿的发起人是海通和尚。他得知三江汇流之处水势凶猛，经常出现舟倾人亡的事件，因此立志凭崖开凿弥勒佛大像，欲仰仗无边法力，"易暴浪为安流"，减杀水势，永镇风涛。于是，海通禅师遍行大江南北、江淮两湖一带募化钱财，开凿大佛。佛像于唐玄宗开元初年（公元713年）开始动工，当大佛修到肩部的时候，海通和尚就去世了。海通死后，工程一度中断。大约过了10年的时间，剑南西川节度使章仇兼琼捐赠俸金，海通的徒弟领着工匠继续修造大佛，由于工程浩大，朝廷下令赐麻盐税款，使工程进展迅速。当乐山大佛修到膝盖的时候，续建者章仇兼琼迁任户部尚书，工程再次停工。40年后，剑南西川节度使韦皋捐赠俸金继续修建乐山大佛。乐山大佛在三代工匠的努力之下，至唐德宗贞元十九年（公元803年），前后历经90年时间终于彻底完工。

任务二　建筑格局分析

情景模拟 2

时间：2022年10月6日

地点：青岛崂山太清宫

人物：地陪小郭

事件：地陪小郭在陪同旅游者游览青岛崂山太清宫。

角色扮演 2

小郭：大家好！今天我们游览的太清宫是崂山历史最悠久、规模最大的一处道观，被誉为"道教全真天下第二丛林"。它位于崂山风景名胜区，在土峰山和宝珠山的环抱之中，由三官殿、三清殿、三皇殿以及一些小的庙庵组成。那么下面，就让我们来参观一下太清宫吧。

> **知识链接**：在某些情境下，导游应带领旅游者边行边讲，在讲解的同时，为旅游者展示实物，要使导游讲解和旅游者游览相得益彰，以讲解为主，以旅游者赏景为辅，有导有游，导、游搭配，才能产生好的效果，才能加深旅游者对景点的感知。另外应注意，在一般情况下，行路时少讲些，讲快些，观赏时多讲些，讲慢些。

我们现在来到了太清宫的正门，大门为重檐庑殿顶建筑，也称"山门"，＿＿＿＿＿＿
＿＿＿＿＿＿＿＿＿＿＿＿＿＿＿＿＿＿＿＿＿＿＿＿＿＿＿＿＿＿＿＿＿＿＿＿＿＿
＿＿＿＿＿＿＿＿＿＿＿＿＿＿＿＿＿＿＿＿＿＿＿＿＿＿＿＿＿＿＿＿＿＿＿＿＿＿

现在我们来到的是三官殿的正门。＿＿＿＿＿＿＿＿＿＿＿＿＿＿＿＿＿＿＿＿
＿＿＿＿＿＿＿＿＿＿＿＿＿＿＿＿＿＿＿＿＿＿＿＿＿＿＿＿＿＿＿＿＿＿＿＿＿＿
＿＿＿＿＿＿＿＿＿＿＿＿＿＿＿＿＿＿＿＿＿＿＿＿＿＿＿＿＿＿＿＿＿＿＿＿＿＿

各位团友，现在我们来到的这个大殿是太清宫的主殿三清殿。＿＿＿＿＿＿＿＿
＿＿＿＿＿＿＿＿＿＿＿＿＿＿＿＿＿＿＿＿＿＿＿＿＿＿＿＿＿＿＿＿＿＿＿＿＿＿
＿＿＿＿＿＿＿＿＿＿＿＿＿＿＿＿＿＿＿＿＿＿＿＿＿＿＿＿＿＿＿＿＿＿＿＿＿＿

> **知识链接**：从元代开始，道教分成正一、全真两大派，并一直衍传至今。正一派是道教各符箓派大联合后形成的道派。正一派主要以符箓斋醮、降神驱魔为主要宗教活动。正一派奉《正一经》为主要经典，该派道士可以不出家、不住宫观，无严格的清规戒律。全真派的创始人是金代道士王重阳。全真派的修炼主旨是清静无为，去情去欲，不娶妻、不茹荤、不饮酒，静坐苦修，以返本还真，得道成仙。

训练提示：青岛崂山太清宫又称下清宫，在崂山东南蟠桃峰下、崂山湾畔，被誉为"道教全真天下第二丛林"。太清宫现存三官殿、三清殿、三皇殿三院。

任务三　艺术特色鉴赏

情景模拟 3

时间：2022 年 10 月 6 日
地点：甘肃敦煌莫高窟
人物：地陪小谷、旅游者金先生

事件:地陪小谷正在为旅游者讲解敦煌壁画中最常见的"飞天"。

角色扮演3

小谷:相信大家一定看了北京奥运会的开幕式吧,那你们对在天空飞翔的仙女印象一定很深刻,还有展现中国历史的独舞《丝路》,更是充满中国传统舞蹈的独特神韵,让人陶醉,而这里面许多的形象都来自于敦煌莫高窟的飞天。古代飞天是甘肃敦煌莫高窟的名片,是敦煌艺术的标志,是不朽的艺术品。只要看到优美的飞天,人们就会想到敦煌莫高窟艺术。敦煌莫高窟492个洞窟中,几乎窟窟画有飞天,总计4 500余身,其数量之多,可以说是全世界和中国佛教石窟寺庙中,保存飞天最多的石窟。

> **知识链接**:本段导游词中使用了"由此及彼"的导游讲解方法,由旅游者相对比较熟悉的北京奥运会开幕式的独舞《丝路》引出相对来讲不太熟悉的"飞天"形象,一下子使这一虚构的宗教形象立体、生动了起来。

金先生:这飞天是天上的神仙吗?
小谷:您说得对。飞天是佛教中乾闼婆和紧那罗的化身。_____

_____

_____

敦煌地区石窟保存的从十六国时期到元代历时千余年的众多飞天形象,是民族艺术的瑰宝,是佛教艺术中璀璨夺目的一枝奇葩。

> **知识链接**:甘肃敦煌莫高窟、甘肃天水麦积山石窟、山西大同云冈石窟和河南洛阳龙门石窟被称为中国的四大石窟。

训练提示:敦煌莫高窟是一座融绘画、雕塑和建筑艺术于一体,以壁画为主、塑像为辅的大型石窟寺。莫高窟的壁画上,处处可见漫天飞舞的美丽飞天——敦煌市的城雕也是一个反弹琵琶的飞天仙女的形象,能歌善舞。墙壁之上,飞天在无边无际的茫茫宇宙中飘舞,有的手捧莲蕾,直冲云霄;有的从空中俯冲下来,势若流星;有的穿过重楼高阁,宛如游龙;有的则随风漫卷,悠然自得。画家用那特有的蜿蜒曲折的长线、舒展和谐的意趣,呈献给人们一个优美而空灵的想象世界。

任务四 宗教含义及功能阐释

情景模拟4

时间:2022年10月6日
地点:福建泉州清净寺
人物:地陪小范

事件：地陪小范在为旅游者讲解泉州清净寺的大门楼和它的功能。

角色扮演4

小范：现在请各位看这座门楼，它是清净寺的主要建筑，是一个三层穹形顶的尖拱门，分为外、中、内三层，在外中两层的上部都有青石作圆形穹顶，有着和我国古建筑中的"藻井"相类似的石构图案，顶盖采用中国传统的莲花图案，表示伊斯兰教崇尚圣洁清净。门楼顶层是望月台，

训练提示：泉州清净寺是我国现存最早、最古老的具有阿拉伯建筑风格的伊斯兰教寺。现存主要建筑有大门楼、奉天坛和明善堂。大门楼的外观具有传统的阿拉伯伊斯兰教建筑形式。大门朝南，高12.3米，基宽6.6米，门宽3.8米，分为外、中、内三层。第一、二层皆为圆形穹顶拱门，第三层为砖砌圆顶。楼顶为平台，四面环筑"回"字形垛子，有如城堞，为伊斯兰教徒"斋月"用以望月以便确定起斋日期之用，整座建筑造型巍峨壮观。

师生互动

一、宗教和迷信的区别有哪些？

二、为做好宗教建筑导游应具备哪些方面的知识？

项目考核

项 目	要　　求	满分	得分
礼节礼貌	仪容仪表（头发、面容、手、指甲、服饰等）	10	
	行为举止（坐、立、行、手势、表情、礼貌用语等）	10	
角色扮演	书面材料（能完成规定的书面材料）	10	
	配合默契（角色之间配合自然流畅）	10	
	知识运用（能正确运用相关专业知识）	10	
	任务完成（能够完成特定情景下的工作任务）	10	
	学习态度（专心致志）	10	
师生互动	言之有理（针对问题能提出有价值的观点）	10	
	表达准确（口头表达能力）	10	
	参与热情（参与课堂的积极性）	10	
总　　分		100	

个人小结	

补充阅读
舍利

补充阅读
世界上最小的国家
与最大的教堂

项目 11

中国古代军事设施导游

知识目标

了解中国古代军事设施的类型和特征；
了解中国古代军事设施的典型代表；
掌握中国古代军事设施的导游讲解要领。

技能目标

能对中国古代军事设施进行导游词创作；
能对典型中国古代军事设施进行导游讲解。

项目 11 中国古代军事设施导游

 微课观看

习题测试

判断题

1. 中国古代军事设施在漫长的历史长河中,曾发挥了重要的作用,虽然它的实用功能早已消失殆尽,但它对于后世依然具有重要的警示和教育功能。正因如此,中国古代军事设施也是重要的旅游资源,导游在带团时要给予充分的重视,提供恰如其分的导游讲解。( )

2. 招宝山位于宁波市东北面甬江口,地处镇海关隘、海防要塞,素有浙东门户之称。位于咽喉处的招宝山虽然只是一座小山,却是中国近代史上的英雄之山。( )

3. 西安城墙是北宋初年在唐长安城的皇城基础上建筑起来的,由于唐朝末年战乱频繁,遭受了很大的破坏。( )

4. 空心敌台由上、中、下三部分组成。下部为基座,用大条石砌成,高与城墙相同,中部为空心部分,供士兵驻守,存放粮秣和兵器。上部为台顶,供燃烟举火以报警。( )

5. 在镇海七年间,戚继光抗倭九战九捷。离开宁波时,他站在招宝山上,远眺甬江口,写下动人诗篇:"南北驱驰报主恩,江边花月笑平生。一年三百六十日,多是横戈马上行。"( )

怎样进行古代军事设施导游讲解?

多选题

1. 在进行古代军事设施导游讲解时,教师建议重点从( )方面着手。
   A. 建造历史回顾
   B. 实用功能分析
   C. 古代军事思想分析
   D. 爱国主义教育
   E. 和平理念传播

2. 中国古代军事思想是中国在奴隶社会、封建社会时期,各阶级、集团及其军事家和军事论著者对于战争与军队问题的理性认识。它随着社会的前进、战争的发展而不断深化。主要包括( )。
   A. "以仁为本"的战争观
   B. "知彼知己,百战不殆"的战争指导思想
   C. "不战而屈人之兵"的全胜战略
   D. "以少胜多"的战争策略
   E. "兵马未动、粮草先行"的军事理念

 知识强化

中国作为四大文明古国之一,历史悠久,经历的朝代较多,中原地区与周边的国家、民族之间也往往在疆域、政权上存在摩擦。进入近代后,中国面对着西方列强的侵略也曾奋起反抗。中国古代军事设施在漫长的历史长河中,曾发挥了重要的作用。现在,作为历史遗存,虽然它的实用功能早已消失殆尽,但它的存在本身就是在向人们昭示着历史的真谛。

一、城墙

城墙是旧时农耕民族为应对战争,使用土木、砖石等材料,在都邑四周建起的用作防御

的障碍性建筑。古代在都邑四周都有这些用作防御的城垣,一般有两重:里面的称城,外面的称郭。中国古代,上自天子王侯的都城,下至州郡府县的治所,都有城墙围绕。中国古代的城墙最早出现在商朝初期。古城墙的出现,是原始社会进入奴隶社会的产物。它预示着奴隶财产的争夺与再分配,预示着人类的文明已代替了蒙昧时期。

最早的城墙,都是夯土筑成的,就是两边各夹一块板,把土填在两块板子中间,然后夯实。城墙上面窄,下面宽,横断面呈梯形。用夯筑法筑墙在我国沿用了很久,直到宋代,用砖包砌的城墙才逐渐增多起来。唐代的都城长安仍是一座夯土城。唐代最高统治者居住的大明宫的城墙也是夯土墙,只不过它比长安的城墙要厚一些,并在城角墩台和城拐角处用砖砌筑。而唐代东都洛阳的宫城和皇城都已用砖内外包砌,这显示出了它的富庶、繁华和地位的日益重要。到了元代,城墙有了改进。从元大都的遗址可以看到,它的外郭城是夯土墙;郭内的皇城是夯土墙外侧包砌未经修整过的片石;皇城之内的宫城,外侧包砌青砖,内侧包砌石块。不过用砖包砌城墙费时费料,从它开始出现到全面推广,经历了很长时间。明中叶以后,砖城迅速增多。到清代,县城以上多用砖筑,只用夯土筑成的土围墙则很少见了。

中国古代城市的城墙主要由墙体、女墙、垛口、城楼、角楼、城门、瓮城等部分构成,绝大多数城墙外围还有护城河,构成了一整套坚固的防御体系。其中,女墙特指外墙高出屋面的矮墙。垛口是指城墙上呈凹凸形的短墙,出于军事防御的需要,垛口处往往还设有瞭望洞和射击孔。瓮城是古代城市的主要防御设施之一。在城门外口加筑小城,高与大城相同,其形或圆或方。圆者似瓮,故称瓮城;方者也称方城。瓮城设在侧面,从而增强了防御能力。当敌人攻入瓮城时,如将主城门和瓮城门关闭,守军即可对敌形成"瓮中捉鳖"之势。目前发现较早的是高句丽国内城 6 个城门口所置的瓮城。西汉昭宣时期甘肃居延甲渠侯官治所坞门门外,有类似瓮城的曲壁,可能是瓮城的雏形。在南京明城墙修筑以前,中国传统瓮城的制式是将其设于主城门外。南京明城墙一反此旧制,将瓮城设于城门内,在城体上革命性地设置了"瓮洞"(藏兵洞),大大加强了城门的防御能力。

如今尚存的著名的城墙有明南京城墙、明西安城墙等。明代西安城垣曾是一个庞大而精密的军事防御体系,显示了我国古代劳动人民的聪明才智,也为我们研究明代的历史、军事和建筑等提供了不可多得的实物资料。

二、长城

长城是一处特殊的防御和军事设施工程,是我国古代劳动人民创造的奇迹。早在春秋战国时期,我国古代人民就已经开始修建长城了,那个时候诸侯争霸,为了保护自己的领地不被侵犯,所以各国在各自的边界上纷纷修筑了长城,叫作互防长城。而我国曾经出现了三个修筑长城的高峰,分别是秦长城、汉长城、明长城。

秦始皇在公元前 221 年统一中原,建立了秦王朝,为了加强统治,防御北方游牧民族的入侵,所以派大将蒙恬率 30 万军队和很多劳力将原来北方的燕、赵、秦长城连了起来,并加以扩充,历时 9 年修筑了一条西起临洮东到辽东绵延万里的长城,这也就是中国历史上第一道万里长城。

到了汉朝,汉武帝也是为了加强防御,"不叫胡马度阴山",修筑了一条近两万里的长城,同时这也保护了新开发的丝绸之路。汉长城西起新疆,东到辽东,是中国历史上修筑长城最长的朝代。

明长城则是中国历史上修筑长城的最高峰,工程之大,技术之精是独一无二的。当年朱元璋在统一全国建立明王朝的过程中,采纳了"高筑墙,广积粮,缓称王"的建议。当时元朝虽然已经灭亡,但是还保持着比较完整的军事实力,加上逐渐崛起的女真族的不断侵扰,明政府便开始修筑长城。明朝大规模修筑长城达到了 18 次之多,到了明朝末年才基本完工,东起辽宁丹东鸭绿江边的虎山,西到甘肃嘉峪关的明长城全长 6 350 千米。明长城具备三个特点:筑构完备,管理完善,布局严密。而我们今天还能见到的长城,大部分都是明朝时修建的。而山海关、居庸关和嘉峪关是长城上的三个著名关隘。

三、炮台

是旧时在江海口岸和要塞构筑的炮台阵地,主要装备大口径、远射程火炮。阵地为永备工事,比较坚固。在我国的近代史中,炮台这种军事设施在抗击外来侵略中发挥了积极的作用。而其中一些具有战略意义或历史意义的炮台被保护下来成为历史遗址,如中国沿海城市的厦门胡里山炮台、上海吴淞口炮台、天津大沽口炮台、烟台东西炮台、旅顺电岩炮台等。

任务一　建造历史介绍

情景模拟 1

时间:2022 年 10 月 7 日
地点:西安明城墙
人物:地陪小沈
事件:地陪小沈正在为旅游车中的旅游者介绍刚刚从车窗中看到的西安明城墙的建造历史。

角色扮演 1

小沈:请大家顺着我手指的方向看,这古朴深沉的城墙就是著名的西安明城墙。大家都知道,中国拥有数百座古代城墙,其中以北京、南京、西安的古城墙规模最大,但北京、南京古城墙先后被拆毁或严重残缺,而始建于公元 1370 年的西安古城墙迄今仍保存完整。

训练提示:西安城墙是明代初年在唐长安城的皇城基础上建筑起来的,由于唐朝末年战乱频繁,遭受了很大的破坏。唐末天祐元年(公元 904 年),驻防长安的佑国军节度使韩建,因原来城大不易防守,于是对长安城进行了一次改筑。以后历经五代的后唐、后晋、后汉、后周到宋、元两代,城的名称和建制虽屡有变换,但城垣规模却无改变。

任务二　地理位置解析

情景模拟 2

时间:2022 年 10 月 7 日
地点:秦皇岛山海关
人物:地陪小严、旅游者申先生
事件:地陪小严就山海关的地理位置的特点向老年团的旅游者做介绍。

角色扮演 2

小严:大家知道,明代修筑的万里长城,自东到西长逾万里,蜿蜒于北国的高山峻岭之上,茫茫沙漠之间。那明代长城的东面起点在哪里呢?

申先生:明代长城的东端就是这山海关吧。

小严:大部分人都认为长城的东端是山海关,其实不然,_____

_____

_____

_____

山海关位于今河北省秦皇岛市东北,华北平原与东北平原相连的河西走廊西端。_____

_____

_____

知识链接:对于老年旅游者,导游人员应格外精心,特别是游览一些地势比较险峻、需要较多体力的旅游景点时更是如此。总的来说,在带领老年旅游者游览时,应做到双慢,即行进慢和讲话慢,以符合老年人的理解水平和体力条件。另外,对于老年旅游者还应多做提醒工作,在生活中多多给予关注和关心。

训练提示:山海关位于秦皇岛市区东部 15 千米处,建于明洪武年间(1381 年),是万里长城最东端的关隘,有"天下第一关"之称,是一座防御体系完整的城关,历史上曾是重要的军事要塞。山海关古称榆关,也作渝关,又名临闾关。明朝洪武十四年(公元 1381 年),中山王徐达奉命修永平、界岭等关,在此创建山海关,因其北倚燕山,南连渤海,故得名山海关。

任务三　实用功能分析

情景模拟 3

时间:2022 年 10 月 7 日
地点:天津蓟县黄崖关长城
人物:地陪小耿
事件:地陪小耿在向游人介绍黄崖关长城中实用性很强的空心敌台。

角色扮演 3

小耿:现在大家看到的这个身着戎装、手按宝剑、目视前方、气宇轩昂、威武刚毅的雕像,就是明代名将戚继光。隆庆二年,即公元 1568 年,明政府下令任命戚继光总理蓟州、昌平、辽东、保定军务。从此,戚继光与长城、与蓟州、与黄崖关结下了不解之缘。从到任的第二年开始,戚继光就开始了艰巨的筑台、修墙工程,而黄崖关长城也在这一修筑工程之中,戚继光正是在这一时期创建了"空心敌台"。

训练提示:明代名将戚继光在黄崖关长城创建了颇具实用性的军事设施——空心敌台。1568 年,为了加强北方的边防力量,戚继光被朝廷任命为蓟镇总兵,管辖昌平到山海关一线。当时,蓟州等地防备废弛,危机四伏。戚继光调任蓟镇总兵后,把蓟镇的全部防区划分为十二路,严明纪律,强化练兵,整饬军队;同时上书朝廷,发动军兵民夫对蓟镇长城进行了大修。戚继光全面规划蓟镇长城设备,改革长城防御体制,创建空心敌台,完善边墙,重新部署兵力,使长城的防备力量大大加强。

任务四　历史战役回顾

情景模拟 4

时间:2022 年 10 月 7 日
地点:天津塘沽大沽口炮台
人物:地陪小耿
事件:地陪小耿在为旅游者介绍曾在大沽口炮台发生过的战役。

角色扮演 4

小耿:大沽口炮台遗址始建于 1816 年,也就是清代嘉庆二十一年,是近百年来中国人民反抗帝国主义列强入侵中国的前哨阵地,在中国近代史上占有重要地位。从 1958 年到 1900 年,这里曾发生过四次保卫战。

　　第一次大沽口保卫战发生在 1858 年。_____

_____

_____

英法帝国主义乘机攻取大沽口炮台,第一次用大炮轰开了中国的北方大门,迫使清政府同沙俄、美国、法国签订了不平等的《天津条约》。

　　第二次保卫战是在 1859 年 6 月,_____

_____

_____

这是第一次鸦片战争以来,中国军队抵抗外国侵略军所取得的最大的一次胜利,也是当时英帝国主义在亚洲遭到的最惨重的失败。

　　训练提示:天津是北京的门户,大沽海口是"津门之屏"。明代,大沽口开始设防,清代修炮台,置大炮,设施不断加强,逐渐形成以"威、镇、海、门、高"为主体的完整防御体系。近代,随着外国列强不断对华侵略,大沽地区更成为北方的军事要地。从 1840 年至 1900 年整整 60 年间,外国列强为夺取在华的经济利益和政治特权,于 1858 年、1859 年、1860 年、1900 年先后四次对大沽口发动入侵。在侵略者的枪炮逼迫下,清政府签订了一个个不平等条约。面对强大的侵略者,大沽地区军民,一次次用自己的血肉之躯同入侵之敌进行殊死搏斗,向世界显示了中国人民不屈不挠、勇敢坚强的民族气概。1901 年根据丧权辱国的《辛丑条约》,清政府被迫将大沽口炮台拆毁。

师生互动

一、长城的建筑体系是由哪些部分构成的?

_____

_____

_____

_____

二、导游在对中国古代军事设施进行讲解时应注意什么?

_____

_____

_____

_____

项目考核

项　　目	要　　求	满分	得分
礼节礼貌	仪容仪表(头发、面容、手、指甲、服饰等)	10	
	行为举止(坐、立、行、手势、表情、礼貌用语等)	10	
角色扮演	书面材料(能完成规定的书面材料)	10	
	配合默契(角色之间配合自然流畅)	10	
	知识运用(能正确运用相关专业知识)	10	
	任务完成(能够完成特定情景下的工作任务)	10	
	学习态度(专心致志)	10	
师生互动	言之有理(针对问题能提出有价值的观点)	10	
	表达准确(口头表达能力)	10	
	参与热情(参与课堂的积极性)	10	
总　　分		100	

个人小结	

补充阅读
我国现存长城介绍

补充阅读
赞美长城的诗句

项目 12

园林导游

知识目标

了解园林的类型和特征；
了解园林的典型代表；
掌握园林的导游讲解要领。

技能目标

能对园林进行导游词创作；
能对园林进行导游讲解。

微课观看

习题测试

判断题

1. 园林在中国产生甚早,早在秦汉时期,我们的先人就已经开始造园活动。园林最初的形式为囿,只供帝王和贵族们狩猎和享乐之用。（ ）

2. 唐宋时期是中国园林发展的转折点,佛教的传入及老庄哲学的流行,使园林转向了崇尚自然。（ ）

3. 拙政园始建于明代正德四年,也就是1509年。明代御史王献臣因官场失意而还乡,以大弘寺址拓建为园,借西晋潘岳《闲居赋》中"拙者之为政"的句意,取名为"拙政园"。王献臣死后,他的儿子以拙政园为赌注,一夜之间输掉了。自此拙政园400余年来,屡易其主,历经沧桑,几度兴衰。（ ）

4. "小沧浪"之名取自《楚辞·渔父》,原话是"沧浪之水清兮,可以濯吾缨;沧浪之水浊兮,可以濯吾足"。用现代的语言来解释,就是倘若朝廷清明,我就洗洗帽缨,准备出仕辅助朝纲;倘若朝廷昏庸,我就洗洗双脚,决心引退逍遥自在,在这里有遁世归隐的含义。（ ）

怎样进行中国古典园林导游讲解？

单选题

1. 进入拙政园,园主最先让我们观赏的竟然是这样一块巨大的太湖石。其实这种"进门见山"的处理方法,在中国古典园林的造园手法中是非常常见的,被称作（ ）。

   A. 抑景   B. 添景   C. 障景   D. 夹景

2. 若主景的前方大而空,就显得单调、缺乏层次,则在中间可通过添加建筑小品、树木花卉而使景深富有层次感,此种构景手段即为（ ）。

   A. 抑景   B. 添景   C. 障景   D. 夹景

3. 通过雕有各种美丽的图案或几何形状的窗花观察景色,此种构景手法即为（ ）。

   A. 抑景   B. 漏景   C. 框景   D. 夹景

多选题

1. 我国古典园林分布广泛,其中以（ ）为代表,各地园林都有着鲜明的造园手法和艺术特色。

   A. 北方园林   B. 江南园林   C. 东方园林   D. 岭南园林

2. 我们在进行中国古典园林导游讲解时,应当特别注意（ ）方面。

   A. 构成要素解读   B. 构景方法分析

   C. 文化内涵剖析   D. 商业价值分析

知识强化

中国园林历史悠久,造园艺术更是源远流长,我国早在周武王时期就有建宫苑的活动。园林的形成主要受统治阶级的思想及佛道、绘画、诗词的艺术影响。中国古典园林的构造,主要是在自然山水基础上,铺以人工的宫、廊、楼、阁等建筑,以人工手段效仿自然,其中蕴含着不同历史时期的人文思想,特别是诗、词、绘画的思想境界。

一、中国古典园林的分类

(一)按占有者身份分

1. 皇家园林

是专供帝王休息享乐的园林。古人讲"普天之下莫非王土",在统治阶级看来,国家的山河都是属于皇家所有的。所以其特点是规模宏大,真山真水较多,园中建筑富丽堂皇,建筑体型高大。现存的著名皇家园林有:北京的颐和园、北京的北海公园和河北承德的避暑山庄。

2. 私家园林

是供皇家的宗室外戚、王公官吏、富商大贾等休闲的园林。其特点是规模较小,所以常用假山假水,建筑小巧玲珑,表现其淡雅素净的色彩。现存的私家园林,如北京的恭王府,苏州的拙政园、留园、沧浪亭、网狮园,上海的豫园等。

(二)按园林所处地理位置分

1. 北方类型

北方园林,因地域宽广,所以范围较大;又因大多为古都所在,所以建筑富丽堂皇。因自然气象条件所局限,河川湖泊、园石和常绿树木都较少。由于风格粗犷,所以秀丽媚美显得不足。北方园林的代表大多集中于北京、西安、洛阳和开封,其中尤以北京为代表。

2. 江南类型

我国南方人口较密集,所以园林地域范围小;又因河湖、园石、常绿树较多,所以园林景致较细腻精美。因上述条件,其特点为明媚秀丽、淡雅朴素、曲折幽深,但因面积小,略感局促。南方园林的代表大多集中于南京、上海、无锡、苏州、杭州、扬州等地,其中尤以苏州为代表。

3. 岭南类型

因为其地处亚热带,终年常绿,又多河川,所以造园条件比北方、南方都好。其明显的特点是具有热带风光,建筑物都较高而宽敞。现存岭南类型园林有著名的广东顺德的清晖园、东莞的可园、番禺的余荫山房等。

二、中国古典园林的特点

(一)模山范水的景观类型

地形地貌、水文地质、乡土植物等自然资源构成的乡土景观类型,是中国古典园林空间主体的构成要素。乡土材料的精工细做,园林景观的意境表现,是中国传统园林的主要特色之一。中国古典园林强调"虽由人做,宛自天开",强调"源于自然而高于自然",强调人对自然的认识和感受。

（二）适宜人居的理想环境

追求理想的人居环境，注重营造健康舒适、清新宜人的小气候条件。由于中国古代生活环境相对恶劣，中国古典园林造景都非常注重小气候条件的改善，营造更加舒适宜人的环境，如山水的布局、植物的种植、亭廊的构建等，无不以光影、气流、温度等人体舒适性的影响因素为依据，形成舒适、宜人居住的理想生活环境。

（三）巧于因借的视域边界

不拘泥于庭院范围，通过借景扩大空间视觉边界，使园林景观与外面的自然景观相联系、相呼应，营造整体性园林景观。无论动观或者静观都能看到美丽的景致，追求无限外延的空间视觉效果。

（四）循序渐进的空间组织

运用动静结合、虚实对比、承上启下、循序渐进、引人入胜、渐入佳境的空间组织手法和空间的曲折变化。园中园式的空间布局原则常常将园林整体分隔成许多不同形状、不同大小和不同个性的空间，并将形成空间的诸要素糅合在一起，参差交错、互相掩映，将自然、山水、人文景观等分割成若干片段分别表现，以形成丰富得似乎没有尽头的景观。

（五）小中见大的空间效果

古代造园艺术家们抓住大自然中的各种美景的典型特征提炼剪裁，把峰峦沟壑一一再现在小小的庭院中，在二维的园址上突出三维的空间效果。可谓是"以有限面积，造无限空间"。

（六）耐人寻味的园林文化

人们常用山水诗、山水画寄情山水，表达追求超脱与自然协调共生的思想和意境。古典园林中常常通过楹联匾额、刻石、书法、艺术、文学、哲学、音乐等形式表达景观的意境，从而使园林的构成要素富于内涵和景观厚度。

三、中国古典园林的构成要素

中国古典园林的构成要素，可以概括为山、水、动植物、建筑和匾额、楹联与刻石五个方面。山景是园林风景形成的骨架和支托；水景是园林景观的脉络；动植物（特别是花木）为园林景观的肤貌，是影响和制约其他景观要素的链带；建筑则起着联系人文景观和自然景观的媒介作用，是中国古典园林文化与历史的重要象征；匾额、楹联与刻石则为园林风景的画龙点睛之处，为园中的景点增加诗情画意。这些要素并不是简单的堆砌设置，而是各得其章法，通过园林各个要素的有机组合，表现造园者的情怀。

四、中国古典园林的构景方法

中国的古典园林,在微观处理中,通常有以下几种构景方法,也可作为观赏手段:借景、抑景、框景、添景、对景、夹景、移景、漏景等。

任务一 建筑细节讲解

情景模拟1

时间:2022年10月8日
地点:苏州狮子林
人物:地陪小贾、旅游者钟先生
事件:地陪小贾在为旅游者介绍狮子林中的鸳鸯厅——燕誉堂。

角色扮演1

小贾:现在我们从西边的"入胜"门洞向前走,就能到达鸳鸯厅了。狮子林的鸳鸯厅很典型,大家可以随我走进来看一下。一个大屋顶下分两个屋顶,正中用屏门一隔为二,分成两个厅堂,两面的装修、家居、陈设都是不一样的。根据朝南为阳、朝北为阴的"阴阳"学说,朝南的"燕誉堂"接待男宾,朝北的"绿玉青瑶之馆"招待女眷。这座典型的鸳鸯厅,南北有十大不同之处,大家可以亲自找一找。

> **知识链接**:在导游讲解过程中,导游应尽可能地调动旅游者参与的积极性,提高旅游者的游览兴趣,营造良好的氛围,可以通过"制造悬念法""问答法"等得到这一效果。

钟先生:嗯,确实是有不一样的地方,这室内的摆设就不同,还有刚刚导游说的名字也不一样,还有这柱子形状也不一样吧。

小贾:没错,您说得很对。这十处不同应该是:_____

_____

鸳鸯厅体现了_____

_____

> **知识链接**:建于宋代的沧浪亭,建于元代的狮子林,建于明代的拙政园,建于清代的留园合称为苏州四大名园。

训练提示:狮子林中的燕誉堂是苏州园林中较为著名的鸳鸯厅。燕誉堂取《诗经》中"式燕且誉,好尔无射"之句而名。"燕"意为安闲,亦通宴;"誉"通豫,意为欢乐,即此为"宴请宾客的安乐之所"。而所谓鸳鸯厅就是一座大厅内用屏门、挂落隔成南北两部分,从内部看似两厅相连,但布置相异,装饰、家具、陈设各不相同;在功能上,前厅常为招待贵宾,内堂为密友聚谈,女眷欢聚的地方。

任务二　假山怪石欣赏

情景模拟 2

时间:2022 年 10 月 8 日
地点:北京颐和园
人物:地陪小田、旅游者蔡先生
事件:地陪小田在为旅游者介绍颐和园仁寿殿门前的太湖石。

角色扮演 2

小田:刚才一进门,我们就看到了一块太湖石,那现在请各位再看看院内四周,这里还有四块太湖石。

蔡先生:这太湖石的样子都好奇怪啊,而且为什么要放这些石头在这里呢?

小田:我先来给大家介绍一下太湖石吧。_____
_____
_____
_____
_____

至于为什么要放这些石头在这里呢,_____
_____
_____
_____

知识链接:北京颐和园、承德避暑山庄、苏州拙政园、苏州留园合称中国四大名园。

训练提示:颐和园位于北京西北郊海淀区,距北京城区 15 千米,是利用昆明湖、万寿山为基址,以杭州西湖风景为蓝本,汲取江南园林的某些设计手法和意境而建成的一座大型天然山水园,也是保存得最完整的一座皇家行宫御苑,占地约 290 公顷。颐和园是我国现存规模最大,保存最完整的皇家园林,为中国四大名园之一,被誉为皇家园林博物馆。

任务三　构景方法介绍

情景模拟 3

时间:2022 年 10 月 8 日
地点:苏州拙政园

人物：地陪小贾

事件：地陪小贾正在拙政园的入口处，向旅游者介绍中国古典园林中的构景方法——抑景。

角色扮演3

小贾：经过这兰雪堂，我们就算正式进入拙政园了。而园主最先让我们观赏的竟然是这样一块巨大的太湖石。大家先不要觉得奇怪，其实这种"进门见山"的处理方法，在中国古典园林的造园手法中是非常常见的，被称作"抑景"。

知识链接：南京的瞻园、苏州的留园、苏州的拙政园、无锡的寄畅园合称江南四大名园。

训练提示：拙政园是江南园林的代表，也是苏州园林中面积最大的古典山水园林。此地初为唐代诗人陆龟蒙的住宅，明朝时，嘉靖年间御史王献臣将其买下，并聘著名画家文徵明参与设计蓝图，历时16年建成。如今的拙政园分为东、中、西三个部分。

任务四 文化内涵剖析

情景模拟4

时间：2022年3月25日

地点：承德避暑山庄

人物：地陪小田

事件：地陪小田正在承德避暑山庄的澹泊敬诚殿前为旅游者解释殿名的由来。

角色扮演4

小田：现在大家看到的这个面阔七间，进深三重的大殿是"澹泊敬诚殿"，它是整个避暑山庄的主殿，是清代皇帝在山庄居住时处理朝政和举行盛大庆典的地方。那这"澹泊敬诚"是什么意思呢？

知识链接：有时出于导游讲解的需要，在介绍某些景点时，需要导游人员引经据典。在这种情况下，导游一方面要保证"经典"的正确和阐述的清楚；另一方面，还要注意旅游者的文化层次是否能够较好地理解导游词，如果旅游者的文化层次较低，导游应适当地调整导游词的内容。

训练提示：承德避暑山庄是清代皇帝夏日避暑和处理政务的场所，始建于康熙四十二年（1703年），建成于乾隆五十五年，历时87年。避暑山庄占地564万平方米，是中国现存最大的古典皇家园林。与北京紫禁城相比，避暑山庄以朴素淡雅的山村野趣为格调，取自然山水之本色，吸收江南塞北之风光，是中国现存占地面积最大的古代帝王宫苑。澹泊敬诚殿是避暑山庄的正殿，相当于北京的太和殿，是清代举行重大庆典，百官朝觐，接见少数民族首领和外国使节的地方。

师生互动

一、中西方园林的差异表现在哪些方面？

二、中国古典园林各种构景手段的具体含义都是什么？

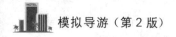

 项目考核

项　　目	要　　求	满分	得分
礼节礼貌	仪容仪表（头发、面容、手、指甲、服饰等）	10	
	行为举止（坐、立、行、手势、表情、礼貌用语等）	10	
角色扮演	书面材料（能完成规定的书面材料）	10	
	配合默契（角色之间配合自然流畅）	10	
	知识运用（能正确运用相关专业知识）	10	
	任务完成（能够完成特定情景下的工作任务）	10	
	学习态度（专心致志）	10	
师生互动	言之有理（针对问题能提出有价值的观点）	10	
	表达准确（口头表达能力）	10	
	参与热情（参与课堂的积极性）	10	
总　　分		100	

个人小结	

补充阅读
漏窗

补充阅读
太湖石

项目 13

博物馆导游

🚩 知识目标

了解博物馆的类型和特征；
了解博物馆的典型代表；
掌握博物馆的导游讲解要领。

📋 技能目标

能对博物馆进行导游词创作；
能对典型博物馆进行导游讲解。

微课观看

怎样进行博物馆导游讲解？

习题测试

判断题

1. 现代博物馆具有收藏、科研、教育三种职能,而博物馆讲解工作是实现博物馆教育职能的重要手段和途径,人们称赞它是"博物馆与观众之间的桥梁与纽带"。（　　）

2. 讲解的目的、内容、方法不同,达到的效果也就不同。理想的讲解效果就是将自身积累的知识转化为参观者的知识,使双方达到情感的融合和身心的愉悦。（　　）

多选题

1. 荷兰莱顿国家人种志博物馆的馆长,将人们参观博物馆的动机划分为（　　）。
   A. 寻求美学的动机　　　　　　　B. 寻求浪漫主义或者逃避现实的动机
   C. 寻求现实主义的动机　　　　　D. 寻求知识的动机

2. 博物馆的讲解一般包括（　　）。
   A. 博物馆建筑介绍　　　　　　　B. 藏品来历讲解
   C. 藏品地位分析　　　　　　　　D. 制作工艺说明

知识强化

中华民族在漫长的历史进程中创造了光辉灿烂的文化,保存下来的地下、地上的历史文化遗产极为丰富,它们记载着中华民族数千年来的发展轨迹和文明创造。博物馆就是收集和珍藏历史文物的场所,发挥着保护和展示文化与自然遗产、开展社会教育的功能。

一、博物馆的概述

"博物馆"一词,源于希腊文"缪斯庵"(muselon),原意为"祭祀缪斯的地方"。缪斯是希腊神话中掌管科学与艺术的九位神女的通称,她们分别掌管着历史、天文、史诗、情诗、抒情诗、悲剧、喜剧、圣歌和舞蹈,代表着当时希腊人文活动的全部。

博物馆现象最初萌发于人们的收藏意识。大约在公元前5世纪,在希腊的特尔费·奥林帕斯神殿里,有一座收藏各种雕塑和战利品的宝库,它被博物馆界视为博物馆的开端。在之后相当长的时间里,博物馆只是供皇室或少数富人观赏奇珍异物的收藏室。

现代意义的博物馆在17世纪后期出现。18世纪50年代,大英博物馆的建立和首次向公众开放,使它成为全世界第一个向公众开放的大型博物馆。到18世纪末,西欧一些国家的博物馆相继建立,并向公众开放,博物馆的功能有了新的发展,人们对博物馆的认识也发生了变化。随着社会文化、科学技术的发展,博物馆的数量和种类也越来越多。

1946年11月,国际博物馆协会在法国巴黎成立。1974年,国际博物馆协会对博物馆进行了明确的定义,公益性成为其首要职责。根据定义,博物馆是一个不追求营利、为社会和社会发展服务的公开性永久机构。它把收集、保存、研究有关人类及其环境见证物当作自己的基本职责,为公众提供学习和欣赏的机会。可以说,它集合了人类出现、发展的所有见证物,在历史文明传承中起到了举足轻重的作用,是全人类的精神家园,它被人们称为"立体的百科全书""实物的图书馆""民族记忆的殿堂"等。

人们外出旅游的动机之一是增加知识、增长见闻,而博物馆能够以其丰富的馆藏满足人们获取知识、解除疑惑的需求。另外,值得注意的是,有些博物馆本身就是具有历史意义或游览价值的景点,而有些博物馆则是出自大师之手的建筑,因此,博物馆本身所具有的特色也能成为吸引游人的旅游资源,能满足游人求知增见的需求。如韶山毛泽东同志纪念馆的所在地正是毛泽东的故居,北京故宫博物院位于紫禁城内,而苏州博物馆的建筑则出自曾为罗浮宫设计玻璃金字塔的世界著名建筑设计大师贝聿铭之手。

二、博物馆的分类

随着社会文化、科学技术的发展,博物馆的数量和种类越来越多。划分博物馆类型的主要依据,是博物馆藏品、展出、教育活动的性质和特点。

中国的博物馆可以被划分为专门性博物馆、纪念性博物馆和综合性博物馆三类,国家统计局就是按照这三类博物馆来分别统计公布发展数字的。

专门性博物馆是指反映某一主题或以某一类藏品作为主要馆藏的博物馆,包括历史类博物馆(如中国革命博物馆、景德镇瓷器历史博物馆)、艺术类博物馆(如广东民间工艺馆、天津戏剧博物馆)、自然科学类博物馆(如自贡恐龙博物馆、中国地质博物馆)等。

纪念性博物馆是指以纪念著名革命家、文学家、历史人物或某次重大历史事件而设立的博物馆,如中国共产党第一次全国代表大会会址纪念馆、北京鲁迅博物馆、天津市周恩来邓颖超纪念馆等。

综合性博物馆,一般以通史陈列为主,即以时代演进为线索,不以器物分门别类展出实物或图片。这种博物馆往往以地域或行政区域为界限设立,如甘肃省博物馆、山东省博物馆等。

党的十八大以来,以习近平同志为核心的党中央高瞻远瞩,抓住全球数字化发展与数字化转型的重大历史机遇,系统谋划、统筹推进数字中国建设。党的二十大报告指出,要加快建设制造强国、质量强国、航天强国、交通强国、网络强国、数字中国。

数字技术的驱动下,"云旅游""云会展""云研学""沉浸式旅游""数字文创"等一大批新模式、新业态应用而生,数字博物馆已成为一种重要的载体。数字博物馆是运用数字技术,将实体博物馆的职能以数字化方式完整地呈现在网络上。它包括三个部分,即实体博物馆展厅现场数字化展示系统、基于数字技术的博物馆业务管理系统和网络平台展示系统。采用互联网与机构内部信息网进行信息构架,把枯燥的数据变成鲜活的模型,从而提高观众的观赏兴趣。

任务一　博物馆建筑介绍

情景模拟 1

时间:2022 年 10 月 9 日

地点：天津广东会馆（天津戏剧博物馆）

人物：地陪小耿

事件：地陪小耿在为第一次到天津旅游的旅游者介绍天津戏剧博物馆的所在地——天津广东会馆。

角色扮演 1

小耿：现在大家来到了天津戏剧博物馆，大家是不是觉得这座博物馆本身非常古色古香呢？其实，这座博物馆的建筑就是著名的天津广东会馆，是天津规模最大、装修最精美的清代会馆建筑。广东会馆始建于清光绪年间，主要提倡者为当时的天津海关道唐绍仪。现在让我们了解一下广东会馆的建筑特色：

知识链接：一处景点，要讲解的内容很多，为避免面面俱到，导游必须有的放矢地做到轻重搭配、重点突出、详略得当、疏密有致，即使用"突出重点"的导游讲解方法。在本段导游词中，导游小耿就是通过这种方法，突出了景点的特征及与众不同之处。

训练提示：天津戏剧博物馆的所在地广东会馆是天津市至今保存最完整、规模最大的清代会馆建筑。它由时任天津海关道的广东人唐绍仪于光绪末年倡议修建，既体现了我国岭南的建筑风格，又凝聚着旅居天津城的广东人创业的艰辛。天津广东会馆中最具特色和最主要的建筑是戏楼，是目前我国规模最大保存最完好的古典式戏楼。

任务二　藏品来历讲解

情景模拟 2

时间：2022 年 10 月 9 日

地点：北京故宫博物院

人物：地陪小周

事件：地陪小周在为旅游者介绍为迎接故宫博物院建院 80 周年而首次全卷公展的《清明上河图》。

角色扮演 2

小周：各位团友，首先祝贺大家能在故宫博物院建院 80 周年之际来到博物院参观。诸位真的是非常幸运，因为大家能看到一些平日不会展出的国宝级文物，比如这件呈现在大家面前的首次全卷公开展出的《清明上河图》。该图是中国十大传世名画之一，宽 24.8 厘米，长 528.7 厘米,是北宋画家张择端存世的仅见的一幅精品,属一级国宝。

这件享誉古今中外的传世杰作,在问世以后的 800 多年里,曾被无数收藏家和鉴赏家把玩欣赏,它曾经五次进入宫廷,四次被盗出宫,历经劫难,演绎出许多传奇故事。

> **知识链接**:在本段导游词中,导游人员使用了"虚实结合"的讲解方法,就是在导游讲解中将典故、传说、故事与景物介绍有机结合的导游手法。通过这种方法,可以使导游讲解故事化,以求产生艺术感染力,努力避免平淡的、枯燥乏味的讲解方法。
>
> **中国十大传世名画**:东晋•顾恺之《洛神赋图》;唐•阎立本《步辇图》;唐•张萱、周昉《唐宫仕女图》;唐•韩滉《五牛图》;五代•顾闳中《韩熙载夜宴图》;北宋•王希孟《千里江山图》;北宋•张择端《清明上河图》;元•黄公望《富春山居图》;明•仇英《汉宫春晓图》;清•郎世宁《百骏图》。

训练提示:《清明上河图》是中国十大传世名画之一,宽 24.8 厘米,长 528.7 厘米,是北宋画家张择端存世的仅见的一幅精品,属一级国宝。这幅画描绘的是汴京清明时节的繁荣景象,是汴京当年繁荣的见证,也是北宋城市经济情况的写照。全图可分为三个段落,前段是汴京郊外的景物,中段主要描绘的是上土桥及大汴河两岸的繁忙景象,后段则描绘了汴京市区的街景。这件享誉古今中外的传世杰作,在问世以后的 800 多年里,曾被无数收藏家和鉴赏家把玩欣赏,它曾经五次进入宫廷,四次被盗出宫,历经劫难,演绎出许多传奇故事。

任务三 藏品制作工艺说明

情景模拟 3

时间:2022 年 10 月 9 日
地点:山东潍坊风筝博物馆
人物:地陪小蒋、旅游者单先生
事件:地陪小蒋为旅游者介绍制作风筝的基本流程。

角色扮演 3

单先生:小蒋导游啊,刚才我们看了那么多大大小小、造型各异的风筝,那这风筝都是怎么做出来的啊?

小蒋:中国的风筝流派众多,制作工艺也是各不相同,但概括起来讲,风筝的制作流程可以用三个字概括:扎、糊、绘。我们先来说说这第一步——扎。"扎"可以分为五个小步骤:选、劈、削、弯、接。这"选"就是选材,_____

_____

_____

选好材料之后,就进入了"扎"中的第二个步骤——劈。_____

_____

_____

下面就是劈竹后的精加工了,也就是削竹环节。_____

_____

_____

削好后,就进入下一道工序——弯。_____

_____

_____

弯好后,就可以进入"接"这一步骤了。_____

> **知识链接**:开封、北京、天津、潍坊、南通、阳江并称中国六大传统风筝产地。潍坊市被各国推崇为"世界风筝之都"。

训练提示:传统中国风筝的技艺概括起来只有四个字:扎、糊、绘、放。简称"四艺"。简单地理解这"四艺"即扎架子,糊纸面,绘花彩,放风筝。但实际上这四字的内涵要广泛得多,几乎包含了全部传统中国风筝的技艺内容,如"扎"包括选、劈、削、弯、接;"糊"包括选、裁、糊、边、校;"绘"包括色、底、描、染、修;"放"包括风、线、放、调、收。

任务四 藏品地位分析

情景模拟 4

时间:2022 年 10 月 9 日
地点:湖北省博物馆
人物:地陪小唐
事件:地陪小唐正在为旅游者介绍湖北省博物馆的四大镇馆之宝之一——曾侯乙编钟。

角色扮演 4

小唐：曾侯乙是战国早期曾国一位名乙的诸侯。大约在公元前 433 年，他驾鹤西去。这位国君在浩如烟海的史籍中从来没有浮现过，直到 20 世纪 70 年代，湖北随州发现了这位国君的陵墓，我们才知道其人。而在这位名不见经传的诸侯的墓葬中却出土了我国迄今发现的数量最多、保存最好、音律最全、气势最宏伟的一套编钟——曾侯乙编钟。_____

_____

_____

为了满足中外游人的需要，湖北省博物馆每天都要安排大型编钟演奏，让您徜徉于那悠悠的历史长河之畔，聆听这人间仙乐。那么，现在就请大家随我一起去聆听这从时间长廊传来的音乐吧。

训练提示：曾侯乙编钟是我国迄今发现数量最多、保存最好、音律最全、气势最宏伟的一套编钟。这套编钟出自湖北随州的曾侯乙墓。墓主是战国早期曾国的国君，同期出土的还有其他乐器近百件。曾侯乙编钟数量巨大，完整无缺。按大小和音高为序编成 8 组悬挂在三层钟架上。这套编钟深埋地下 2 400 余年，至今仍能演奏乐曲，音律准确，音色优美，是我们研究先秦音乐的重要资料。

师生互动

一、博物馆有哪些功能？

_____

_____

_____

_____

_____

_____

二、要做好博物馆的导游工作应具备哪些知识？

_____

_____

_____

_____

_____

项目考核

项　　目	要　　求	满分	得分
礼节礼貌	仪容仪表(头发、面容、手、指甲、服饰等)	10	
	行为举止(坐、立、行、手势、表情、礼貌用语等)	10	
角色扮演	书面材料(能完成规定的书面材料)	10	
	配合默契(角色之间配合自然流畅)	10	
	知识运用(能正确运用相关专业知识)	10	
	任务完成(能够完成特定情景下的工作任务)	10	
	学习态度(专心致志)	10	
师生互动	言之有理(针对问题能提出有价值的观点)	10	
	表达准确(口头表达能力)	10	
	参与热情(参与课堂的积极性)	10	
总　　分		100	

个人小结	

补充阅读
世界四大博物馆

补充阅读
世界博物馆日

模块三 购物、餐饮、娱乐服务

　　旅游是一项综合性的社会活动,贯穿于其中的"吃、住、行、游、购、娱"六大要素,充分体现了旅游者的旅游需求。导游为旅游者提供优质的购物、餐饮、娱乐等方面服务的同时,令其体验到旅游活动的多姿多彩,是导游人员的基本职责。在旅游团的购物、餐饮、娱乐活动中,导游人员起着不可或缺的作用。了解各项活动的特点及旅游者需求的内容,熟悉各项活动的服务程序,从而有针对性地提供相关服务,是导游人员的基本服务技能。

项目 14

购物服务

📣 知识目标

了解导游在旅游者购物中的作用；
熟悉典型旅游商品的相关知识；
掌握导游购物服务的主要内容。

📋 技能目标

能合理安排购物活动；
能介绍典型旅游商品；
能正确解答旅游者咨询。

微课观看

习题测试

判断题

1. 《旅游法》第四章第三十五条规定:"旅行社不得以不合理的低价组织旅游活动,诱骗旅游者,并通过安排购物或者另行付费旅游项目获取回扣等不正当利益。旅行社组织、接待旅游者,不得指定具体购物场所,不得安排另行付费旅游项目。但是,经双方协商一致或者旅游者要求,且不影响其他旅游者行程安排的除外。"严格来说,旅行社不能再安排旅游者参加购物活动了。（　　）

2. 相传,汤圆起源于唐朝,当时明州也就是现在的宁波,兴起一种新奇食品,即用黑芝麻、猪板油、少许白砂糖做馅,外面用糯米粉搓成球,煮熟后,吃起来香甜可口,饶有风味。因为这种糯米球煮在锅里又浮又沉,所以它最早叫"浮元子",后来有的地区把"浮元子"改称元宵。（　　）

3. 在现实带团的过程中,部分客人可能对购物会存在一定的反感和防御心理。导游员应该意识到这种现象是正常的,一个好导游应该把购物信息有机融合到讲解当中,通过幽默有趣的讲解,逐渐获得客人的信任。（　　）

怎样提供购物服务?

多选题

1. 导游在购物服务中应当做好顾问和监督员,不要单纯做推销员。具体而言,应当重点发挥(　　)作用。

　　A. 引导作用　　　　B. 参谋作用　　　　C. 推销作用　　　　D. 维权作用

2. 教学视频中,教师给出的避免购物反感的具体技巧包括(　　)。

　　A. 欲扬先抑式　　　B. 专家博学式　　　C. 主动示范式
　　D. 避重就轻式　　　E. 心理暗示式

知识强化

　　旅游购物是旅游产业"吃、住、行、游、购、娱"六大要素之一,在整个旅游收入中通常要占总数的一半左右。通过导游人员的努力,为旅游者提供优质的购物服务,不但能使旅客买到称心如意的商品,达到旅游的满意效果,还可以促使当地的经济发展,获取旅游的综合效益。要提供优质的购物服务,导游员就必须明确导游员带团购物的基本要求和自身在导游购物中所起的作用等。

一、导游带团购物的基本要求

　　导游人员的购物服务必须建立在旅游者"需要购物、愿意购物"的基础上,既要让旅游者购物,更要让旅游者购物后称心满意。在服务中遵循当好顾问和监督员,不当推销员的原则。介绍商品时讲解要真实客观,突出文化内涵,态度要周到细致,前后一致;要与相关景点知识的讲解相协调,不能因推销商品而讲解,更不应讲完就带旅游者购物;除介绍商品的特色和优点外,还要讲明商品的缺点,令旅游者对旅游商品有一个较为全面的认识。导游人员除要具有一定的商品知识,熟悉商品的性能及工艺特点,在讲解中突出商品的特色和价值外,还需掌握一些鉴别商品的知识,并适时教给旅游者,避免旅游者受骗。能够正确处理在购物服务中发生的各种突发事件。

二、导游在旅游购物中的作用

帮助旅游者买到称心如意的旅游商品是导游人员的一项重要任务。地陪要严格执行接待社制订的接待计划,根据旅游者的需求安排购物活动,满足他们的购物要求,不得擅自更换购物场所、增加购物次数,更不得强迫、欺骗旅游者购物。旅游者往往对旅游目的地的情况缺乏了解,尤其是对当地的特产、值得购买的物品到底是什么知之甚少。如果没有导游人员的协助,旅游者的购物活动往往比较盲目。因此,导游人员在旅游购物活动中的作用是非常明显的:根据旅游者的需要,安排一定的时间,带领旅游者选择诚信度高的商店进行购物,即主导作用;适时地介绍当地的旅游纪念品及特产可以加深旅游者对商品的了解,激发其购物欲望,同时也要为旅游者做好参谋,即参谋作用;在满足旅游者购物需求的同时,要维护和保障旅游者的权益,即维权作用。

任务一　进店前讲解

情景模拟 1

时间:2022 年 5 月 1 日
地点:北京贵友购物中心
人物:地陪小刘、旅游者
事件:地陪小刘接受了北京城市旅行社的委派,负责接待一个由武汉森林旅行社发出的旅游团队,现带领旅游者来到北京贵友购物中心。

角色扮演 1

(地陪小刘向旅游者介绍商店的位置和特色,并对该旅游商品进行了总体的讲解。)
地陪:各位团友请注意,现在大家看到的这个商店是北京最大的旅游购物商店,具有北京市政府颁发的诚信商店的荣誉称号。_____

_____

旅游者:那太好了,那我们就可以放心地选购了。
地陪:该商店商品种类齐全,有很多特色商品,_____

_____

旅游者:好,我们要多带一些回去送给家人和朋友。
地陪:请大家购物时切不要忘记集合的时间,一个半小时后我们还在这里集合。
旅游者:好的。
地陪:进店前请各位向商店服务人员领取一张专门为旅游团提供的优惠购物卡,持此卡在店中购物,可以得到八折的优惠。
旅游者:好,那我们快进去吧。
(提醒旅游者注意安全。)
地陪:_____

训练提示:导游人员应按照导游服务规范的基本要求为旅游者提供相关旅游购物服务,认真执行接待旅行社制订的旅游接待计划,根据旅游者的需求安排购物活动,满足旅游者的购物要求。在进入商店前能够向旅游者讲清楚在商店中停留的时间和购物时的一些注意事项,做好商品的介绍和推介工作。这样既能保护旅游者的权益,又能促进旅游消费。导游人员具体操作时应注意的事项有:介绍商品时应介绍当地的有特色、有知名度的旅游商品,这是导游人员服务中的一项重要内容;导游人员可以在城市概况和购物商店概况的讲解中,有意识地向旅游者介绍当地那些有民族特色和地方特色的旅游产品,使旅游者有所了解,为安排购物进行必要的铺垫;还需时刻提醒旅游者注意人身财产安全。

任务二　旅游商品介绍

情景模拟 2

时间:2022 年 5 月 1 日
地点:北京友谊商店
人物:地陪小刘、旅游者
事件:旅游者们在商店购物,地陪小刘不失时机地为旅游者们介绍旅游商品。

角色扮演 2

(具体介绍景泰蓝、陶器、扇子、麝香和虫草等特色商品。)
地陪:_____

知识链接:景泰蓝作为一种美术工艺品,其制法即于铜器表面上以各色珐琅质涂成花纹,花纹的四周嵌以铜丝或金银丝,再用高火度烧即成。这项工艺始于明代景泰年间,而且初创时只有蓝色,所以叫景泰蓝。现在虽然各色具备,然而仍然使用以前的名字。因为景泰蓝已变为一种工艺的名称,而不是颜色的名称。据说景泰为宣德之子,宣德重视铜器以及铸冶铜质,景泰在幼年期间耳濡目染,认识极详,且嗜之极深,只是对于铸炼方面,宣德已到达绝顶,没有能力再求突破,就在颜色方面另辟蹊径,以图出奇制胜。终于有景泰蓝的创制。因为事先对颜色的筹谋极费苦心,所以在成功之后,也极端钟爱,所有御用陈饰无不用景泰蓝制作,种类之多不可屈数,凡瓷料所能制器无不尽有,成化时期继承遗业,未改遗风,仍努力烧制,所以景泰蓝的器物在景泰和成化两朝最为常见。其后经历弘治、正德、嘉靖、隆庆四朝,虽仍然烧制,可是都因循成规,虚应故事,在质量上都不能与景泰和成化年间媲美。万历以后,虽然偶然有烧制,并非像以前设官置厂视为例务,所以之后出品极少。终明代一世,都没能复兴。到清朝乾隆时期,又开始烧制,且品类多,成绩好,虽然不能和景泰、成化时期相比,但是比起弘正以后出品物绝不逊色。现今虽有康雍的器物出现,然而细细考究竟与乾隆所制器物没有什么不同,实际上是乾隆所制,刻康雍年款,却不是康雍制作的。

大体上说,明代的景泰蓝胎的铜质较好,多为紫铜胎,体略显厚重,故造型仿古的多,主要仿青铜所用的彩釉均为天然矿物质料,色彩深沉而逼真,红像宝石红,绿像松石绿。此时的丝掐得较粗,镀金部分金水厚。彩釉上大多有砂眼。款有"大明景泰年制"或"景泰年制",底款、边款均有。

清代的景泰蓝工艺比明代有提高,胎薄,掐丝细,彩釉也比明代要鲜艳,并且无砂眼,花纹图案繁复多样,但不及明代的纹饰生动,镀金部分金水较薄,但金色很漂亮。

民国时期景泰蓝总体水平不及前代,胎体薄,色彩鲜艳有浮感,做工较粗。这时只有"老天利""德兴成",制作的景泰蓝工细、质量好。造型多仿古铜器,或仿乾隆时的精品,款已都是刻款了。现在景泰蓝的陈设品多,不作实用品。

景泰蓝是一种瓷铜结合的独特工艺品。制作景泰蓝先要用紫铜制胎,接着工艺师在上面作画,再用铜丝在铜胎上根据所画的粘出图案花纹,然后用色彩不同的珐琅釉料镶嵌在图案中,最后再经反复烧结,磨光镀金而成。

训练提示:导游人员对旅游者感兴趣而又不太了解的商品要主动地进行介绍。在购物前导游人员在商店门口向旅游者做了简单的介绍,但在购物中面对商品实物介绍,就能使旅游者对商品在感性上有进一步的认识。介绍商品时,要客观、公正、详细、具体,尤其是涉及商品的功效和性能方面,更要实事求是。同时,也不要强加于人,表现出明显的倾向性。价格问题是个敏感问题,导游人员一般不要妄加评论,或贵或便宜,值与不值,由旅游者自己判断。购买与否,由旅游者自己做主,不要过于热心。导游人员应为旅游者提供商品购物参谋,维护旅游者的权益。

任务三　接受旅游者咨询

情景模拟 3

时间:2022年5月1日
地点:北京北辰购物中心
人物:地陪小刘、旅游者
事件:旅游者们在商店购物,地陪小刘接受旅游者咨询。

角色扮演 3

旅游者 A:刘导,我们购买金银饰品时所带的"特种发票"是用来干什么的呀?
地陪:_____

旅游者 B:这些中药材真不错,我们要多买些带回去。
地陪:_____

_____

旅游者 B:原来还有这么多的规定呀,谢谢导游的提醒!
地陪:还有关于文物的呢,一会大家在购买时请注意。_____

训练提示:旅游者在购物时,导游不但要起到讲解的作用,还要时刻准备着接受旅游者的咨询。对相关旅游商品的购买规定,导游要提前向旅游者讲解,避免旅游者购买了大量的旅游商品后,却不能带出境的情况发生,还要避免旅游者在不知情的情况下,触犯相关规定的情况发生。

师生互动

一、导游应如何避免旅游者对购物服务的反感?

_____
_____
_____
_____

二、如何应对旅游者在购物时要求导游一起讲价的请求?

_____
_____
_____
_____
_____

项目考核

项 目	要 求	满分	得分
礼节礼貌	仪容仪表(头发、面容、手、指甲、服饰等)	10	
	行为举止(坐、立、行、手势、表情、礼貌用语等)	10	
角色扮演	书面材料(能完成规定的书面材料)	10	
	配合默契(角色之间配合自然流畅)	10	
	知识运用(能正确运用相关专业知识)	10	
	任务完成(能够完成特定情景下的工作任务)	10	
	学习态度(专心致志)	10	
师生互动	言之有理(针对问题能提出有价值的观点)	10	
	表达准确(口头表达能力)	10	
	参与热情(参与课堂的积极性)	10	
总 分		100	

个人小结	

补充阅读
旅游购物小诀窍

补充阅读
旅游纪念品的
特点

补充阅读
直播带货、拍摄短视频……
导游转型走向"一专多能"

项目 15

餐饮服务

知识目标

了解导游在餐饮服务中的作用；
熟悉餐饮服务的基本类型；
掌握餐饮服务的程序及内容；

技能目标

能妥善安排餐饮活动；
能规范提供餐饮服务。

微课观看

怎样提供餐饮服务?

习题测试

判断题

俗话说:"民以食为天",这种说法起源于《史记·郦生陆贾列传》:"王者以民人为天,而民人以食为天。"由此可见,吃在老百姓心目中的地位。（　　）

单选题

1. 万一用餐后,旅游团中多数游客出现上吐下泻的食物中毒症状,这时该团队导游员应如何处理呢？下列做法错误的是（　　）。

　　A. 导游员应设法催吐,可以让患者多喝水以加快排泄,缓解毒性

　　B. 尽快将患者送医院治疗,请医院开具诊断证明

　　C. 站在客人的立场,与餐厅理论,维护游客利益

　　D. 要迅速报告旅行社并追究供餐餐厅的责任

2. 关于地陪餐饮服务的一般程序,下列做法错误的是（　　）。

　　A. 地陪应提前与餐厅落实本团用餐的细节,掌握午、晚餐的用餐地点、人数、标准、形式以及特殊要求等

　　B. 带领旅游者进入餐厅,向餐厅领座服务员询问本团的桌次,引领旅游团成员入座

　　C. 等大家坐好后,向旅游者说明用餐标准,若有超出规定的服务要求、费用由旅游者自理等,以免产生误会

　　D. 等旅游者开始用餐,并上完菜以后,地陪方可离开并祝大家用好餐

多选题

1. 导游在餐饮服务过程中,应当重点发挥（　　）作用。

　　A. 协调作用　　　　B. 监督作用　　　　C. 创收作用　　　　D. 讲解作用

2. 下列属于八大菜系的是（　　）。

　　A. 鲁、川、粤、闽　　　　　　　　　B. 鲁、川、粤、京

　　C. 苏、浙、湘、徽　　　　　　　　　D. 苏、浙、鄂、徽

知识强化

一、餐饮在旅游活动中的地位

旅游活动既是一项经济文化活动,也是一项丰富多彩的休闲活动。在旅游的六要素"吃、住、行、游、购、娱"中,"吃"排在第一位。餐饮是一种饮食文化,也是一种旅游资源,俗语说"凡名胜之地必有佳肴"。导游员应尽心尽力,细致周到地为旅游者提供优质的餐饮服务,使团队吃得饱,吃得好,吃出地方特色,留下美好回忆。

二、团队餐的分类

旅游中团队餐的形式大致分为正餐、风味餐和宴会三种。旅游团的正餐一般指午、晚餐,用餐形式通常分为桌餐和自助餐两种。风味餐指的是各地具有地方特色的风味饮食,其选料、加工及制作能够体现某个地域独到的风格特色。宴会是指人们为了一定目的同自己的朋友以餐饮的方式表达感情、增进沟通的一种手段。

三、导游在餐饮服务中的作用

(一)协调作用

导游员是旅游者和旅行社协作单位的桥梁,尽管协作单位会按合同要求照章办事,但导游员对于旅游者细节方面的要求与餐厅的协调还是必要的。一个窗明几净、舒适优雅的用餐环境会使旅游者有一种愉悦的情绪,再加上服务员整洁如新的衣着和彬彬有礼的服务,旅游者更会有亲切之感。而可口的饭菜和一些细节要求的满足,绝对不会让他们有"异乡人"的感觉。这所有的一切都需要导游员再次同餐厅确认核实。

(二)监督作用

旅行社同酒店、餐厅的合作关系通常都是经了解、协商,然后通过合同的形式确定下来的,一般情况下不会出现什么问题,但也不排除偶尔发生一些意外情况。因此,导游员有责任对餐厅的服务进行监督,比如用餐环境、饭菜质量、所提供餐标等,一旦发现问题要及时纠正和弥补,以确保客人用餐的质量。

(三)讲解作用

导游员的讲解作用不仅是在指导旅游者游览景点方面,也贯穿于整个游程的方方面面。用餐时,如遇到具有本地特色的食物,导游员就有责任就其特点、风格、工艺等进行简单讲解,使旅游者吃得"心中有数"。除此之外,导游员还应具备餐饮服务的专业知识,且能达到餐饮服务程序中必备的礼仪服务标准。

任务一 团队正餐服务

情景模拟1

时间:2022年5月2日
地点:北京山水大酒店
人物:地陪小方、22位旅游者(其中两位为素食主义者,一位佛教信徒)、酒店前台服务人员
事件:地陪小方为旅游者提供正餐服务。

角色扮演 1

（地陪电话确认预定。）

地陪：您好！是山水大酒店吗？我是风采旅行社的地陪方梁，10 天前已向贵酒店预定过明天的团队正餐，现在想具体确定一下。

前台：方先生您好！请您把明天正餐的具体要求说明一下，我们再核对一下。

地陪：好的，_____

_____

（次日中午在旅游车开赴酒店途中，地陪向旅游者介绍酒店的概况和就餐的时间安排。）

地陪：_____

_____

（旅游者们来到酒店门口，地陪引导旅游者入席时的讲解。）

地陪：_____

_____

（地陪在用餐过程中巡视并询问旅游团用餐情况。）

地陪：_____

_____

地陪：菜已全部上齐，请大家慢慢享用，用过餐后可在一楼大厅的沙发上休息一下，两点时我们在该酒店门口集合。

训练提示：导游员在安排团队正餐前要提前落实本团用餐的细节，掌握午、晚餐的用餐地点、时间、人数、标准、形式、特殊要求等。如果旅游者中有少数民族，应尊重其民族信仰，对饮食有特殊要求者，应安排特色用餐。在引导旅游者进入餐厅前导游员应向旅游者大致介绍前往就餐酒店的区域位置，服务水平和饭菜特色，使旅游者在用餐之前先吃一颗"定心丸"。用餐前导游员要告知旅游者餐标所含酒水范围以及自理项目，不可含糊其辞，在不提前告知的情况下收取旅游者费用。用餐过程中，导游员要巡视旅游团用餐情况，解答旅游者在用餐中提出的问题，监督、检查餐厅是否按标准提供服务并解决出现的问题。当菜全部上齐后，地陪应合理掌握时间，留给旅游者充裕的饭后放松时间，通知旅游者集合的时间和地点。用餐后，导游应主动严格按实际用餐人数、标准、饮用酒水数量如实填写《餐饮费用结算单》，并根据旅行社规定与餐厅结账。

任务二　团队风味餐服务

情景模拟 2

时间：2022 年 5 月 2 日

地点：商品街 8 巷的山西面馆

人物：导游王小姐、领队孙先生、12 位旅游者、厨师张先生事件:导游王小姐引领旅游者前往山西著名的商品街 8 巷的山西面馆,使旅游者品尝风味饮食的同时欣赏厨师的表演。

角色扮演 2

导游:大家好! 我们即将前往的是山西最著名的商品街 8 巷的山西面馆,下面我利用行车中的二十分钟向大家大体讲解一下山西的面食:_____
_____
_____

(旅游者用餐时。)
旅游者:这么多不同种类的面食啊,请导游给我们具体讲解一下吧!
导游:_____
_____
_____

(用餐后。)
导游:大家在品尝完了各色美味的面食后,想不想随我一同去操作间看看这些种类多样的美食是怎样做出来的呢? 学会了大家也可以尝试回去做给家人吃啊。
旅游者:那太好了,我们饱完口福后还可以饱眼福呢!
(旅游者纷纷起身,饶有兴致地随导游走进操作间。)
导游:大家看! 想必你们的目光已经被厨师张先生的惊人厨技所吸引了,瞧他左臂托案,右手拿削面刀,用右手的四指握住刀把,用小拇指顶住刀柄头,削面时先从面块的里端开刀,第二刀接前部刀口,用前挑后砍的方式砍下一根根长约 30 厘米的面条下入锅。削出的面叶儿,一叶连一叶,恰似流星赶月,在空中划出一道弧形白线,面叶落入汤锅,汤滚面翻,又像银鱼戏水,煞是好看。大家一起来计一下时,看我们的厨师每分钟能削多少刀面好不好?
旅游者:哇,太厉害了,115 刀! 这削面刀也不是一般的刀吧?
导游:哎,这位旅游者问得好! 削面刀确实不是一般的刀,_____
_____
_____

旅游者:给我们详细讲一下做的步骤吧,我们要记下来,还要买几把削面刀带回去尝试做一做呢!
导游:好的,普通刀削面的做法是_____
_____
_____

大家品尝了美食又观看了表演,一定觉得不虚此行吧!

训练提示：风味餐指的是各地具有地方特色的风味饮食，其选料、加工及制作能够体现某个地域独到的风格特色。因此带领客人品尝风味餐，就要求对本地的风味特色了如指掌，能够给客人提供详细、全面的介绍。风味餐的品尝目的，主要是通过味来了解一个地区的饮食文化，正如我们常说人们往往通过"吃"就可以认识或喜欢一个地方，因此风味餐一定要安排最正宗的。介绍美味佳肴、地方小吃的同时，其制作过程和饮食艺术也是一种文化，一种旅游资源，如果能够请厨师，让旅游者看明白做法，或者做一些尝试，引导旅游者欣赏，也是一种乐趣，对旅游者来说，是一段难忘的记忆。

任务三　团队宴会餐服务

情景模拟 3

时间：2022 年 5 月 2 日

地点：北京悦都大酒店

人物：导游王小姐，旅游局局长，办公室主任，办公室副主任，科长，公务员甲、乙、丙，当地规划局局长

事件：导游王小姐引领旅游者前往山水大酒店参加由当地规划局安排的宴会餐桌示意图（图 15-1）。

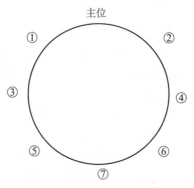

图 15-1　餐桌示意图

角色扮演 3

（返回酒店途中，导游介绍宴会安排。）

导游：_____

_____

_____

_____

_____

旅游者：好的，我们先休息一下。
（导游排定席次，引领旅游者入座。）
导游：_____

（宴会结束前，导游介绍注意事项。）
导游：_____

训练提示：导游在宴会开始前应介绍宴会的时间、地点等具体安排，协助饭店排定席次，即同一餐桌上的席位高低，引领旅游者入座。中式宴会排列席次的原则是：①面门为上。即主人面对餐厅正门。有多位主人时，双方可交叉排列，离主位越近地位越尊。②主宾居右。即主宾在主位（第一主位）右侧。③好事成双。即每张餐桌人数为双数，吉庆宴会尤其如此。④各桌同向。即每张餐桌的排位均大体相似。宴会结束前应重申次日活动安排及有关注意事项。

师生互动

一、导游在选择宴会台形时需要注意哪些事项？

二、导游在餐后结账时应注意哪些事项？

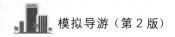

 项目考核

项　　目	要　　求	满分	得分
礼节礼貌	仪容仪表（头发、面容、手、指甲、服饰等）	10	
	行为举止（坐、立、行、手势、表情、礼貌用语等）	10	
角色扮演	书面材料（能完成规定的书面材料）	10	
	配合默契（角色之间配合自然流畅）	10	
	知识运用（能正确运用相关专业知识）	10	
	任务完成（能够完成特定情景下的工作任务）	10	
	学习态度（专心致志）	10	
师生互动	言之有理（针对问题能提出有价值的观点）	10	
	表达准确（口头表达能力）	10	
	参与热情（参与课堂的积极性）	10	
总　　分		100	
个人小结			

补充阅读
中国风味与菜系

补充阅读
古今五大名宴

项目 16

娱乐服务

📍 知识目标

了解娱乐活动的重要作用;
熟悉娱乐活动的典型代表;
掌握娱乐活动的服务程序及内容。

📋 技能目标

能合理组织各类娱乐活动;
能规范提供娱乐活动服务。

微课观看

怎样提供娱乐活动服务?

习题测试

判断题

1. 娱乐活动是指借助自然旅游环境、旅游景区活动设施或特色旅游项目,向旅客提供欣赏性和参与性活动。娱乐活动总体可分为欣赏性娱乐活动和参与性娱乐活动。（　　）

2. 滑翔是一项充满乐趣和刺激的飞行,一般都在数百米高的山顶上起飞,而起飞场下通常是陡坡,要有一定的胆量。先在起飞场地铺开伞,检查好装备,确认风向,风速符合飞行条件,在教练员的指挥下果断起飞。（　　）

3. 甬剧,早期曾名"串客",宁波滩簧,是源于浙江宁波地区、流行于浙江东部和温州市的地方戏曲剧种。甬剧的起源有两种说法,一种认为由宁波地区田头甬剧山歌、马灯调融合盲人"唱新闻"发展而来,另一种认为是"串客"与宁波乱弹的合流。（　　）

单选题

（　　）年,甬剧正式被列入国家级非物质文化遗产名录,由此获得了恢复性的大发展。曾因种种原因在戏曲舞台上已消失多年的"甬剧传统七十二小戏",经重点整理,其中的《拔兰花》等4出小戏,如今都能原汁原味地呈现在舞台上。

A. 2008　　　　B. 2010　　　　C. 2012　　　　D. 2014

多选题

欣赏性娱乐活动以观赏表演为主,主要包括（　　）。

A. 地方艺术类　　　　　　　　B. 传统艺术类

C. 民俗风情类　　　　　　　　D. 动物活动类

E. 人机一体类

知识强化

一、娱乐活动的概念

旅游娱乐是借助已有自然景观和旅游景区活动设施或已有的特色项目向旅客提供的表演欣赏和参与性活动,可使旅游者得到视觉及身心的愉悦,包含一些刺激、休闲的活动项目,大部分旅游者都愿意了解和参与。

二、娱乐活动的分类

总体可分为欣赏性娱乐活动和参与性娱乐活动。欣赏性娱乐活动,主要以观赏表演为主,例如地方戏曲(北京的京戏、安徽的黄梅戏、上海的沪剧、杭州等地的越剧、四川的川剧、河南的豫剧等)、历史性的歌舞(如仿唐乐舞)、民族歌舞、民间娱乐表演(如武术、杂技、洞经音乐等);其中参与性娱乐活动通常在旅游者时间较为充裕时安排,这类活动的形式与内容较多,可以通过(表 16-1)来体现。又可分为休闲娱乐活动、探险经历和自娱活动。

三、导游员在娱乐活动中的作用

旅游景区小型常规娱乐形式见表 16-1。在娱乐活动中,导游应起到的作用有联络协调作用和安全保障作用:联络协调作用要求导游员帮助客人事先联络,达成协议,约定事项,满足客人的愿望。如果出现有分歧的问题,导游员不可坐视旁观,应积极协调,找出问题症结,力争有一个比较妥善的解决方法。安全保障必须引起导游员的足够重视,时时处处强调安全,并主动与领队配合,注意旅游者动向和周围环境。还应对旅游者多提醒、多关照,对潜在的危险应有必要的预见性,并且对旅游者要做出真实的说明和明确警示,既不含糊其辞,也不夸大其词,以避免发生意外。

表 16-1 旅游景区小型常规娱乐形式分类

大类	细分类别		特征及举例
表演演示型	地方艺术类		法国"驯蟒舞女",日本"茶道""花道",吉卜赛歌舞
	古代艺术类		唐代舞、祭天乐阵、楚国编钟乐器表演
	风俗民情类		绣楼招亲、对歌求偶
	动物活动类		马赛、斗牛、斗鸡、斗蟋蟀、动物算题
游戏游艺型	游戏类		节日街头(广场)舞蹈、苗族摆手舞、秧歌、竹竿舞
	游艺类		模拟枪战、踩气球、单足赛跑、猜谜语、卡拉 OK
参与健身型	人与机器	人机一体	操纵式:滑翔、射击、赛车、热气球
			受控式:过山车、疯狂老鼠、摩天轮
		人机分离	亲和式:翻斗乐
			对抗式:八卦冲宵楼
		健身型	钓虾、钓鱼、骑马
		体验型	观光茶园、观光果园、狩猎
	人与自然	亲和型	滑水、滑草、游泳、温泉疗养、潜水
		征服型	攀岩、原木劳动、迷宫、滑雪
	人与人	健身型	高尔夫球、网球、桑拿
		娱乐型	烧烤、手工艺品制作

任务一 参与性娱乐活动服务

情景模拟 1

时间:2022 年 5 月 3 日
地点:宁波三石农庄山坡滑翔区

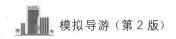

人物：地陪范先生、旅游者

事件：地陪范先生组织想要参加探险经历的旅游者来到山坡滑翔区，给旅游者做讲解，并提醒旅游者安全问题。

角色扮演1

（地陪带领旅游者来到山坡滑翔区，对山坡滑翔探险进行讲解。）

地陪：_____

_____

_____

_____

旅游者：我们已经准备好开始飞翔了，请导游把我们迎风飞扬的精彩一幕录下来吧！

地陪：好的，没问题。

训练提示：探险之旅迷醉了许多旅行者的眼睛，如蹦极、漂流、山坡滑翔等，越来越多的旅游者开始了解并接受这些探险项目，在其中寻找乐趣，挑战自我，寻求生命之光。导游员在做好讲解工作的同时也要协助旅游者参与探险项目，检查探险项目的装置是否安全可靠，且一定不能忘记安全保险，多提醒，多检点，细心做到自己应该做的一切，保障每位旅游者的人身安全。

任务二　欣赏性娱乐活动服务

情景模拟2

时间：2022年5月3日

地点：北京前门饭店天桥乐戏苑

人物：英国旅游者20人、地陪小张、领队小刘、计调小王

事件：英国旅游团来北京参观期间，领队找到地方导游，提出旅游者要求在计划外观看中国的国粹——京剧。原本旅行社考虑到语言的问题，就没有安排此项娱乐活动，作为该团地方接待导游员的小张，告之领队会尽量为旅游者做出安排。

角色扮演2

（地陪通过电话通知地方接待社的计调人员。）

地陪：_____

计调：旅行社可以帮助预订次日前门饭店天桥乐戏苑的京剧表演，请告知旅游者观看京剧所发生的费用由旅游者自理。

(地陪向旅游者讲明具体的收费项目,收集旅游者的意见。)

地陪:_____

_____

_____

(第二天在前往前门饭店天桥乐戏苑途中,地陪简单介绍京剧。)

地陪:_____

_____

_____

训练提示:遇到事先合同上没规定但实际旅游过程中旅游者们强烈要求要欣赏或参与的娱乐活动,导游应首先与地方接待社的计调人员联系,将旅游者提出的要求向旅行社做汇报。在征得旅行社的同意后,由旅行社帮助预订门票或协助安排。导游员要通知领队,所发生的费用由旅游者自理,包括特意请的专业英文翻译费用,同时旅行社还要收取额外的导游服务费和车费,请领队将看京剧的费用收齐交给地方导游。应及时提醒旅游者的安全问题,并告知旅游者在指定地点按时集合。

师生互动

一、在娱乐活动中导游应如何保障旅游者的安全?

二、遇到涉嫌诱导消费的娱乐项目时导游该怎么办?

案例:某旅游团旅游过程中,几位游客被所谓的"少数民族姑娘"强行戴上荷包绣球,举行"拜堂成亲"的游戏,结束后不但被要求支付寓意吉利的49元费用,而且要付给"新娘"小费。虽然导游进行多方调解,但几位游客最后还是被迫拿出了七八十元。

项目考核

项　目	要　求	满分	得分
礼节礼貌	仪容仪表(头发、面容、手、指甲、服饰等)	10	
	行为举止(坐、立、行、手势、表情、礼貌用语等)	10	
角色扮演	书面材料(能完成规定的书面材料)	10	
	配合默契(角色之间配合自然流畅)	10	
	知识运用(能正确运用相关专业知识)	10	
	任务完成(能够完成特定情景下的工作任务)	10	
	学习态度(专心致志)	10	
师生互动	言之有理(针对问题能提出有价值的观点)	10	
	表达准确(口头表达能力)	10	
	参与热情(参与课堂的积极性)	10	
总　　分		100	
个人小结			

补充阅读
中国七大传统
戏剧

补充阅读
中国最美的十大
实景山水主题演出

模块四　旅游者个别要求的处理

　　旅游者来自世界各地,有可能会提出各种各样的个别要求,这主要表现为旅游者服务个别要求和活动安排个别要求。灵活而又不失原则地处理旅游者提出的个别要求,是导游服务质量的重要表现。服务不到位或者旅游者自身的原因,又往往会引起旅游者投诉,恰当地处理顾客投诉,也是导游人员应当具备的基本技能。

项目 17

旅游者服务个别要求的处理

知识目标

了解旅游者服务个别要求的类型；
掌握旅游者服务个别要求的处理方法。

技能目标

能妥善处理旅游者服务个别要求。

微课观看

习题测试

判断题

1. 旅游团在一地的购物次数和时间,在旅游协议上是有明确规定的,导游人员必须严格执行原定计划,不可擅自更改购物的次数、时间、地点、项目等。（　　）

2. 如果旅游者自己提出增加购物次数或时间,必须与领队及全陪等共同协商,并经过大多数游客同意后改变行程计划。同时记得要让客人签订补充协议,并签字确认。（　　）

3. 旅游者有单独外出购物要求的,提醒安全问题是首要问题,同时要提供协助,如推荐商家、安排车辆、告知挑选商品的方法和技巧等,同时要做好安全提醒,必要时写上中文便条,写明地址、联系方式、酒店名称等让其带上。（　　）

4. 如果是在旅游团很快就要离开本地的情况下,尽量不要安排旅游者自由购物活动,单独外出购物更要尽量劝阻,防止误机事件的发生。（　　）

5. 旅游者若要购买中国古玩或仿古艺术品,导游员应建议他们去文物商店或专为外国人服务的商店去购买,并要提醒他们:购妥物品后要保存好发票;物品上若有火漆印,要及时去掉。（　　）

6. 除非证明是有质量问题的商品,无质量问题的商品退换以不影响其商店对该商品的第二次销售为标准,所以部分食品类和已经使用的物品可能是无法退货的,这还需要耐心地和旅游者做好解释工作。（　　）

7. 中国海关将根据工商部门的鉴定证书放行或禁止出境,若无鉴定证书,古字画和古玩一概不准出境。（　　）

怎样处理购物服务个别要求？

怎样处理餐饮服务个别要求？

怎样处理娱乐活动服务个别要求？

怎样处理住房服务个别要求？

8. 由于旅游团的内部矛盾或其他原因,个别旅游者要求单独用餐时,导游人员要独当一面,向旅游者耐心解释,尽量不要破坏整个旅游团的气氛;如旅游者坚持,导游人员可协助其与餐厅联系,帮助解决独立用餐的问题,但要告知餐费自理,综合服务费不退。（　　）

9. 旅游团要求外出自费品尝风味餐,导游人员应予以协助,与有关餐厅联系订餐;但如果原先有团队餐安排,需要退餐处理的,一定告诉旅游者原先餐饮安排的综合服务费只能部分退还。（　　）

10. 旅游者因生活习惯或其他原因要求推迟用餐时间的,导游人员可与餐厅联系,根据餐厅的具体情况进行处理。但一般情况下,如果是个别客人提出的要求,导游人员还要征询其他旅游者的意见,根据少数服从多数的原则,进行妥善安排。（　　）

11. 旅游者可能会在用餐前或者用餐过程中提出加菜的要求,此时,导游应首先向旅游者说明超过合同规定标准的费用应该由要求者自己现付;其次协助旅游者与餐厅联系,尽量满足要求;若不能满足,应向旅游者说明原因并表示歉意。（　　）

12. 旅行社根据旅游者的具体要求安排旅游行程,与旅游者订立包价旅游合同的,旅游者请求变更旅游行程安排,因此增加的费用由旅游者承担,减少的费用退还旅游者。(   )

13. 对于娱乐活动,若是时间许可,又有可能调换,在请示旅行社后,可以给予调换。但因为票已购妥,不能退换等原因无法安排时,导游员要耐心解释,请他们谅解。如果旅游者坚持观看别的演出,应当予以拒绝。(   )

14. 旅游团对于娱乐活动安排内部出现意见分歧,一般情况下可以作如下安排:如果两个演出点在同一个线路上,要和司机商量,尽量为旅游者提供方便。如果不在一个线路上,则应积极协助旅游者,可以为其联系安排车辆,但说明车费自理。(   )

15. 旅游者要求自费前往一般娱乐场所,导游员应给予协助,如购买门票、叫出租车等,通常应陪同前往。(   )

16. 旅游者要求前往不健康的娱乐场所和过不正常的夜生活,导游员应断然拒绝并介绍中国的传统观念和道德风貌,严肃指出不健康的娱乐活动和不正常的夜生活在中国是禁止的,是违法行为。(   )

17. 旅游者要求清扫、维修房间很可能是房间未打扫、设施故障等原因,这时导游人员应立即查看房间情况,联系酒店服务人员并说明情况,督促酒店方面立即清扫房间或维修。(   )

18. 旅游者延长住店时间虽然是超出旅游合同约定外的要求,但导游人员还是必须给予旅游者协助。(   )

19. 旅游者提出住更高标准的饭店和客房,导游人员应先与酒店联系,询问房间的空余情况,若有,应该尽量给予满足,但要向旅游者说明需要承担房费差价和原定饭店或房间的退房损失费。(   )

20. 在现实带团过程中,偶尔会有旅游者提出希望购买房中某一陈设或用品,导游人员应当予以婉拒。(   )

单选题

1. 旅游者携带中药材、中成药出境,前往国外的,总值限人民币(   )元;前往港澳地区的,总值限人民币(   )元,均以法定商业发票所列价格为准。以下选项正确的是(   )。

    A. 300,150   B. 150,300   C. 100,200   D. 200,100

2. 一般情况下,旅游团在用餐前(   )小时以上提出要换餐,地陪导游要尽量与餐厅联系,帮助协调安排,说明费用情况。

    A. 1   B. 2   C. 3   D. 4

3. 在整个旅游过程中,地陪、全陪、领队之间的协作非常重要。但是,因为各方都要维护各自旅行社以及本人的利益,有时会出现一些矛盾和分歧。对此下列说法错误的是(   )。

    A. 地陪、全陪、领队一定要加强沟通与交流,不管导游员此时担任何种角色,首先要有一种"心底无私天地宽"的姿态,全力去弥补已经出现的裂痕

    B. 地陪、全陪、领队之间要尊重对方的权限范围,维护对方的利益,在此基础上要积极主动配合对方的工作

    C. 建立真正的友情关系,并严格按照旅游接待计划以及操作规范进行工作

    D. 经常检查对方的工作,检讨自己的言行,听取对方的意见和建议,切实做到有事大家商量,出现问题大家合力解决

多选题

1. 旅游者要求导游员代为购买贵重商品时,下列做法正确的是( )。
   A. 导游应欣然接受,为旅游者提供热情周到的服务
   B. 导游员应婉言拒绝,建议旅游者亲自来挑选、购买
   C. 委托人要写下委托书并留下足够的购物款项或订金
   D. 购物、托运后,购物发票、托运单和托运费收据至少要复印一份,将原件和余款寄给委托人

2. 根据海关法律规定,国家已经明确禁止出境的中药材及成药有( )。
   A. 麝香   B. 犀牛角
   C. 虎骨   D. 配以微量麝香、蟾酥的成药
   E. 含犀牛角和虎骨成分的药品

知识强化

旅游者的个别要求是指旅游团到达旅游目的地后的旅游过程中,个别或少数旅游者因旅游生活上的特殊需要临时提出的要求。旅游者的个别要求大致可以分为三种情况:第一种是合理的经过导游人员努力可以满足的要求;第二种是具有合理性但难以满足的要求;第三种是不合理的要求。导游人员应分别按照不同的原则进行处理:努力满足需要的原则、认真倾听耐心解释的原则、不卑不亢的原则。

一、餐饮个别要求的处理

(一) 特殊的饮食要求

由于宗教信仰、生活习惯、身体状况等原因,有些旅游者会提出饮食方面的特殊要求,如不吃荤,不吃油腻、辛辣食品,不吃猪肉或其他肉食,甚至不吃盐、糖等。若所提要求在旅游协议书中有明文规定的,接待方旅行社须早作安排,地陪在接团前应检查落实情况,不折不扣地兑现。

若旅游团抵达后旅游者才提出,需视情况而定。一般情况下,地陪可与餐厅联系,在可能的情况下尽量满足;如确有困难,地陪可协助其自行解决。

(二) 要求换餐

有时旅游者要求换餐,如将中餐换成西餐,便餐换成风味餐等。旅游团在用餐前3小时提出换餐要求,地陪要尽量与餐厅联系,按有关规定办理;接近用餐时旅游者提出换餐,一般不应接受要求,但导游人员要做好解释工作;若旅游者仍坚持换餐,导游人员可建议他们自己点菜,费用自理。旅游者用餐时要求加菜、加饮料的要求可以满足,但费用自理。

(三) 要求单独用餐

由于旅游团的内部矛盾或其他原因,个别旅游者要求单独用餐,此时导游人员要耐心解释,并告诉全陪或领队请其调解,尽量不要破坏整个旅游团的气氛;如旅游者坚持,导游人员

可协助其与餐厅联系,帮助解决独立用餐的问题,但要告知餐费自理,综合服务费不退。

(四) 要求提供客房内用餐服务

若某旅游者生病,无法和团队一起就餐,导游人员或饭店服务员应主动将饭菜端进旅游者的房间以示关怀;若是健康的旅游者希望在客房用餐,如果餐厅能提供此项服务,可满足旅游者的要求,但须告知旅游者服务费自理。

(五) 要求自费品尝风味餐

旅游团要求外出自费品尝风味餐,导游人员应予以协助,与有关餐厅联系订餐;风味餐订妥后旅游团又想不去,导游人员应劝他们在约定时间前往餐厅,并说明若不去用餐须赔偿餐厅的损失。

(六) 要求推迟晚餐时间

旅游者因生活习惯或其他原因要求推迟用晚餐时间时,导游人员可与餐厅联系,视餐厅的具体情况处理。一般情况下,导游人员要向旅游团说明餐厅有固定的用餐时间,过时用餐需另付服务费。

二、住房个别要求的处理

(一) 要求调换房间

1. 客房低于标准

旅游者出游时享受什么等级的饭店在旅游协议书上有明确规定,有的协议书连在什么城市下榻哪家饭店都写得清清楚楚。所以,旅行社提供的饭店星级低于标准,或是用同星级的饭店替代协议书中标明的饭店,旅游者都会提出异议。如果旅行社提供的饭店星级低于标准,旅行社必须予以调换;若确有困难,必须说明情况,而且要提出补偿条件。如果旅游团下榻的饭店不是协议书中标明的饭店,旅行社要提出令人信服的理由。旅游者因客房内有臭虫、霉味等提出换房要求,应满足其要求,必要时还应调换饭店;客房,尤其是卫生间的卫生达不到标准,旅游者因此要求换房,导游员应立即与饭店的楼层服务员联系,立即打扫、消毒,让旅游者满意;旅游者要求调换不同朝向的同一标准客房,导游员应与饭店联系,若有可能,适当予以满足,或请全陪或领队在内部调配,无法满足时,要耐心解释。

2. 要求更高标准的客房或购买房中陈设用品

旅游者要求调往高于规定标准的房间,若有,可予以满足,但要交纳房费差价及原定饭店退房损失费;旅游者希望购买房中某一陈设或用品,导游员可协助其与饭店有关部门(通常是前厅部、客房部)联系。

(二) 要求住单间

双人间房的旅游者提出住单间要求,导游员应与饭店联系,如有空房,可予以满足,但要告知其房费自理;同室旅游者因闹矛盾或生活习惯不同而要求住单间,导游员应请领队调解或在内部调整,若调解、调配不成,且饭店有空房可满足其要求,房费由旅游者自理(一般是谁提出住单间谁付房费)。

三、娱乐个别要求的处理

(一)计划内的文娱活动

1. 替换计划内的娱乐活动

旅游者提出这样的要求,若时间允许,又有可能调换,请旅行社调换;若无法安排,导游员要耐心解释,并告知票已购妥,不能退换,请他们谅解;旅游者若坚持观看别的演出,可给予帮助,但费用自理。

2. 分路观看文娱演出

旅游团内出现分歧,部分旅游者要求观看别的演出,即出现分路观看不同文娱演出的状况。在交通方面,导游员可做如下安排:如两个演出点在同一线路,要与司机商量,尽量为旅游者提供方便;若不同路,则应为他们安排车辆,但车费自理。

(二)计划外的娱乐活动

旅游者要求自费前往一般娱乐场所,导游员应给予协助,如购买门票,要出租车等,通常不陪同前往;旅游者要求前往大型娱乐场所或情况复杂的场所,导游员除提供协助购票等服务外,一定要提醒他们注意安全,必要时应陪同前往;旅游者要求前往不健康的娱乐场所和过不正常的夜生活,导游员应断然拒绝并介绍中国的传统观念和道德风貌,严肃指出不健康的娱乐活动和不正常的夜生活在中国是禁止的,是违法行为。

四、购物个别要求的处理

(一)要求增加购物时间或单独外出购物

1. 要求增加购物时间

旅游团在一地的购物次数和时间,一般在旅游协议上有明确规定,导游员必须严格执行旅游计划,不得任意增加购物次数和时间。但是,如果旅游者希望购买更多的纪念品,要求增加购物次数和时间,导游员要与全陪或领队商量后尽可能满足他们的要求。例如,利用晚上自由活动的时间安排去商店购物。

2. 要求单独外出购物

旅游者要求单独外出购物,导游员要予以协助,当好购物参谋,例如建议他去哪家商场购物,为他安排出租车并写中文便条(条上写明商店名称、地址和饭店名称、地址)让其带上等。但在旅游团快离开本地时,要劝阻旅游者单独外出购物。

(二)要求购买古玩或仿古艺术品

1. 劝阻旅游者去地摊购物

在饭店或旅游车上,导游员要向旅游者讲清关于外国人购买古玩和仿古艺术品的有关规定,劝他们不要去地摊上购买,以免上当受骗。

2. 建议他们去文物商店购买

旅游者若要购买中国古玩或仿古艺术品,导游员应建议他们去文物商店或专为外国人服务的商店去购买,并要提醒他们:购妥物品后要保存好发票;物品上若有火漆印,不要去掉,这是因为外国旅游者若要携带古玩或仿古艺术品出境,必须向中国海关出示发票或火漆印,若无,就有可能遇到麻烦。

3. 提醒去文物部门鉴定

如有旅游者收到朋友赠送的古字画或古玩,导游员一定要提醒他们去文物部门对其进行鉴定并取得鉴定证书。中国海关将根据文物部门的鉴定证书放行或禁止出境,若无鉴定证书,古字画和古玩一概不准出境。导游员若发现个别旅游者有走私文物的可疑行为,必须及时报告有关部门。

(三)要求购买中药材

旅游者要求购买中药材、中成药,导游员要当好顾问,帮他们买到需要的药物,而且一定要告知中国海关的有关规定。

1. 限量出境

旅游者携带中药材、中成药出境,前往国外的,总值限人民币300元;前往港澳地区的,总值限人民币150元,均以法定商业发票所列价格为准。

2. 凭统一的发货票放行

进境旅游者出境时携带用外汇购买的、数量合理的自用中药材、中成药,海关验明凭盖有国家外汇管理局统一制发的"外汇购买专用章"的发货票放行。

3. 不准进出境的药材

根据海关法律规定,国家已经明确禁止出境的中药材及成药有麝香、犀牛角、虎骨、蟾酥、牛黄等(不含配以微量麝香、蟾酥的成药,如麝香还阳膏、六神丸等,但包括含犀牛角和虎骨成分的药品)。

(四)要求退换商品

旅游者要求退换商品的原因多种多样,此要求一经提出,导游员应积极协助,以维护我国的商业信誉。旅游者购物后发现是残次品、计价有误或对物品的颜色、式样等不满意,要求导游员帮其退换时,导游员绝不能以"商品售出,概不退换"之类的话搪塞、推托,而要积极协助,满足其要求。旅游者以"假货"为理由要求退换时,为了维护有关商店和我国商业的信誉,导游员应提出鉴定其真伪。鉴定证明是假,商店要承担一切责任;鉴定是真,费用则由旅游者支付。但是,即使已确定是真品,旅游者仍坚持退换,导游员应协助其退换。

(五)要求代为购买、代为托运

1. 要求协助托运

旅游者欲购大件商品,要求导游员帮其托运。导游员应告诉旅游者出售大件商品的商场一般都可代办托运业务,购物后就可当场办理托运手续;若商场无托运业务,导游员就要协助旅游者办理托运手续。

2. 要求代为购买并托运

旅游者欲购某一物品,但当时无货,要求导游员帮助购买并托运。导游员应正确处理,让旅游者满意。旅游者要求导游员代为购买商品,尤其是贵重商品时,导游员应婉言拒绝,建议旅游者亲自来挑选、购买。旅游者一再坚持,导游员也不能贸然答应,而要请示领导,经批准后方可接受委托。委托人要写下委托书并留下足够的购物款项或订金,导游员要向领导汇报并出示委托书和钱款;购物、托运后,购物发票、托运单和托运费收据至少要复印一份,将原件和余款寄给委托人;导游员要向领导汇报并出示各种复印件及邮局收据,然后将其妥善保存。

任务一　餐饮个别要求的处理

情景模拟 1

时间:2022 年 5 月 4 日 18:00
地点:北京某饭店
人物:地陪小范、旅游者
事件:地陪小范带领来自甘肃的老年团用团队餐。

角色扮演 1

(在将要开始用餐时,几位旅游者向导游提出要求。)

旅游者 A:我们好不容易来趟北京,这样的便饭在哪都能吃,听说北京的烤鸭很有特色,我们都愿意去吃烤鸭。

地陪:实在不好意思,＿＿

旅游者 B:你帮帮忙了,来一趟不容易,我们就想吃烤鸭。

地陪:如果大家坚持要吃烤鸭的话,＿＿＿＿＿＿＿＿＿＿＿＿＿＿＿＿＿＿＿＿＿＿＿＿＿＿＿＿＿＿＿＿＿＿＿＿

训练提示:旅游者因某些原因要求换餐,需提前 3 小时提出要求,若接近用餐时旅游者提出换餐,一般不应接受要求,但导游人员要做好解释工作;若旅游者仍坚持换餐,导游人员可建议他们自己点菜,费用自理。

(旅游者 C 因生病不能随团就餐。)

旅游者 C:我身体很不舒服,不想吃饭了,想回房间休息。

地陪:＿＿

训练提示:若某旅游者生病,无法和团队一起就餐,导游人员或饭店服务员应主动将饭菜端进旅游者的房间以示关怀;若是健康的旅游者希望在客房用餐,如果餐厅能提供此项服务,可满足旅游者的要求,但须告知旅游者服务费自理。

任务二 住房个别要求的处理

情景模拟 2

时间:2022 年 5 月 4 日 17:20

地点:旅游大巴

人物:地接小李、全陪小张、旅游者

事件:来自山东的旅游团参观完八达岭长城后,按照协议规定入住三星级西苑饭店,但是由于饭店发生安全事故,需要调换酒店。

角色扮演 2

(前往西苑饭店途中地陪接到通知,因火灾需调换到德保饭店。)

地陪:各位团友,我们今晚入住的酒店要调换到德保饭店了。

旅游者 A:那怎么行,那只是个二星级的饭店啊!我们的合同里明明规定的是三星级的西苑饭店,怎么可以随随便便就换呢?

地陪:_____

_____

(连线旅行社后得知可以安排同星级饭店,但是离次日游览景点太远。)

地陪:_____

_____

_____

旅游者 A:算了,那就先这样吧!

训练提示:如果因为旅行社方面的原因未能履行合同事先的规定,导游人员要积极解释求得旅游者的理解,并采取一定的补偿措施,以安抚旅游者的情绪。

(两位同室旅游者发生矛盾。)

旅游者 B:我不和他一起住,我自己住,这人太过分了!

地陪:别激动,大家出来玩就是为了高兴,别因为一点小事伤了和气。

旅游者 C:我还不愿意和他住呢!

全陪:_____

旅游者 B:你别劝我了,我跟他没法呆,影响心情!

全陪:_____

旅游者 B:我还是自己住吧,免得影响别人的心情。

地陪:好吧,那我问一下酒店有没有空房,如果换单人间,_____

_____

训练提示:旅游者发生矛盾时,导游人员要尽力调节,实在解决不了需按照旅游者的要求来处理,但是得说明费用的问题。

（旅游者 D 发现客房卫生条件很差。）

旅游者 D:导游,你看看这房间太差了。

地陪:对不起,请问有什么问题啊?

旅游者 D:床上都没有整理过,还有这么大的霉味,你没有闻到吗?

地陪:_____

训练提示:如果因为饭店的原因致使旅游者不满,导游人员应立即联系饭店,予以解决。

任务三 娱乐个别要求的处理

情景模拟 3-1

时间:2022 年 5 月 4 日 13:00

地点:白洋淀景区

人物:地陪、全陪、旅游者

事件:来自河南的一个老年团,行程上安排的景点是岛上渔村、休闲岛和嘎子村,但是部分旅游者因为景点问题发生意见分歧。

角色扮演 3-1

地陪:刚刚我们参观完了岛上渔村,领略了北方水乡的生活,接下来我们参观的景点是休闲岛,那里有来自泰国训鳄鱼师的精彩表演,还有佤族黑人的上刀山下火海,以及妩媚动人的泰国人妖歌舞表演。

旅游者 A:导游小同志,我们都一大把年纪了,对人妖没兴趣,我们主要是想看看当年抗日英雄们曾经战斗过的地方,听说除了嘎子村,还有一个叫嘎子印象的地方不错,我们能不能换到那个景点,不去休闲岛了?

地陪:这个恐怕不行,_____

旅游者 B:算了,去就去吧,门票都买了。

（其他旅游者的意见也产生了分歧。）

旅游者 A:既然大家有的愿意去休闲岛,有的不愿意去,干脆我们兵分两路,导游你给我们安排一下吧。

地陪:如果大家执意要去嘎子印象,_____

旅游者 A:行了,没事,就这么办吧,那我们怎么去啊,导游能不能帮我们安排一下交通工具啊?

地陪：_____

训练提示：娱乐项目的安排应尽量按照旅游合同的规定进行，如果旅游者要求变更项目且时间又允许，可尽量予以安排，但应说明费用的问题。

情景模拟 3-2

时间：2022 年 5 月 4 日 18：00
地点：西安火车站解放饭店
人物：全陪、地陪、旅游者
事件：晚饭后为自由活动时间，旅游者提出一起爬古城墙的建议。

角色扮演 3-2

旅游者：饭后摆臂走，活到九十九，多好的天气啊，咱们这离古城墙这么近，我建议大家一起去爬城墙如何？
地陪：_____
旅游者：导游跟我们一起去吧！晚上时间还长着呢，听说这里有个夜总会，非常不错。晚上就别回酒店了，你带我们一起去那消遣消遣吧！
地陪：_____
旅游者：哦，那算了，还是去爬城墙吧。

训练提示：计划外的娱乐活动导游可视情况而定，提供相应的协助，但涉及违法或不健康的应坚决予以回绝。

任务四　购物个别要求的处理

情景模拟 4-1

时间：2022 年 5 月 4 日 17：00
地点：香港
人物：地陪、全陪、旅游者
事件：一个来自内地的旅游团，上午的行程是参观维多利亚港，下午为自由购物时间，18：00 晚餐，导游要求大家 17：00 在指定地点集合。

角色扮演 4-1

旅游者：导游啊，我还没逛够呢，还有东西要买，能不能晚会儿再去饭店吃饭啊？
地陪：_____

全陪:晚饭后的自由活动时间,大家再到附近去购物吧!
(晚饭过后。)
旅游者:他们吃完饭之后都不想出去了,我想自己出去买。
地陪:_____

训练提示:导游不得擅自增加购物次数和时间,但旅游者强烈要求,可与全陪或领队商量后尽量满足其要求,并提供相应协助。

情景模拟 4-2

时间:2022 年 5 月 4 日
地点:秦兵马俑博物馆
人物:地陪、领队、旅游者、摊主
事件:来自美国的一个旅游团队,前往参观兵马俑,其中一名旅游者被当地一个卖古董的摊主招揽过去。

角色扮演 4-2

摊主:您过来看看,这对铜马是唐朝的,是我们祖上传下来的,您看这马的丰满健壮的造型,是唐朝以胖为美的审美标准的体现,怎么样,有没有兴趣啊?
旅游者:看起来不错啊,多少钱?
摊主:一看就知道您是识货的主,便宜点给您,500 元。
地陪:_____
_____

旅游者:谢谢了,我待会再过来。
摊主:别走啊!
(进入博物馆后。)
地陪:各位团友,古城的历史文化值得我们珍藏,确实让我们沉醉,但是大家在购买古玩的时候,一定得注意,_____
_____

旅游者:谢谢导游,我们一定小心。
地陪:不客气,好了,大家这边走,前面就是一号坑……

训练提示:购买古玩时,导游要高度重视,要提醒旅游者小心上当受骗并告知相应的古玩出入境知识。

情景模拟 4-3

时间:2022 年 5 月 4 日
地点:吉林长白山

人物：地陪、领队、旅游者

事件：来自韩国的一个旅游团，游览完冬日的长白山后，有半天的自由活动时间，部分旅游者想到旅游商品店里去购买人参、鹿茸等名贵药材。

角色扮演 4-3

旅游者：好不容易来趟东北啊，得带点东西回去，听说东北有三宝啊，导游能不能带我们去买点？

地陪：这个可以，但是得提醒大家中药材是限量出境的，_____

_____

旅游者：那到哪里买比较好呢？

地陪：我建议大家到比较正规的店里进行购买，品质有保障。

（旅游者前往正规商店购物后返回饭店。）

旅游者：我怀疑今天买的人参是假的，说什么野生人参，我看也就是很普通的家养人参，还卖得那么贵，我要退货！

地陪：您先别生气，我会帮您的，_____

_____

旅游者：好吧！

（商品经鉴定确为野生人参。）

旅游者：是真的我也要退，觉得花这么多钱买太不值了。

地陪：_____

训练提示：购买药材时导游要告知旅游者海关的有关规定，如果涉及产品的真伪问题，旅游者要求退货时，导游人员应积极予以协助。

师生互动

一、导游人员如何拒绝旅游者不合理的要求？

_____

_____

_____

_____

二、导游员如何处理重要旅游者的委托代购事宜？

_____

_____

_____

_____

项目考核

项　　目	要　　求	满分	得分
礼节礼貌	仪容仪表(头发、面容、手、指甲、服饰等)	10	
	行为举止(坐、立、行、手势、表情、礼貌用语等)	10	
角色扮演	书面材料(能完成规定的书面材料)	10	
	配合默契(角色之间配合自然流畅)	10	
	知识运用(能正确运用相关专业知识)	10	
	任务完成(能够完成特定情景下的工作任务)	10	
	学习态度(专心致志)	10	
师生互动	言之有理(针对问题能提出有价值的观点)	10	
	表达准确(口头表达能力)	10	
	参与热情(参与课堂的积极性)	10	
总　　分		100	
个人小结			

补充阅读
旅游海关知识

项目 18

旅游者活动安排个别要求的处理

🚩 知识目标

了解旅游者活动安排个别要求的类型；
掌握旅游者活动安排个别要求的处理方法。

📋 技能目标

能妥善处理旅游者活动安排个别要求。

微课观看

习题测试

判断题

1. 导游人员对于旅游者探视亲友的要求，应该给予必要的协助，如果与计划内行程冲突，还需要旅游者书面签字确认。如果旅游者知道亲友的姓名、地址，导游人员应协助联系，并向旅游者讲明具体乘车路线。（ ）

怎样应对探视亲友与自由活动要求？

2. 如果旅游者只知亲友姓名或某些线索，但地址不详，需要导游人员帮忙联系，导游人员可通过旅行社请公安户籍部门帮助寻找，找到后及时告知旅游者并帮其联系；若旅游期间没找到，可请旅游者留下联系的地址和电话号码，待找到其亲友后通知他。（ ）

怎样处理退团和延长旅游期要求？

3. 因不可抗力或者出境社、履行辅助人已尽合理注意义务仍不能避免的事件，影响旅游行程，合同不能继续履行的，出境社和旅游者均可以解除合同；合同不能完全履行，旅游者不同意变更的，可以解除合同。（ ）

4. 旅游行程结束前，旅游者解除合同的，组团社应当在扣除必要的费用后，将余款退还旅游者。这实际上是赋予了旅游者一种任意解除权，也就是说，旅游者在行程结束前可以随时提出解除合同，但是必须承担违约金。（ ）

5. 旅游者在行程开始前30日以上提出解除合同的，未办理签证或签注的，出境社应当向旅游者退还全部旅游费用；已办理签证或签注的，应当扣除签证/签注费用，旅游者自己办理的除外；旅游者在行程开始前30日以内提出解除合同的，出境社会在扣除必要的费用后，将余款退还旅游者。（ ）

6. 在行程中解除合同的，必要的费用计算有这样一个公式：旅游费用×行程开始当日扣除比例＋（旅游费用－旅游费用×行程开始当日扣除比例）÷旅游天数×尚未出游的天数。（ ）

7. 根据国家旅游局合同示范文本，如果按照约定比例或计算公式算出来的必要的费用低于实际发生的费用，旅游者按照实际发生的费用支付，并且可以超过旅游费用总额。（ ）

单选题

1. 对于自由活动要求的处理，下列说法错误的是（　　）。

   A. 旅游团中有的旅游者已多次来华游览过某一景点，因而希望不随团活动，如果其要求不影响整个旅游活动，可以满足并提供必要的协助

   B. 旅游者要求不按照指定路线参观，而是自行游览，如果游人不太多，秩序不乱，可满足其要求

   C. 旅游者要求在夜间或其他行程空余时间自行活动，导游员不应阻拦，但要建议他们最好结伴而行，不要走得太远，不要去秩序乱的场所，不要太晚回饭店，并带好饭店的名片等

   D. 旅游团计划去另一地游览，一两天后再回来，但有个别旅游者要求留在本地活动，导游员可以满足其要求

2. 根据出境旅游合同示范文本,旅游者在行程开始前 3 日至 1 日,按旅游费用总额的百分之( )扣除必要费用。
   A. 30   B. 50   C. 60   D. 70

多选题

1. 游客提出让自己的亲友随团活动,下列说法正确的是( )。
   A. 应征得领队和旅游团其他成员的同意
   B. 迅速与旅行社有关部门联系,办理入团手续
   C. 请旅游者的亲友出示有效证件,证明其身份,填写表格,交纳费用
   D. 手续完备后,旅游者的亲友就正式成为旅游团的成员,导游员要格外热情地提供服务

2. 导游人员对于游客提出的转递物品要求,先要婉言拒绝,若游客一再要求,经领导批准后接受委托,可以按如下手续办理( )。
   A. 留下委托书   B. 核对物品
   C. 收件人出具收据   D. 妥善保管委托书和收据
   E. 按规定收取一定费用

3. 旅游者因伤病需延长旅游期,规范的操作程序是( )。
   A. 帮助办理住院、出院手续
   B. 协助办理分离签证,必要时办理延长签证手续
   C. 前往医院探望,以示关心并解决病人及家属生活方面的困难
   D. 帮助办理机票再订座手续以及其他回国手续
   E. 安排车辆送其前往机场

知识强化

旅游者在随团旅游过程中会因为各种原因而提出特殊的活动要求,比如要求自由活动、探视亲友或亲友随团活动、中途退团或延长旅游期、要求转递物品和信件等。参加集体旅游的旅游者为了更好地达到自己的旅游目的,往往要求旅行社给予适量的自由活动或单独活动时间,选择自己感兴趣的项目参观游览。因此,导游人员应认真回答旅游者的咨询,提出建议,并在合理而可能的前提下,尽量予以安排,对不宜让旅游者单独活动的一些情况,导游人员要耐心解释,说明原因,以免发生误会;由于种种原因,旅游团或部分旅游者要求延长旅游期或中途退团的现象时有发生,对于这类特殊要求,导游人员不能擅自处理或独自解决,需要报告接待社领导,由领导作出指示和决定后再做具体工作;旅游者在旅游期间,希望探望在当地的亲戚朋友,这可能是他们到某地旅游的重要动机,当旅游者提出此类要求时,导游人员如能帮助他们实现自己的心愿,则会使旅游活动在旅游者心情愉快的基础上高质量地进行;旅游者要求导游人员帮助其向有关部门或亲友转递物品、信件时,导游人员一般应婉言拒绝,让旅游者自己办理,如旅游者确有困难,导游人员可予以协助,但要视具体情况,按有关规定和手续办理。

一、自由活动要求的处理

（一）允许自由活动情况

1. 不影响整个旅游活动

旅游团中有的旅游者已多次来华游览过某一景点，因而希望不随团活动，如果其要求不影响整个旅游活动，可以满足并提供必要的协助：如提醒其带上饭店的店徽，或饭店的名片卡，帮助找出租车，提醒旅游者晚饭的用餐时间和用餐地点，约好旅游者归团时间和地点等。

2. 游览景点环境许可

到某一游览点后，若有个别旅游者希望不按规定的线路游览而希望自由游览或摄影，若环境许可（游人不太多，秩序不乱），可满足其要求。导游员要提醒其集合的时间和地点及旅游车的车号，必要时留一字条，上写集合时间、地点和车号以及饭店名称和电话号码，以备不时之需。

3. 晚上无活动安排

晚上如无活动安排，旅游者要求自由活动，导游员不应阻拦，但要建议他们不要走得太远，不要去秩序乱的场所，不要太晚回饭店并带好饭店的店徽等。

（二）不宜自由活动的情况

1. 可能影响旅游团活动计划顺利进行

当旅游者的自由活动要求牵涉面过大，影响到旅游团活动计划的顺利进行时（例如，旅游团计划去另一地游览，一两天后再回来，但有个别旅游者要求留在本地活动），导游员要劝其随团活动。

2. 旅游团即将离开本地

旅游团即将离开本地，尤其是快要离境回国时，导游员要劝阻旅游者自由活动，以免影响旅游团准时离站。

3. 存在安全问题

（1）地方治安不理想。如果地方治安不理想，导游员要劝阻旅游者自由活动，更不要外出单独活动，但必须实事求是地说明情况。

（2）地方复杂、混乱。旅游者想去复杂、混乱的地方活动，导游员要加以劝阻。

（3）骑自行车单独上街。某些国外旅游者想租辆自行车独自上街，但因存在不安全因素，所以不宜让其单独骑自行车去人生地不熟、车水马龙的街头游玩。

（4）划小船游湖。按规定，旅游团游湖（河）时必须乘坐指定的船只，如果旅游者提出划小船游湖时，导游员不得自作主张，满足其要求，也不能置大部分旅游者而不顾，却去陪少数人划船。

（5）在非游泳区游泳。若有旅游者要求在河、湖、海的非游泳区游泳，导游员不能答应其要求。

4. 要求去禁区、不对外开放的机构参观

如果有旅游者提出去不对外开放的地区、机构参观游览的要求时,导游员不能满足其要求,但要说明其原因。

二、探视亲友、亲友随团活动要求的处理

(一)旅游者要求探视在华亲友

如旅游者知道亲友的姓名、地址,导游人员应协助联系,并向旅游者讲明具体乘车路线;如旅游者只知亲友姓名或某些线索,但地址不详,导游人员可通过旅行社请公安户籍部门帮助寻找,找到后及时告知旅游者并帮其联系;若旅游期间没找到,可请旅游者留下联系的地址和电话号码,待找到其亲友后通知他;若旅游者要求会见中国同行洽谈业务、联系工作、捐款捐物或进行其他活动,导游人员应向旅行社汇报,在领导指示下给予积极协助;若旅游者慕名求访某位名人,导游人员应了解旅游者要求会见的目的并向领导汇报,按规定办理。

导游人员在帮助外国旅游者联系会见亲友或同行时,一般不参加会见,没有担当翻译的义务。若外国旅游者要求会见在华外国人或驻华使、领馆人员,导游人员不应干预;如果要求协助,导游人员可给予帮助;若外国旅游者盛情邀请导游人员参加使、领馆举行的活动,导游人员应先请示领导,经批准后方可前往。

(二)旅游者要求让在华亲友随团活动

首先,应征得领队和旅游团其他成员的同意。其次,迅速与旅行社有关部门联系,去旅行社或旅行社派人来饭店办理入团手续。请旅游者的亲友出示有效证件,证明其身份,若是外国外交官,应请示领导,严格按我国政府的有关规定办理,填写表格,交纳费用。办理手续、交纳费用后,旅游者的亲友就正式成为旅游团的成员,导游员对中外宾客要一视同仁,热情接待,周到服务。

三、中途退团或延长旅游期要求

(一)旅游者要求中途退团

旅游者因患病、负伤,或因家中出事,或因工作上急需,或因其他特殊原因,要求提前离开旅游团,中止旅游活动。经接待方旅行社与组团社协商后可予以满足,至于未享受的综合服务费。按旅游协议书规定,或部分退还,或不予退还。

旅游者无特殊原因,只因某个要求得不到满足而提出中止旅游活动,导游员应配合领队做说服工作,劝其继续随团旅游,同时积极了解旅游者中止旅游活动的真实原因。如果接待方旅行社确有责任,应设法尽快弥补,若旅游者提出的是无理要求,要耐心解释。若说理、劝说无效,旅游者仍执意要求中止旅游活动,可满足其要求,但应告知他未享受的综合服务费用不予退还。

海外旅游者不管因何种原因中止旅游,提前回国,导游员都要在领导指示下协助旅游者重订航班、机座,办理分离签证及其他离团、回国手续,所需费用由旅游者自理。这里要强调

一点,即由于接待方旅行社提供的服务质量太低,严重服务缺陷过多,经领队一再交涉仍无起色,可能会导致旅游团中止旅游,提前回国。若发生这样的事会很麻烦,派出方旅行社会投诉,甚至会将此诉诸法院。

(二)旅游者要求延长旅游期

外国旅游者因伤因病需要延长在中国的居留时间,导游员应为其办理有关手续,还应前往医院探视,并帮助解决伤病者及其家属在生活上的困难。

旅游团的活动结束后,有的旅游者要求继续在中国旅行游览,如果不需要延长签证,一般可满足其要求。若需要延长签证,原则上应予婉拒,确有特殊理由需要留下,导游员应请示旅行社,然后向其提供必要的服务,例如帮助订客房等。旅游团离境后,留下的旅游者若需要旅行社继续为其提供导游等服务,则应另签合同,按散客标准收取费用。

海外旅游者不管何种原因滞留中国,导游员都应为其提供必要的协助:办理分离签证、必要时办理延长签证手续,重订航班、机座,办理其他离境手续,所需费用由旅游者自理。

任务一　自由活动要求的处理

情景模拟 1

时间:2022 年 5 月 5 日
地点:北京
人物:全陪、地陪、旅游者
事件:地陪接待一个来自杭州的北京三晚四天精华旅游团,部分旅游者以前来过北京。

角色扮演 1

(旅游者 A 来过北京并且参观过故宫,要求自由活动。)
地陪:今天下午,我们将要参观的是目前保存最完整的皇家宫殿——故宫。
旅游者 A:导游啊,故宫我都去过好几次了,下午我就不去了,我想自己逛逛。
地陪:_____

_____

(进入故宫。)
地陪:大家请跟我来,穿过这个狭长的御道,前面就是午门。
旅游者 B:导游啊,我很喜欢这里,我想自己仔细看看,不跟大家一起走了。
地陪:_____(游览完故宫,吃完晚饭后。)
旅游者 C:晚上没有活动了吧,第一次来北京,我们想自己出去转转。
地陪:_____

训练提示:旅游者若要求自己活动,在不影响整个团队进程的情况下,导游应提供相应的协助和提醒工作。

任务二　探视亲友、亲友随团活动要求的处理

情景模拟 2

时间:2022 年 5 月 5 日

地点:北京

人物:领队、地陪小李、旅游者 Jack、旅游者 Tom、旅游者 Mickel

事件:北京地陪小李接待一个来自美国的旅游团队。

角色扮演 2

(一位美籍华人旅游者找到导游,想去看一位失散多年的朋友。)

旅游者 Jack:Hi,李导,有件事想请你帮忙。我好多年前在中国有一个朋友,他叫张华,我去美国后就失去了联系,现在没有办法联系上他,你能帮帮我吗?

地陪:可以,你能再告诉我一些他详细的信息吗?

旅游者 Jack:他大概 50 多岁,以前住在北京定福庄,只知道这些了。

地陪:＿＿＿＿＿＿＿＿＿＿＿＿＿＿＿＿＿＿＿＿＿＿＿＿＿＿＿＿＿＿＿＿＿＿

旅游者 Jack:谢谢你了!

(一直找不到这个人,旅游者即将回国。)

地陪:Jack,不好意思,目前没有查到这个人,＿＿＿＿＿＿＿＿＿＿＿＿＿＿＿＿

＿＿＿＿＿＿＿＿＿＿＿＿＿＿＿＿＿＿＿＿＿＿＿＿＿＿＿＿＿＿＿＿＿＿＿＿

旅游者 Jack:没关系,麻烦你了,这是我的联系方式。

(旅游者 Tom 要去会见一位美国驻华大使馆的朋友。)

旅游者 Tom:小李,我的一个朋友在大使馆工作,今天我去找他,就不随团活动了,但是我只知道他的工作单位,你能帮我找到他么?

地陪:＿＿＿＿＿＿＿＿＿＿＿＿＿＿＿＿＿＿＿＿＿＿＿＿＿＿＿＿＿＿＿＿＿＿

旅游者 Tom:好的,谢谢。

(第二天旅游者 Tom 把朋友带回了酒店。)

旅游者 Tom:小李,这是我的朋友 Mickel,他这两天刚好休息,我想让他和我一起旅游。

地陪:我得征求一下领队和其他旅游者的意见。

领队:大家的意见如何?

旅游者:可以啊,没关系的。

地陪:＿＿＿＿＿＿＿＿＿＿＿＿＿＿＿＿＿＿＿＿＿＿＿＿＿＿＿＿＿＿＿＿＿＿

＿＿＿＿＿＿＿＿＿＿＿＿＿＿＿＿＿＿＿＿＿＿＿＿＿＿＿＿＿＿＿＿＿＿＿＿

Mickel:您好,这是我的工作证。

地陪:您是外交官?不好意思,我国政府对外交官跟团旅游有相关的规定,我先请示一下领导的意见。

(领导同意让其随团活动并要求按照规定办理手续。)

地陪：_____

旅游者 Tom：好的，没问题。

训练提示：旅游者要求会见朋友时，导游应积极协助并安排其见面，若是会见特殊人物，导游应先请示领导，领导批准后再按照有关规定予以协助。

任务三　中途退团或延长旅游期要求的处理

情景模拟 3-1

时间：2022 年 5 月 5 日
地点：苏州
人物：全陪小王、地陪小孙、旅游者 A、旅游者 B
事件：来自石家庄的一个华东五市七日游旅游团，第二天在苏州游览的时候，旅游者 A 突然提出要退团的要求。

角色扮演 3-1

旅游者 A：孙导，我家里突然有急事，我可能不能和大家一起玩了，我得回去一趟。
地陪：不要紧吧？
旅游者 A：还不知道呢，我必须得回去看看，那我剩下的团费能不能退了啊？
地陪：你稍等啊，我问问全陪，看协议上是怎么规定的。王导，旅游者能退团吗？
全陪：_____

（苏州一日游完成后，晚上入住某酒店。）
旅游者 B：这是什么地方啊，这么破！我要退团，不玩了！
地陪：_____
旅游者 B：你们当时说得好听，说什么三星级标准，干净卫生，可这也太差劲了！
地陪：_____
旅游者 B：反正我要退团，把费用都给我退了，否则投诉你们！
地陪：_____

训练提示：旅游者有正当理由退团时，经与组团社协商可以满足其要求，费用问题按照旅游合同处理；若旅游者无正当理由要求退团，导游应做好解释说服工作，说服无效可以允许其退团，但告知其费用无法退还。

情景模拟 3-2

时间：2022 年 5 月 5 日

地点：北京

人物：领队 Jack、地陪小李、旅游者

事件：一个来自美国的旅游团队，在即将结束北京的游览返回美国的时候，旅游者 B 突然生病，不得不延长旅游期限。

角色扮演 3-2

旅游者 A：小李，我的朋友 B 忽然病得很厉害，你看怎么办啊？

地陪：啊，是吗，我们先去看看……

（旅游者 B 确实病得很严重，需要送医院治疗。）

旅游者 A：我们应该怎么办？

地陪：＿＿＿＿＿＿＿＿＿＿＿＿＿＿＿＿＿＿＿＿＿＿＿＿＿

旅游者 A：可是我们必须尽快离开中国，因为我们的签证就要到期了，可是我朋友又不能离开，怎么办啊？

地陪：＿＿＿＿＿＿＿＿＿＿＿＿＿＿＿＿＿＿＿＿＿＿＿＿＿

训练提示：旅游者由于某种原因需要延长旅游期，导游应根据具体情况予以协助，产生费用由旅游者承担。

师生互动

一、怎样正确处理旅游者的转交贵重物品的委托要求？

案例：旅游团离境前，一老年旅游者找到全陪小李，要求他将一个密封的盒子转交给一位朋友，并说："盒子里面是些贵重的东西，本来想亲手交给他的，但他来不了饭店，我也去不了他家。现在只得请你将此盒子转交给我的朋友了。"全陪为了使旅游者高兴，接受了他的委托，并认真地亲自将盒子交给了旅游者的朋友。可是半年后，老年旅游者写信给旅行社，询问为什么小李没有将盒子交给他的朋友。当旅行社调查清楚此事的详细经过后，领导严肃地批评了小李。

＿＿＿＿＿＿＿＿＿＿＿＿＿＿＿＿＿＿＿＿＿＿＿＿＿＿＿＿＿＿＿＿＿＿＿＿＿＿

＿＿＿＿＿＿＿＿＿＿＿＿＿＿＿＿＿＿＿＿＿＿＿＿＿＿＿＿＿＿＿＿＿＿＿＿＿＿

＿＿＿＿＿＿＿＿＿＿＿＿＿＿＿＿＿＿＿＿＿＿＿＿＿＿＿＿＿＿＿＿＿＿＿＿＿＿

二、旅游者对旅游安排不满要求中途退团怎么办？

＿＿＿＿＿＿＿＿＿＿＿＿＿＿＿＿＿＿＿＿＿＿＿＿＿＿＿＿＿＿＿＿＿＿＿＿＿＿

＿＿＿＿＿＿＿＿＿＿＿＿＿＿＿＿＿＿＿＿＿＿＿＿＿＿＿＿＿＿＿＿＿＿＿＿＿＿

＿＿＿＿＿＿＿＿＿＿＿＿＿＿＿＿＿＿＿＿＿＿＿＿＿＿＿＿＿＿＿＿＿＿＿＿＿＿

＿＿＿＿＿＿＿＿＿＿＿＿＿＿＿＿＿＿＿＿＿＿＿＿＿＿＿＿＿＿＿＿＿＿＿＿＿＿

项目考核

项　　目	要　　求	满分	得分
礼节礼貌	仪容仪表(头发、面容、手、指甲、服饰等)	10	
	行为举止(坐、立、行、手势、表情、礼貌用语等)	10	
角色扮演	书面材料(能完成规定的书面材料)	10	
	配合默契(角色之间配合自然流畅)	10	
	知识运用(能正确运用相关专业知识)	10	
	任务完成(能够完成特定情景下的工作任务)	10	
	学习态度(专心致志)	10	
师生互动	言之有理(针对问题能提出有价值的观点)	10	
	表达准确(口头表达能力)	10	
	参与热情(参与课堂的积极性)	10	
总　　分		100	

个人小结	

补充阅读
外国人申请中国
旅游鉴证全指南

补充阅读
团体签证的
分离及补发

项目 19

旅游者投诉的处理

> **知识目标**
>
> 了解引起旅游者投诉的原因；
> 熟悉旅游者投诉的预防措施；
> 掌握旅游者投诉的处理方法。

> **技能目标**
>
> 能有效预防旅游者投诉；
> 能妥善处理旅游者投诉。

项目 19　旅游者投诉的处理

 微课观看

习题测试

判断题

1. 在许多情况下,旅游者都会直接向导游进行口头投诉。不管旅游者的投诉是否合理,导游员都应该认真对待,不能因为与自己无关而一推了之,或者与旅游者一起抱怨。（　　）

2. 在核实旅游者投诉的内容后,导游人员首先应向其表示歉意,再设法与有关部门商定弥补方案。可以对服务缺陷进行弥补,对服务内容进行替换,或进行经济赔偿,还要把方案及时告知投诉者,最大限度地消除旅游者的顾虑和不快。（　　）

怎样处理旅游投诉?

3. 即使个别旅游者的投诉属无理的,作为导游人员也不能因此而冷落他们,还是要一如既往地为他们提供服务。（　　）

怎样为特殊旅游团队提供导游服务?

4. 所谓特殊旅游团队是指人数、身份、年龄结构或者旅游目的等方面具有特殊性的群体。由于特殊旅游团队具有鲜明的个性特征,对旅游接待工作也会有不一样的要求。因此,要接待好特殊旅游团队,就必须认真分析团队特点,了解团队旅游需求,有针对性地提供导游服务。（　　）

5. 老年人的连续游览时间不宜超过 3 小时,可安排一定时间的午休。连续乘坐汽车的时间不宜超过 2 小时,乘坐火车应安排座位,过夜或连续乘车超过 8 小时应安排卧铺,尽量安排下铺,客车座位最好保持 15% 的空座率。旅游产品宜一价全包,不宜再安排自费项目。（　　）

6. 老年旅游者指的是年龄在 60 周岁以上(不含 60 周岁)的老年旅游产品消费者。（　　）

7. 大型旅游团的接待工作比一般团队要更加复杂,除了常规准备工作以外,导游还要另行准备旅游车玻璃窗前后粘贴编号,餐桌的桌签,与车辆编号相对应的号旗,用于区分各个小团旅游者的标志物,如胸卡、臂章或遮阳帽,还有导游讲解使用的扩音器或小蜜蜂等。（　　）

8. 接待专家旅游团时,导游人员在讲解过程中要保持谦逊有礼的态度,把自己所掌握的内容准确地进行传达,必要的时候还可以向团队中的专家请教,与他们友好互动,营造融洽的旅途氛围。（　　）

9. 宗教旅游团是指由宗教信徒组成的旅游团队,主要活动包括朝拜圣迹、敬香还愿、参加法事,捐赠布施及学术交流等。这一类团队目标明确,时间严格,禁忌较多,且对待他人比较严格。（　　）

单选题

1. 即使投诉者言语过激,或没有正当理由,导游人员也不要立即辩解或马上否定,更不得与投诉者发生争吵,应让投诉者满足（　　）的心理需求。

　　A."求发泄"　　　　　　　　　　　B."求补偿"
　　C."求尊重"　　　　　　　　　　　D."求安慰"

2.《旅行社老年服务规范》将从（　　）开始实施。
   A. 2015年9月1日　　　　　　　　B. 2016年9月1日
   C. 2015年10月1日　　　　　　　 D. 2016年10月1日

多选题

1. 旅游产品供给方面的原因会引起旅游者投诉，主要表现为旅游产品供给上的缺陷和差错，比如（　　）。
   A. 旅行社未完全履行同旅游者签订的协议和约定的服务项目
   B. 旅行社和相关接待单位未提供合同或约定规定的标准服务
   C. 旅游经营者的失误造成旅游者人身伤亡、财物损失和时间的浪费
   D. 导游人员素质低，服务差以及各种违规行为
   E. 旅游者的期望过高或者对客观因素的不理解

2. 我们在处理旅游投诉的时候一般应当遵循（　　）原则。
   A. 心存感激原则　　　　　　　　B. 耐心细致原则
   C. 尽力满足原则　　　　　　　　D. 快速高效原则

3. 老年旅游团行动能力有限，对讲解要求较高，而且特别希望能得到尊重，这对导游人员的服务提出了更高的要求。导游人员应做到（　　）。
   A. 要特别注意安全，避免安排那些体力消耗大，参与风险高的活动，并在旅游过程中密切关注客人动态并及时给予安全提醒
   B. 要根据老年旅游者的生理特点与欣赏习惯，对旅游行程进行科学合理的安排，使整个旅游过程既丰富多彩，又张弛有度，做到劳逸结合
   C. 要向老年旅游者提供耐心、细致的服务，做到生活上关心，游览中留心，服务上耐心，表现出极大的耐心和热情
   D. 时刻关心老年旅游者，事事给予关心与照顾

 ## 知识强化

旅游者的投诉是指旅游者对认为损害其合法权益的旅游经营者和有关服务人员向有关方面进行的申诉。旅游投诉主要来自两个方面：一是旅游产品供给方面；二是旅游者方面。前者主要表现在旅游产品供给上的缺陷和差错，比如：旅行社未完全履行同旅游者签订的协议和约定的服务项目；旅行社和相关接待单位未提供合同或约定规定的标准服务；旅游经营者的失误造成旅游者人身伤亡、财务损失和时间的浪费；导游人员素质低，服务差以及各种违规行为。后者主要是由于旅游者的期望过高，受这种过高期望支配的情绪和苛求使其认识和感受不能客观地反映实际。所以，旅游者的投诉不都是合理的，但一旦旅游者投诉，无论其合理性如何，以及是否针对导游人员，都会对旅游活动的进行形成一种若隐若现的影响，导游人员必须予以重视，认真对待。

一、旅游者的投诉心理

一般地说，旅游者的投诉心理有三种情况：一是要求尊重，二是要求补偿，三是需求发

泄。导游人员应了解旅游者的投诉心理,即使自己成为被投诉者,也应根据其投诉原因,积极配合有关部门合情、合理、合法地处理好旅游者的投诉。

二、导游处理投诉的原则

(一)耐心细致原则

投诉不应影响导游员对提出投诉的旅游者及其他旅游者的态度。对待投诉,不管投诉的对象是谁,即使是导游员自己,导游员也要抱积极的态度,要注意自己的言谈、姿势、表情等,并把成功处理投诉看作是自己义不容辞的任务。作为导游员,能在顺利的条件下工作固然好,但更应善于在发生问题的逆境下工作。即使旅游者的投诉是没有道理的,导游员也应努力去争取这位旅游者,同时应该想办法使旅游者明白,他的投诉为什么不对。

(二)心存感激原则

对任何投诉,导游员都应感谢旅游者。因为投诉本身表明,尽管发生了问题,但旅游者对导游员仍然是信任的。旅游者并没有因此灰心丧气,对导游员表示冷漠和不予理睬。

(三)快速高效原则

成功处理投诉意味着在困难的情况下顺利地解决问题。导游员应在尽可能短的时间内处理好旅游者的投诉,让失望的旅游者能得到满意的答复。

三、导游处理投诉的步骤

(一)主动与旅游者沟通

导游人员在接到旅游者口头投诉后,应引起高度重视,迅速地与投诉者进行沟通。沟通时避免让旁人参与进来,以免造成更大范围的不良影响。

(二)认真倾听

在与旅游者沟通时,导游人员要耐心倾听投诉者的陈述。即使投诉者言语过激,或没有正当理由,导游人员也不要立即辩解或马上否定,更不得与投诉者发生争吵,应让投诉者满足发泄"怨气"的心理需求。

(三)核查、分析投诉的原因

在认真倾听投诉者的陈述后,导游人员应迅速作出判断,或向旅行社及有关旅游部门汇报,认真地调查,客观地分析投诉原因是否属实,若情况属实,则须分析投诉的性质。若因个别旅游者的不合理要求得不到满足而提出投诉,导游人员在了解情况后应认真向其解释,并指出其要求的不合理性。

(四)认真处理,积极弥补

在核实旅游者投诉的内容后,导游人员首先应向其表示歉意。设法与有关部门商定弥补方案,或对服务缺陷进行弥补,或对服务内容进行替换,或进行经济赔偿,并将方案告知投诉者,力求挽回影响,最大限度地消除旅游者的顾虑和不快。

(五) 做好说服、调解工作

若投诉者坚持向旅游管理机关投诉,导游人员应努力做好调解工作,尽可能地说服旅游者与有关单位自行和解,以免事态扩大。当然,如果调解不成,导游人员还应帮助其向旅游管理机构投诉,并协助对投诉的调查核实,实事求是地提供证据。

(六) 继续做好服务工作

妥善处理投诉后,导游人员应向旅游者表示谢意,感谢他们对旅行社和导游人员的信任;若能圆满解决投诉问题,应感谢他们的谅解和合作,继续向他们提供热情服务。须注意的是:即使个别旅游者的投诉是无理的,或投诉涉及导游人员本身,作为导游人员也不应冷落他们,而应继续为他们提供各类服务。如果所投诉的是其他服务部门,导游人员切不可以与己无关为由,一推了之或与旅游者一起埋怨,而应认真处理,努力维护双方的利益。

任务一　旅游产品问题引起的投诉的处理

情景模拟 1

时间:2022 年 5 月 6 日 13:00
地点:青岛某饭店
人物:地陪小李、饭店经理、旅游者 A、旅游者 B
事件:某国际旅行社地陪小李带一个境外团赴青岛海滨旅游度假,下榻某饭店。这天中午,当旅游者们兴致勃勃地从海滨浴场回来用餐时,一位旅游者发现餐厅所上菜肴中有一条虫子。顿时一桌旅游者食欲全无,有的还感到恶心。旅游者们当即找到导游员小李,气愤地向他投诉,要求换家餐馆用餐。

角色扮演 1

旅游者 A:导游,你看看这菜里是什么东西啊,太恶心了,这还敢在这吃啊!你赶紧给我们联系别的饭店。

地陪:

(小李向经理反映了刚才的情况,经理前来向旅游者道歉,让服务员迅速撤走了这盘菜。)

经理:

旅游者 A：这样的事情可别再发生了，你们的服务态度还挺好，算了吧！

训练提示：若因旅行社原因致使旅游者不满，导游人员要做好解释工作，并采取相应的补救措施，尽量减小影响，缓解旅游者的不快。

任务二　旅游者自身原因投诉的处理

情景模拟 2

时间：2022 年 5 月 6 日 18：00

地点：华北某大峡谷

人物：地陪小范、旅游者 A

事件：在游览大峡谷时，很多旅游者觉得与想象当中的壮观景象相去甚远。其中旅游者 A 更是不停地向地陪小范抱怨。

角色扮演 2

旅游者 A：太失望了，景区宣传得天花乱坠的，怎么感觉被你们忽悠了？

地陪：_____

_____

旅游者 A：来之前你们也没说是这样的，如果说了，谁还来啊！浪费我的时间和金钱，还影响我的心情，把我的团费退了，我现在就回去了。

地陪：实在是不好意思，您看这样成不，_____

_____

旅游者 A：你的服务态度还是挺好的，先这样好了。

训练提示：如果因为旅游者自身原因引起的投诉，导游要耐心解释，并提出其要求的不合理性，以自己良好的服务态度来消除旅游者的不快，并感谢其合作。

师生互动

一、导游遇到一时难以解决的投诉时怎么办？

二、导游如何化解旅游者的抱怨？

项目考核

项 目	要 求	满分	得分
礼节礼貌	仪容仪表（头发、面容、手、指甲、服饰等）	10	
	行为举止（坐、立、行、手势、表情、礼貌用语等）	10	
角色扮演	书面材料（能完成规定的书面材料）	10	
	配合默契（角色之间配合自然流畅）	10	
	知识运用（能正确运用相关专业知识）	10	
	任务完成（能够完成特定情景下的工作任务）	10	
	学习态度（专心致志）	10	
师生互动	言之有理（针对问题能提出有价值的观点）	10	
	表达准确（口头表达能力）	10	
	参与热情（参与课堂的积极性）	10	
总 分		100	
个人小结			

补充阅读
说服游客的技巧

模块五　旅游事故的处理

　　无论是旅游者,旅行社还是导游,都不希望在旅游过程中发生任何事故。但是随着旅游活动的深入,难免会出现一些意想不到的旅游事故。按事故性质和责任,旅游事故可分为业务事故、个人事故和安全事故三类。预防和处理各类旅游事故,对导游服务质量具有至关重要的作用。

项目 20

业务事故的处理

> **知识目标**
>
> 了解业务事故的类型;
> 熟悉业务事故的预防措施;
> 掌握业务事故的处理方法。

> **技能目标**
>
> 能正确判断业务事故的性质;
> 能有效预防业务事故;
> 能妥善处理业务事故。

微课观看

习题测试

判断题

1. 按事故性质和责任,旅游事故可分为业务事故、个人事故和安全事故三类。其中,安全事故也可称为责任事故,导致这类事故的原因主要有导游、内勤、组团社或地接社的其他人员工作上的差错。（　　）

2. 漏接是指导游没有按预定时间迎接旅游团(者),导致旅游团(者)抵达后,无导游迎接的现象。（　　）

3. 如果错接发生在本社的两个旅游团之间,两个导游又同是地陪,那么就将错就错,两名地陪将接待计划交换之后就可继续接团。（　　）

怎样预防和处理漏接、错接、空接事故？

单选题

在带团过程中,常见的业务事故不包括(　　)。

A. 误机(车、船)事故　　　　B. 漏接、错接、空接事故

C. 食物中毒事故　　　　　　D. 遗失行李事故

多选题

1. 空接是指由于某种原因,旅游团推迟抵达接待站,导游仍按原计划接站而没有接到旅游团的情况。造成空接的原因可能有(　　)。

　　A. 客观原因。由于天气原因或某种故障,旅游团仍滞留在上一站或途中。而上一站旅行社并不知道这种临时的变化,没有通知下一站接待社,全陪或领队也无法通知接待社

　　B. 上一站原因。由于某种原因,上一站旅行社将该团原定的航班或车次变更,变更后推迟抵达。但上一站有关人员由于工作疏忽,没有通知下一站接待社

　　C. 接待社原因。接到了上一站的变更通知,但接待社有关人员没有及时通知该团地陪,或者地陪已经收到通知,但是粗心大意没有仔细查看

　　D. 旅游者原因。由于旅游者本人生病、急事或其他原因,临时决定取消旅游,没乘飞机或火车前往下一站,但又没及时通知下一站接待社,造成空接

2. 空接事故发生后,地陪应采取(　　)措施。

　　A. 向机场工作人员询问,确认本次航班的乘客是否已经出港,在隔离区内是否还有旅客停留

　　B. 在尽可能的范围内再寻找,若确定找不到,导游应与本社有关部门联系,再次核实旅行团抵达的日期、航班有无变化,查明原因

　　C. 如推迟时间不长,可留在接站地点继续等候,迎接旅游团的到来,同时要通知各接待单位

　　D. 如推迟时间较长,导游人员应该按本社有关部门的安排,重新落实接团事宜

3. 为了预防空接的发生,地陪应做到(　　)。

　　A. 接到接团任务以后,主动与上一站接待社沟通

　　B. 在接团前再次核实接待计划,确认接待计划是否变更

C. 应按接待计划预定的时间提前抵达接站地点
D. 主动向机场(车站、码头)核实交通工具抵达的时间

 知识强化

业务事故也可称为责任事故,导致这类事故的原因主要有导游、内勤、组团社或地接社的其他人员及部门工作上的差错。在旅游过程中,因工作差错造成的常见事故有误机(车、船)事故;漏接、错接、空接事故;遗失行李事故等。

一、误机(车、船)

误机(车、船)事故是指由于某些原因或有关工作人员工作的失误,旅游团(者)没有按原定航班(车次、船次)离开本站而导致暂时滞留。误机(车、船)事故属重大事故,不仅会给旅行社造成巨大的经济损失,而且还会使旅游者蒙受经济或其他方面的损失,严重影响旅行社的声誉。因此,无论是旅行社还是导游都必须高度认识这一事故的严重后果,杜绝这一事故的发生。

导致误机(车、船)事故发生的原因主要是导游安排日程不当,没有留有余地,临行前安排旅游者去地域复杂的游览景点或商业区参观游览和购物,延误了时间;导游没有按服务规范提前抵达机场(车站、码头);在每年新旧航班(车次、船次)时刻交替时间,导游本着经验主义,仍按以往的班次离开时间送客;航班班次(车次、船次)变更,旅行社内勤没有及时通知导游或导游没有提前与内勤联系和确认航班(车次、船次)时刻,仍按原计划预定的航班(车次、船次)时刻送客等。造成误机(车、船)事故的原因,当然还有交通事故、汽车在途中抛锚、严重堵车及旅游者自身的原因。

二、漏接、错接、空接事故

(一)漏接事故

漏接是指导游没有按预定的航班(车次、船次)时刻迎接旅游团(者),导致旅游团(者)抵达后,无导游迎接的现象。造成漏接的原因是多方面的,归纳起来主要有导游或司机因故未按预定时间抵达机场(车站、码头);航班(车次、船次)变更时间(提前),导游没有认真阅读计划,仍按原计划时间去迎接;新旧航班(车次、船次)时刻交替时,导游没有认真核实,仍按原时刻去迎接;航班(车次、船次)临时变更(提前),组团社没有及时转发变更通知等诸方面原因。造成这一事故的原因,也不能排除在途中出现严重堵车、交通事故或汽车抛锚等因素。

(二)错接事故

错接是指导游将其他旅游团(者)当作自己所接的旅游团(者)接走。错接事故发生后,往往给旅行社工作带来一系列的麻烦,在旅游者中造成不良影响,从而影响旅游服务质量。所以导游一定要有高度的责任心,避免接错团。造成错接事故的原因主要在导游方面。导游接团时没有认真核实团名(编号)、境外组团社或国内组团社名称、旅游团人数、领队或全

陪姓名等。

（三）空接事故

空接是指由于某种原因，旅游团（者）推迟抵达接待站，导游仍按原计划预定的航班（车次、船次）时刻接站而没有接到旅游团（者）。造成空接的原因通常是天气或交通工具机械故障，使旅游者滞留在上一站或途中，而上一站旅行社并不知道这种临时变化，全陪或领队又无法及时通知下一站地方接待站这样的客观原因。但也不排除主观方面的原因，即全陪没有将变更情况通知下一站接待社；全陪委托上一站接待旅行社通知下一站接待旅行社有关变更事宜，但由于有关工作人员的失误，没有及时通知。

三、遗失行李事故

造成遗失行李的原因大致分为三个方面：旅游者在候机、转车或离开饭店时没能照顾好自己的行李，错拿别人的行李或把自己的行李与其他旅游团行李混放在一起；民航、铁路、航运部门在运输过程中出现差错；导游没有及时做好提醒工作，没有帮助旅游者照看好行李，没有认真清点、检查行李，没有做好交接工作；行李员在交运过程中责任心不强。

任务一　误机（车、船）的处理

情景模拟 1

时间：2022 年 7 月 1 日
地点：上海火车站
人物：地陪小胡、全陪小张、旅游者、上海地接社领导李总
事件：地陪小胡所带团号为 WHCT-20220701 的旅游团将乘坐 17:30 的火车离上海赴杭州。当天下午 15:00 游览完计划内景点后，应旅游者要求，小胡将该团带到南京路购物。按照约定在 16:30 集合登车时，有两名客人还未回来，小胡让小张照顾全团在原地等候，自己去寻找客人。等所有客人都回到车上时，已经 17:10 了。等他们匆匆赶到火车站时，火车早已驶离站台。

角色扮演 1

（候车大厅里旅游者情绪低落，小胡与小张安抚旅游情绪。）

小胡：_____

_____

小张：_____

_____

小胡：请大家放心，我立刻向旅行社汇报，妥善解决这件事情。

(小胡与上海地接社李总通电话寻求帮助。)

小胡:李总,你看我现在该怎么办?

李总:那只能乘坐今晚20:20的火车了,我让计调看下还有没有票。

小胡:这次我太不小心了,我以后一定改进。

李总:幸亏还有票,计调会帮你定好的。你与全陪协商改在上海用晚餐,在原先标准上加点菜,回来后按社里规定结算。

小胡:好的,谢谢李总!

(小胡向旅游者说明情况,安排晚餐事宜。)

小胡:_____

_____

小张:噢,那太好了。

(小胡立即连线杭州地接社计调小周。)

小胡:_____

小周:好的,我知道了。

(晚餐后旅游团前往火车站。)

小胡:_____

_____

_____

_____

(送走旅游团后,小胡认真分析事故发生的原因。)

小胡:_____

_____

_____

_____

训练提示:误机(车、船)事故的发生可能有主客观两方面的原因。客观原因导致的非责任事故是指由于旅游者走失、不听安排或由于途中遇到交通事故、严重堵车、汽车发生故障等突发情况造成迟误。主观因素导致的责任事故是指由于导游或旅行社其他人员工作上的差错造成迟误,如导游安排日程不当或过紧,没有按规定提前到达机场(车站、码头);导游没有认真核实交通票据;班次已变更但旅行社有关人员没有及时通知导游等。

一旦发生误机(车、船)事故,导游应按照下列步骤进行处理:①导游应立即向旅行社领导及有关部门报告并请求协助。②地陪和旅行社尽快与机场(车站、码头)联系,争取让旅游者乘最近班次的交通工具离开本站,或采取包机(车、船)或改乘其他交通工具前往下一站。③稳定旅游团(者)的情绪,安排好在当地滞留期间的食宿、游览等事宜。④及时通知下一站,对日程作相应的调整。⑤向旅游团(者)赔礼道歉。⑥写出事故报告,查清事故的原因和责任。

误机(车、船)带来的后果严重。杜绝此类事故的发生关键在预防,地陪应做到:①认真核实机、车、船票的班次、车次、日期、时间及在哪个机场、车站、码头乘机(车、船)等。

②如果票据未落实,接团期间应随时与接待社有关人员保持联系。没有行李车的旅游团在拿到票据核实无误后,地陪应立即将其交到全陪或旅游者手中。③离开当天不要安排旅游团到地域复杂、偏远的景点参观游览,不要安排自由活动。④留有充足的时间去机场、车站、码头,要考虑到交通堵塞或突发事件等因素。⑤保证按规定的时间到达机场、车站、码头。

任务二 漏接、错接、空接事故的处理

情景模拟 2-1

时间:2022 年 7 月 1 日
地点:黄山火车站
人物:地陪小王、全陪小李、旅游者
事件:2022 年 6 月 30 日上午 8:00,黄山接待社门市人员接到北京组团社电话,得知原定于次日 19:50 到达的旅游团,因出发地订票的原因改为同日 11:40 提前到达,须提前接站。该门市人员在计调的办公桌上留下便条后离开。计调回社后没有注意到办公桌上的便条,直到当日上午 12:00,组团社全陪小李从火车站打来电话才得知此事。

角色扮演 2-1

(地陪小王匆忙赶到接站地点。)
小王:大家好,我是地陪小王,让你们久等了。
旅游者:都几点了? 究竟怎么回事?
小王:_____

_____

旅游者:李导怎么不在到站前打个电话确认一下呢?
小李:_____

_____

(经旅行社同意,采取相应补救措施。)
小王:_____

_____

旅游者:噢,真的吗? 那好吧!
训练提示:无论是何原因引起的漏接事故,都会造成旅游者抱怨、发火,这都是正常的。导游应尽快消除旅游者的不满情绪,做好工作。
(1)由于主观原因所造成的漏接:①没有认真阅读接待计划,将旅游团(者)抵站的日

期、时间、地点搞错。②没有按规定时间提前抵达接站地点。③没看变更记录。只阅读接待计划,没阅读变更记录,仍按原计划接站。④没查对新的航班时刻表。特别是新、旧时刻表交替时,"想当然"地仍按旧时刻表的时间接站,因而造成漏接事故。⑤导游举牌接站的地方选择不当。

(2) 由于客观原因造成的漏接:①由于种种原因,上一站接待社将旅游团原定的班次或车次变更而提前抵达,但漏发变更通知,造成漏接。②接待社已接到变更通知,但有关人员没能及时通知该团地陪,造成漏接。③司机迟到,未能按时到达接站地点,造成漏接。④由于交通堵塞或其他预料不到的情况发生,未能及时抵达机场(车站),造成漏接。⑤由于国际航班提前抵达或旅游者在境外中转站乘其他航班而造成漏接。

在漏接事故发生后,客人由于长时间的等待常会情绪急躁,导游一定要先用真心的道歉和解释去赢得客人的理解。

(1) 由于主观原因造成的漏接的处理办法:①实事求是地向旅游者说明情况,诚恳地赔礼道歉,求得谅解。②如果有费用问题(如旅游者乘出租车到饭店的车费),应主动将费用赔付给旅游者。③提供更加热情周到的服务,高质量地完成计划内的全部活动内容,以求尽快消除因漏接而给旅游者造成的不愉快情绪。

(2) 由于客观原因造成的漏接的处理办法:①立即与接待社联系,告知现状,查明原因。②耐心向旅游者作解释工作,消除误解。③尽量采取弥补措施,使旅游者的损失减少到最低限度。④必要时请接待社领导出面赔礼道歉,或酌情给旅游者一定的物质补偿。

对漏接事故的预防要做到:①认真阅读计划。导游接到任务后,应了解旅游团抵达的日期、时间、接站地点(具体是哪个机场、车站、码头)并亲自核对清楚。②核实交通工具到达的准确时间。旅游团抵达的当天,导游应与旅行社有关部门联系,弄清班次或车次是否有变更,并及时与机场(车站、码头)联系,核实抵达的确切时间。③提前抵达接站地点导游应与司机商定好出发时间,以保证按规定提前半小时(30分钟)到达接站地点。

情景模拟 2-2

时间:2022年7月1日
地点:南京宾馆
人物:南京风光旅行社地陪小王,北京天坛旅行社全陪李刚、李荣,旅游者,南京风光旅行社杜总
事件:小王在南京浦口机场迎接来自北京天坛旅行社组织的旅游团,他手举着写有北京天坛旅行社旅游团字样的接站牌。突然他看到了一个打着该社小旗的团队出现在出口,小王急忙迎了上去,忙乱中带着团队上了自己的大巴车并向宾馆驶去。

角色扮演 2-2

(王导跟李导准备办理入住手续。)
小王:怎么两张行程单上的团号不一样啊?
李荣:是啊,奇怪了。
小王:你是北京天坛旅行社的李刚吗?

李荣:不,我叫李荣,李刚是我同事,下飞机时他们团在我们后面。
小王:糟了,接错团了。
(小王把情况向旅行社汇报。)
小王:杜总,真对不起,我接错团了。
杜总:你能说得详细点吗?
小王:_____
_____

杜总:计调说你的团还在机场,我请全陪让客人稍等。你们必须换团,我另外派人过去把你的客人接到宾馆,天马的地陪马上会去宾馆找你,注意照顾好客人的情绪。
小王:好的,请杜总放心!
(小王向客人说明情况。)
小王:_____
_____

(小王分析错接事故产生的原因。)
小王:_____
_____

训练提示:一般说来,接团的导游要求提前到达接站地点并打社旗或接站牌以示客人,在接到旅游团后必须跟全陪认真核实团名、姓名等信息。接错了旅游团,造成的后果是很严重的,真正要接的旅游团没有接来,旅游团还有可能在机场等候或被其他人接走。

造成错接事故的原因可能有:①导游没有提前到达接站地点。②接团的时候没有认真核实团名(编号)、旅游团的人数、全陪或领队的姓名,没有与全陪和领队相互核对相关信息等。

发现错接后地陪应立即采取的措施是:①报告领导。发现错接后马上向接待社领导有关人员报告,查明两个错换团的情况,再做具体处理。②不必交换。如果经调查核实,错接发生在本社的两个旅游团之间,两个导游又同是地陪,那么就将错就错,两名地陪将接待计划交换之后就可以继续接团。③必须交换。经核查,错接的团是两家接待社的团,必须交换旅游团。如果两个团都属于一个旅行社接待,但两个导游中有一名是地陪兼全陪,那么,就应该交换旅游团。④地陪要实事求是地向旅游者说明情况,并诚恳地道歉,以求得旅游者的谅解。⑤如发生其他人员(非法导游)将旅游者带走,应马上与饭店联系,看旅游者是否已住进应下榻的饭店。

错接的预防措施主要有:①导游应提前到达接站地点迎接旅游团。②接团时认真核实。导游要认真逐一核实旅游者源地派出方旅行社的名称、旅游目的地组团旅行社的名称、旅游团的代号、人数、领队姓名(无领队的团要核实旅游者的姓名)、下榻饭店等。③提高警惕,严防社会其他人员非法接走旅游团。

情景模拟 2-3

时间:2022年7月1日
地点:南京禄口机场
人物:南京地接小孟、机场工作人员、地接社计调小周
事件:某旅游团计划8月26日乘CA1213航班从A市10:30飞抵B市,导游小孟按接待计划上的时间前往机场,但未能发现这些旅游者。

角色扮演 2-3

(小孟向机场工作人员询问。)
小孟:_____

机场:是的,该航班所有客人都已经出港了。
(小孟在可能的范围内寻找未果,联系地接社计调小周。)
小孟:_____

小周:我正要打电话给你,刚刚接到组团社电话,该团将改乘下午的MU2125航班16:30抵达。
小孟:_____

小周:嗯,就这么办!

训练提示:空接事故的原因有:①接待社没有接到上一站的通知。由于天气原因或某种故障,旅游团(者)仍滞留在上一站或途中。而上一站旅行社并不知道这种临时的变化,没有通知下一站接待社。此时,全陪或领队也无法通知接待社,因此,造成空接。②上一站忘记通知。由于某种原因,上一站旅行社将该团原定的航班或车次变更,变更后推迟抵达。但上一站有关人员由于工作疏忽,没有通知下一站接待社,造成空接。③没有通知地陪。接到了上一站的变更通知,但接待社有关人员没有及时通知该团地陪,造成空接。④旅游者本身原因。由于旅游者本人生病、急事或其他原因,临时决定取消旅游,没乘飞机或火车前往下一站,但又没及时通知下一站接待社,造成空接。

发生空接事故后应采取的措施:①向机场工作人员询问,确认本次航班的乘客是否已经出港,在隔离区内是否还有旅客停留。②在尽可能的范围内再寻找,若确定找不到,导游应与本社有关部门联系,再次核实旅行团抵达的日期、航班有无变化,查明原因。③如推迟时间不长,可留在接站地点继续等候,迎接旅游团的到来,同时要通知各接待单位。④如推迟时间较长,导游应按本社有关部门的安排,重新落实接团事宜。⑤若属其他原因经过确认后,经旅行社的同意导游才能离开机场。⑥返回后,导游应到该团下榻的饭店询问,旅游团是否进驻饭店。

空接的预防:①接到接团任务以后,主动与上一站接待社沟通。②在接团前再次核实接待计划,确认接待计划是否变更。③应按接待计划预定的时间提前抵达接站地点。④向机

场(车站、码头)核实交通工具抵达的时间。

任务三　遗失行李事故的处理

情景模拟3

时间:2022年7月1日
地点:上海虹桥机场
人物:地陪小李、旅游者汉斯先生(德)、领队凯尔(德)、机场工作人员
事件:地陪小李到机场迎接一个从北京出发的德国旅游团,客人汉斯没找到行李。

角色扮演3

凯尔:李导,这位是汉斯先生,他的行李没有找到。
小李:您好,先不用着急,我马上帮您查找。
汉斯:噢,好的,十分感谢!
小李:团内客人有没有拿错呢?
凯尔:没有,我们刚才都清点过行李了。
小李:那你先在这里照顾一下客人,我带汉斯去办理行李丢失登记手续。
(在机场失物登记处。)
小李:＿＿＿＿＿＿＿＿＿＿＿＿＿＿＿＿＿＿＿＿＿＿＿＿＿＿＿＿
机场人员:好的,请出示您的机票和行李牌。
小李:好的,给你。
机场人员:先让客人填写一下失物登记表。
小李:＿＿＿＿＿＿＿＿＿＿＿＿＿＿＿＿＿＿＿＿＿＿＿＿＿＿＿＿

汉斯:噢,好的。
小李:这是汉斯先生下榻的酒店地址和联系电话,有消息请尽快和我们联系,谢谢!你们方便提供一下联系方式吗?
机场人员:好的,请放心!你带上这张航空公司办事处的卡片吧!
小李:好的,谢谢!
(小李安抚汉斯情绪,安排有关事宜。)
小李:＿＿＿＿＿＿＿＿＿＿＿＿＿＿＿＿＿＿＿＿＿＿＿＿＿＿＿＿

汉斯:如果真丢了怎么办呢?
小李:＿＿＿＿＿＿＿＿＿＿＿＿＿＿＿＿＿＿＿＿＿＿＿＿＿＿＿＿

汉斯：只能这样了，谢谢你。

训练提示：

（1）来华途中丢失行李。海外游客的行李在来华途中丢失，不是导游的责任，但应帮助游客查找。①导游带失主到机场失物登记处办理行李丢失和认领手续。失主须出示机票及行李牌，详细说明始发站、转运站，说清楚行李件数及丢失行李的大小、形状、颜色、标记、特征等，并一一填入失物登记表；将失主将下榻饭店的名称、房间号和电话号码（如果已经知道的话）告诉登记处并记下登记处的电话和联系人，记下有关航空公司办事处的地址、电话以便联系。②游客在当地游览期间，导游要不时打电话询问寻找行李的情况，一时找不回行李，要协助失主购置必要的生活用品。③离开本地前行李还没有找到，导游应帮助失主将各接待社的名称、全程旅游线路以及各地可能下榻的饭店名称转告有关航空公司，以便行李找到后及时运往最适宜的地点交还失主。④如行李确系丢失，失主可向有关航空公司索赔。

（2）行李在中国境内丢失。游客在中国境内旅游期间托运过程中丢失行李，一般是交通部门或行李员的责任，但导游应高度重视并负责查找。①冷静分析情况，找出差错环节。如果游客在出站前领取行李时找不到托运的行李，就有可能在上一站交接行李或托运过程中出现了差错，此种情况发生时导游可采取以下措施：带领失主到失物登记处办理行李丢失和认领手续；立即向接待社领导汇报，请求协助。如果旅游团抵达饭店后游客没拿到自己的行李，问题则可能出在饭店内或本地交接或运送行李的过程中，此时地陪应和全陪、领队一起先在本旅游团所住房间寻找，查看是行李误送还是本团游客错拿。如找不到，则应与饭店行李部取得联系，请其设法寻找。若饭店行李部门仍找不到，地陪应报告接待社有关部门。②主动做好失主的工作，就丢失行李事故向失主表示歉意，并帮助其解决因行李丢失而带来的生活方面的困难。③经常与有关方面联系，询问查找进展情况。④将找回的行李及时归还。如果确定行李已经遗失，则应由旅行社领导出面向失主说明情况并表示歉意。⑤帮助失主根据惯例向有关部门索赔。⑥事后写出书面报告。报告中要写清行李丢失的经过、原因、查找过程及失主和其他团员的反应等情况。

师生互动

一、旅游车上旅游者因身体不适而呕吐导游怎么办？

二、旅游车在半途发生机械故障，导游该怎么办？

项目考核

项　目	要　求	满分	得分
礼节礼貌	仪容仪表（头发、面容、手、指甲、服饰等）	10	
礼节礼貌	行为举止（坐、立、行、手势、表情、礼貌用语等）	10	
角色扮演	书面材料（能完成规定的书面材料）	10	
角色扮演	配合默契（角色之间配合自然流畅）	10	
角色扮演	知识运用（能正确运用相关专业知识）	10	
角色扮演	任务完成（能够完成特定情景下的工作任务）	10	
角色扮演	学习态度（专心致志）	10	
师生互动	言之有理（针对问题能提出有价值的观点）	10	
师生互动	表达准确（口头表达能力）	10	
师生互动	参与热情（参与课堂的积极性）	10	
总　分		100	

个人小结

补充阅读
旅行中如何防止
行李丢失、被盗、
损坏

补充阅读
航班编号

项目 21

个人事故的处理

知识目标

了解个人事故的类型；
熟悉个人事故的预防措施；
掌握个人事故的处理方法。

技能目标

能正确判断个人事故的性质；
能有效预防个人事故；
能妥善处理个人事故。

知识强化

个人事故属非责任事故,主要是由于旅游者自身原因导致证件、财物的丢失和旅游活动过程中的走失事故的发生。

一、丢失证件事故

丢失证件是指外国旅游者丢失外国护照和签证、华侨丢失中国护照、港澳同胞丢失港澳居民来往内地通行证、台湾同胞丢失台湾同胞旅行证明、出境旅游的中国公民丢失护照和签证以及国内旅游的中国公民丢失身份证。无论是何种旅游者丢失证件,必将给旅游者带来诸多不便和损失,严重时会出不了境、回不了国、上不了飞机;给旅行社和导游的工作也带来不少麻烦和困难,诸如办理申领手续、补办工作等。因此,导游在带团过程中,应时刻提醒旅游者保管好自己的证件,最好建议旅游者证件由全陪或领队统一保管或存放在饭店的保险柜内。

二、丢失财物事故

在旅游期间,旅游者不慎丢失财物,不仅给旅游者带来生活上的不便,也带来经济上的损失。如系丢失贵重物品,还影响旅游者出境,需要旅行社或导游帮助其办理有关证明和索赔手续,也给接待工作带来困难。造成旅游者财物丢失的原因,一方面是旅游者个人的原因,另一方面是不法分子的盗窃。前者属于个人事故,后者属于治安事故。为避免这一事故发生,作为导游应处处提醒旅游者妥善保管好自己的财物。

三、旅游者走失事故

旅游者走失事故通常发生在参观游览过程中和自由活动期间。走失事故的发生,往往给旅游者造成心理上的伤害,使其极度焦虑和恐慌,严重时会影响旅游计划的进展,甚至危及旅游者生命安全。造成旅游者走失的原因主要有三个方面:一是导游没有记住向旅游者交代清楚停车位置、集合时间、游览路线等有关事宜;二是旅游者对某一事物或现象感兴趣,或在某景色优美处摄影滞留时间较长而脱离旅游团;三是在自由活动、外出购物时,旅游者没有记清所住饭店的地址和回程线路。因此,导游在带团时一定要重复强调有关事项,并做好提醒工作,防止旅游者走失事故的发生。

任务一 丢失证件事故的处理

情景模拟 1

时间:2022 年 7 月 2 日

地点：北京

人物：全陪小方、地陪小凤、旅游者彼得、接待社毕总

事件：一个波兰旅游团在北京游览的第四天，上午参观天坛后，下午逛王府井。在外文书店前彼得突然焦急地叫起来，声称放在上衣口袋里的护照不见了。

角色扮演 1

彼得：不好了，我的护照不见了。

小方：您先不要着急，我马上打电话给地陪。

（小凤接到电话后立刻赶到详细询问彼得。）

小凤：＿＿

彼得：我记得护照放在上衣口袋里，而且我刚才已经到处找过了，都没有。

（小凤致电接待社毕总，通报情况。）

小凤：＿＿

毕总：事不宜迟，趁今天下午行程比较松，你让全陪带客人在那边游览，你赶紧为客人办理护照补办程序。

（小凤与小方按此分工后准备前往办理手续。）

彼得：要怎么补办呢？

小凤：＿＿

训练提示：导游在处理这类事故的时候，要注意密切合作，并尽量控制知情范围，以免影响其他游客的游兴。旅游者证件丢失时，先请失主冷静地回忆，尽量详细了解丢失情况，找出线索，协助寻找。如证件确已丢失，应根据领导或接待社有关人员的安排，协助失主办理补办手续，所需费用由失主自理。

(1) 丢失外国护照和签证

由旅行社出具证明，失主准备照片
持证明去当地公安局（外国人出入境管理处）报失，由公安局出具证明
持公安局证明，去所在国驻华使、领馆申请补办新护照
领到新护照后，再去公安局办理签证手续

(2) 丢失团体签证

接待社开具遗失公函	持以上证明材料到公安局出入境管理处报失，并填写有关申请表，（可由一名游客填写，其他成员附名单）
原团体签证复印件（副本）	
重新打印与原团体签证格式、内容相同的该团人员名单	
该团全体游客的护照	

(3) 丢失中国护照和签证

① 华侨丢失护照和签证。

| 接待社开具遗失证明；失主准备彩色照片 |
| 失主持证明、照片到公安局出入境管理处报失并申请办理新护照 |
| 持新护照到其居住国驻华使、领馆办理入境签证手续 |

② 中国公民出境旅游时丢失护照、签证。

| 请当地地陪陪同协助在接待社开具遗失证明 |
| 持遗失证明到当地警察机构报案，取得当地警察机构开具的报案证明 |
| 持当地警察机构的报案证明和有关材料到我国驻该国使、领馆办理新护照 |

(4) 丢失港澳居民来往内地通行证（港澳同胞回乡证）

| 取得新护照后，携带必备的材料和证明到所在国移民局办理新签证 |
| 失主持该入出境通行证回港澳地区后，填写"港澳居民来往内地通行证件遗失登记表"和申请表，凭本人的港澳居民身份证，向通行证受理机关申请补发新的通行证；向公安局派出所报失，并取得报失证明；或由接待社开具遗失证明 |
| 持报失证明或遗失证明到公安局出入境管理处申请领取赴港澳证件 |
| 经出入境管理部门核实后，给失主签发一次性《中华人民共和国入出境通行证》 |
| 失主持该入出境通行证回港澳地区后，填写"港澳居民来往内地通行证件遗失登记表"和申请表，凭本人的港澳居民身份证，向通行证受理机关申请补发新的通行证 |

(5) 丢失台湾同胞旅行证明

| 失主向遗失地的中国旅行社或户口管理部门或侨办报失 |
| 核实后发给一次性有效的入出境通行证 |

(6) 丢失中华人民共和国居民身份证

| 接待社开具证明 |
| 失主持证明到公安局报失 |
| 机场安检人员核准放行 |
| 回到居住所在地后，凭公安局报失证明和有关材料到当地派出所办理新身份证 |

任务二　丢失财物事故的处理

情景模拟 2

时间：2022 年 7 月 2 日
地点：某酒店大堂
人物：地陪小张、领队朴某、客人李太太

事件:客人刚入住酒店不久,韩国旅游团的李太太急匆匆地跑到大堂找到地陪小张,声称自己的手提包丢失了。

角色扮演 2

李太太:小张,我的手提包不见了,怎么办?里面有钱包和一部相机。
小张:_____
_____

李太太:可能是在刚才的商场试衣服,包放在柜台上,付钱后拿了衣服,把包给忘了。
小张:好的,我们马上去找,里面有护照和签证吗?
李太太:没有,还好放在另外一个包里。
(商场寻找未果。)
小张:李太太,很抱歉地通知您,手提包可能找不到了。包中入关时登记过的相机是必须复带出关的。
李太太:啊,那我怎么办呢?
小张:_____
_____

李太太:噢,好的。
(小张提醒注意财物安全。)
小张:_____
_____

训练提示:
(1)外国游客丢失钱物的处理

稳定失主情绪,详细了解物品丢失的经过、物品的数量、形状、特征、价值。仔细分析物品丢失的原因、时间、地点,并迅速判断丢失的性质:是不慎丢失还是被盗
立即向公安局或保安部门以及保险公司报案,由接待社出具遗失证明

若丢失的是贵重物品:失主持证明、本人护照或有效身份证件到公安局出入境管理处填写《失物经过说明》,列出遗失物品清单	若遗失物品是旅行支票、信用卡等票证:在向公安机关报失的同时也要及时向有关银行挂失	若遗失物品已在国外办理财产保险:领取保险时需要证明,可以在公安局出入境管理处申请办理《财物报失证明》	若失主遗失的是入境时向海关申报的物品:要出示《中国海关行李申报单》	若将《中国海关行李申报单》遗失:要在公安局出入境管理处申请办理《中国海关行李申报单报失证》

持以上由公安局开具的所有证明,可供出海关时查验或向保险公司索赔

(2)国内游客丢失钱物的处理
①立即向公安局、保安部门或保险公司报案;②及时向接待社领导汇报;③若旅游团行程结束时仍未破案,可根据失主丢失钱物的时间、地点、责任方等具体情况做善后处理。

任务三　旅游者走失事故的处理

情景模拟 3-1

时间:2022 年 7 月 2 日

地点:清明上河园景区

人物:地陪小周、全陪小刘、领队金哲、旅游者恩熙、景区工作人员、饭店总台服务员

事件:旅行社小周接待韩国旅游团在清明上河园游览结束后,按计划在景区西大门集中返回。周某等客人在门口等了 20 分钟仍不见旅游者恩熙到来,其手机也处在关机状态。

角色扮演 3-1

(地陪小周组织寻找。)

小周:_____

小刘:好的,请大家在这里稍作等候,相信恩熙马上会回来的。

(30 分钟后寻找未果,请求景区广播寻人。)

小刘:_____

景区:好的,但是客人听得懂中文吗?

金哲:可以的,她的中文很好。

景区:好的,我们这就播。现在广播找人,来自韩国的恩熙小姐请注意,听到广播后请速到景区西大门,你的朋友正在那里等你。

(焦急等待中,地陪小周连线饭店总台服务员询问恩熙是否自行返回。)

小周:_____

饭店:请稍等,刚才楼层服务员去敲过门了,恐怕还没有回来。

小周:好的,谢谢!

(此时恩熙匆忙赶到。)

小周:_____

恩熙:很抱歉,我以为在东大门集合,让大家久等了。

(上车后小周对客人善意提醒。)

小周:_____

训练提示:游客在旅游景区走失时,一般按以下程序处理:①立即组织寻找,全陪留下照顾在场的旅游者,地陪和领队再带一两个与走失者较熟悉的旅游者抓紧寻找。②寻找的一般路线为:先在停车场周围寻找,接着到旅游景区出口处寻找,再按照游览路线的逆方向一个接一个景点寻找。③必要时请景区广播找人。④与旅游团下榻的饭店联系,询问客人是否已自行返回。⑤必要时向旅行社汇报并请求协助寻找。⑥无论什么原因,找到走失者都不可对其进行指责,必要时导游要高姿态自我批评。⑦在以后的游览活动中对走失者适当予以关照。⑧写出书面报告,详细记录旅游者走失经过、原因、寻找过程和采取的措施及旅游者的反应。

情景模拟 3-2

时间:2022 年 7 月 2 日

地点:成都

人物:地陪导游小钱、全陪小赵、领队约翰,客人罗宾、客人杰克、地接社刘总

事件:凌晨一点多,美国旅游团的罗宾打电话给该团领队约翰,告知同一房间的杰克还没回来。

角色扮演 3-2

(约翰立刻联系已回家休息的地陪小钱。)

约翰:_____

小钱:你们先不要着急,我马上赶到。

(小钱叫上小赵、约翰一起来到罗宾房间详细询问。)

小钱:杰克什么时候离开的呢?

罗宾:大约晚上 9 点的样子。

约翰:团里有谁知道他去哪里了吗?

罗宾:应该不知道,他一个人出去的。

小赵:那大概去了什么地方?

罗宾:当时好像听他说要去喝酒。

小钱:刚才我问过楼层服务员,他们也不知道杰克的去向。我们先不要声张,我马上请求旅行社的协助。

(小钱致电旅行社刘总。)

小钱:_____

刘总:不用着急,我马上再派人手和你们一起到他可能前往的地方寻找,必要时可以报告公安部门。

小钱:好的,到金地酒店门口汇合,越快越好,我们马上出发!

(小钱等人终于在九眼桥隔壁子酒吧发现了烂醉如泥的杰克。)

小钱:_____

(回到酒店大家帮助杰克清理干净后,小钱嘱咐罗宾。)

小钱:_____

(次日小钱请约翰委婉地批评杰克。)

约翰:_____

训练提示:旅游者在自由活动时间走失,一般按以下程序处理:①地陪应立即和领队、全陪组织寻找。②向走失者同住一屋的旅游者了解走失者离开酒店的时间和其外出的大概方向、地点。③必要时迅速报告旅行社和公安部门,尽量提供走失者特征和有关情况,请求协助寻找。④找到走失者之后,导游应表示安慰,问清情况,必要时提出善意批评,但不可过多指责。⑤写出书面报告。

师生互动

一、若有旅游者在大街小巷散发宗教宣传品或进行宗教宣传活动怎么办？

二、在旅游活动过程中旅游者对女性有越轨行为，导游如何处理？

项目考核

项　　目	要　　求	满分	得分
礼节礼貌	仪容仪表（头发、面容、手、指甲、服饰等）	10	
	行为举止（坐、立、行、手势、表情、礼貌用语等）	10	
角色扮演	书面材料（能完成规定的书面材料）	10	
	配合默契（角色之间配合自然流畅）	10	
	知识运用（能正确运用相关专业知识）	10	
	任务完成（能够完成特定情景下的工作任务）	10	
	学习态度（专心致志）	10	
师生互动	言之有理（针对问题能提出有价值的观点）	10	
	表达准确（口头表达能力）	10	
	参与热情（参与课堂的积极性）	10	
总　　分		100	

个人小结	

补充阅读
导游也应望闻问切

项目 22

旅游安全事故的处理

知识目标

了解旅游安全事故的类型；
熟悉旅游安全事故的预防措施；
掌握旅游安全事故的处理方法。

技能目标

能正确判断旅游安全事故的性质；
能有效预防旅游安全事故；
能妥善处理旅游安全事故。

微课观看

习题测试

判断题

1. 根据国家旅游局 2016 年 12 月 1 日开始施行的《旅游安全管理办法》,旅游突发事件是指突然发生,造成或者可能造成旅游者人身伤亡、财产损失,需要采取应急处置措施予以应对的自然灾害、事故灾难、公共卫生事件和社会安全事件。（　　）

2. 根据旅游突发事件的性质、危害程度、可控性以及造成或者可能造成的影响,旅游突发事件一般分为特别重大、重大、较大和轻微四级。（　　）

3. 各级旅游主管部门应当在同级人民政府的领导和上级旅游主管部门及有关部门的指导下,在职责范围内,依法对旅游安全工作进行指导、防范、监管、培训、统计分析和应急处理。（　　）

4. 旅游突发事件发生后,旅游经营者及其现场人员应当采取合理、必要的措施救助受害旅游者,控制事态发展,防止损害扩大。（　　）

5. 交通事故在旅游活动中偶有发生,不是导游所能预料、控制的。遇有交通事故发生,只要导游没负重伤,神智还清楚,就应立即采取措施,冷静、果断地处理,并做好善后工作。（　　）

怎样预防和处理旅游突发事件？

单选题

1. 旅游者 50 人以上 200 人以下滞留超过 24 小时,并对当地生产生活秩序造成较大影响,属于(　　)。
　　A. 特别重大旅游突发事件　　　　B. 重大旅游突发事件
　　C. 较大旅游突发事件　　　　　　D. 一般旅游突发事件

2. 客运车辆夜间行驶速度不得超过日间限速的(　　),并严禁夜间通行达不到安全通行条件的三级以下山区公路。
　　A. 60%　　　　B. 70%　　　　C. 80%　　　　D. 90%

3. 运输企业要积极创造条件,严格落实长途客运驾驶人停车换人、落地休息制度,确保客运驾驶人 24 小时累计驾驶时间原则上不超过(　　)小时,日间连续驾驶不超过(　　)小时,夜间连续驾驶不超过(　　)小时,每次停车休息时间不少于 20 分钟。以下选项中正确的是(　　)。
　　A. 8,4,2　　　　B. 6,4,2　　　　C. 9,6,3　　　　D. 10,6,3

多选题

1. 由于交通事故类型不同,处理方法也很难统一。一般情况下,导游应采取的措施包括(　　)。
　　A. 立即组织抢救　　　　　　B. 清理好现场
　　C. 立即报案　　　　　　　　D. 迅速向旅行社汇报
　　E. 做好旅游团的安抚工作

2. 很多交通事故是无法预测的,也不是导游所能控制的,但导游要与司机密切合作,做好( )。

A. 认真检查车辆　　　　　　　　B. 谨慎驾驶,不违章、不超速
C. 不疲劳驾驶　　　　　　　　　D. 代司机开车
E. 阻止司机酒后开车

 知识强化

根据原国家旅游局 2016 年 12 月 1 日开始施行的《旅游安全管理办法》,旅游突发事件是指突然发生,造成或者可能造成旅游者人身伤亡、财产损失,需要采取应急处置措施予以应对的自然灾害、事故灾难、公共卫生事件和社会安全事件。

根据旅游突发事件的性质、危害程度、可控性以及造成或者可能造成的影响,旅游突发事件一般分为特别重大、重大、较大和一般四个级别,见表 22-1。

表 22-1　旅游突发事件级别与情形

级　　别	情　　形
特别重大旅游突发事件	① 造成或者可能造成人员死亡(含失踪)30 人以上或者重伤 100 人以上; ② 旅游者 500 人以上滞留超过 24 小时,并对当地生产生活秩序造成严重影响; ③ 其他在境内外产生特别重大影响,并对旅游者人身、财产安全造成特别重大威胁的事件
重大旅游突发事件	① 造成或者可能造成人员死亡(含失踪)10 人以上 30 人以下或者重伤 50 人以上 100 人以下; ② 旅游者 200 人以上滞留超过 24 小时,对当地生产生活秩序造成较严重影响; ③ 其他在境内外产生重大影响,并对旅游者人身、财产安全造成重大威胁的事件
较大旅游突发事件	① 造成或者可能造成人员死亡(含失踪)3 人以上 10 人以下或者重伤 10 人以上 50 人以下; ② 旅游者 50 人以上、200 人以下滞留超过 24 小时,并对当地生产生活秩序造成较大影响; ③ 其他在境内外产生较大影响,并对旅游者人身、财产安全造成较大威胁的事件
一般旅游突发事件	① 造成或者可能造成人员死亡(含失踪)3 人以下或者重伤 10 人以下; ② 旅游者 50 人以下滞留超过 24 小时,并对当地生产生活秩序造成一定影响; ③ 其他在境内外产生一定影响,并对旅游者人身、财产安全造成一定威胁的事件

在旅游业务实践过程中,可能发生的旅游安全事故,主要包括交通事故、治安事故、火灾事故及其他原因造成的旅游者意外伤亡和财物损失。

一、交通事故

《中华人民共和国道路交通安全法》中对"交通事故"的定义如下:车辆在道路上因过错

或者意外造成的人身伤亡或者财产损失的事件。导游在给客人提供服务时要重视交通安全，也必须掌握必要的急救常识。为了尽可能避免在旅游过程中发生交通事故，导游应合理安排日程，以免司机为赶时间而开快车；提醒司机不开英雄车，不酒后开车，不开疲劳车；不在途中与司机交谈；导游即使有驾照，也不能帮司机开车。

二、治安事故

在旅游活动中，遇到歹徒行凶、诈骗、偷窃、抢劫等，导致旅游者身心及财物受到损害的，统称治安事故。旅行社应印发安全提示卡片，提醒旅游者不要将房间号告诉陌生人；不要让陌生人或自称饭店维修人员的人随便进入房间；不要与私人兑换外币；出入房间锁好房门，夜间不要贸然开门；贵重物品不要随身携带或放在房间内，可存入饭店总台保险柜；离开游览车时不要将证件或贵重物品遗留在车内。导游要始终与旅游者在一起，注意观察周围环境，经常清点旅游者人数；车行途中不得随意停车让无关人员上车，若有不明身份者拦车，导游应提醒司机不要停车。

三、火灾事故

旅游途中的火灾事故较多发生在酒店宾馆，其消防设施已有很大改进，降低了发生火灾的可能性和发生火灾后的危险性。一旦酒店宾馆发生火灾，旅游者的生命、财产就会遭到严重威胁。为防止火灾的发生，导游应提醒旅游者不要携带易燃、易爆物品；在客房内吸烟后一定要将烟头熄灭，不要随地乱扔；科学使用客房内的电器，不要使用自带的功率高的电器，以免超过整个酒店电压负荷；到达酒店后熟悉楼层结构和安全出口，仔细阅读客房门后的消防疏散线路图。

任务一　交通安全事故的处理

情景模拟 1

时间：2005 年 8 月 28 日
地点：210 国道陕西洛川县境内 787 公里处
人物：全陪小文、旅游者 25 名、司机、地陪、122 警员、组团社张总
事件：全陪小文带领一旅游团乘车前往延安参观。14:35，对面一辆满载 40 吨煤炭的大卡车突然超车，占道行驶，迎面撞上了旅游车。

角色扮演 1

（小文清醒过来时，发现司机和地陪已经罹难，自己左腿胫骨断裂，骨头外露，腰部以下部位卡在座位里不能动弹，小文立即拨打 122 报警求救。）
122：您好，这里是交通事故报警平台！

小文：_____

_____

122：好的，我们马上赶到！
（小文向组团社张总汇报情况。）
小文：_____

_____

张总：不惜一切代价全力抢救，我们会以最快的速度赶到。
（小文用尽全身力气大声安慰旅游者。）
小文：_____

旅游者：小文你怎么样了？
小文：没事，只是被卡住了动弹不得。
（救援人员赶到，准备抢救小文。）
小文：我是导游，请先救游客。
（伤员一个个被救走后，救援人员又一次来到她面前。）
小文：麻烦你们再仔细看看还有没有其他人在车上。
（救援人员果然又发现一名晕倒的旅游者，接着才锯断夹住小文的几把椅子，将她抬出被撞烂的汽车。）

训练提示：交通事故在旅游活动中时有发生，不是导游所能预料、控制的。遇有交通事故发生，只要导游没负重伤，神智还清楚，就应立即采取措施，冷静、果断地处理，并做好善后工作。由于交通事故类型不同，处理方法也很难统一。一般情况下，导游应采取如下措施。

(1) 立即组织抢救

交通事故出现伤亡，导游应沉着地组织抢救，让旅游者离开车辆，对伤者、特别是重伤员进行止血、包扎、上夹板等初步处理；立即呼叫救护车或拦车送伤员去附近医院抢救。

(2) 保护好现场

事故发生后，不要在忙乱中破坏现场，应指定专人保护现场，以便调查。

(3) 立即报案

出现交通事故，导游要尽快报告交通警察部门（交通事故报警台电话是122），请其派人前来调查处理；调查时，导游和司机要密切合作，实事求是地介绍事故发生时的情况，不得推诿责任，更不能无理取闹。

(4) 迅速向旅行社汇报

向旅行社报告事故的发生及旅游者伤亡状况，请求指示并派人来指挥事故的处理；要求派车来接安然无恙者和轻伤者回饭店或继续旅游活动。

(5) 做好旅游团的安抚工作

组织适合当时气氛的活动，多提供个性化服务，努力清除旅游者心理上的惊恐不安，稳定他们的情绪，力争继续按活动计划参观游览。事故原因查清后，要向全团成员说明情况。

(6) 写出书面报告

交通事故处理结束后，导游要写出书面事故报告。内容包括：事故的原因和经过；抢救经过、治疗情况；事故责任及对责任者的处理；旅游者的情绪及对处理的反应等。

很多交通事故是无法预测的,也不是导游所能控制的,但导游要与司机密切合作,尽力避免责任事故。

(1) 认真检查车辆

导游一定要有很强的安全意识,接待旅游者前,要提醒司机认真检查车辆,发现事故隐患要及时提出更换车辆的建议。

(2) 不违章、超速行驶

安排日程时在时间上要留有余地,不催促司机为抢时间赶日程而违章、超速行驶;要劝阻司机开"英雄车"。

(3) 谨慎驾驶

遇下雨、下雪、大雾时,结冰路滑时,交通拥挤、路况不好时,要提醒司机注意安全,谨慎驾驶。

(4) 阻止非本车司机开车

导游要阻止非本车司机开车,即使自己有大轿车驾驶证,也不得代司机开车。

(5) 阻止司机酒后开车

导游要提醒司机不饮酒;如遇司机酒后开车,要立即阻止,并向旅行社汇报,要求改派其他车辆或更换司机。

(6) 不疲劳驾驶

劝阻司机不疲劳驾驶;如果旅途长,导游要安排途中休息,途中不时与司机说说话、点支烟、给颗糖等,避免司机打瞌睡。

任务二 治安事故的处理

情景模拟 2

时间:2022 年 7 月 7 日
地点:世纪旅游商店
人物:地陪小孙、全陪小王、旅游者张先生、世纪旅游商店店主、旅行社胡总
事件:张先生在购物时因讨价还价与店主发生争执,结果被店主打得头破血流。

角色扮演 2

(旅游商店门口一片骚动,地陪小孙、全陪小王闻讯赶来。)
小孙:_____
店主:我没见过这样的客人,打的就是他这样的!
(小王立刻报警。)
小王:_____

小孙:张先生,您感觉如何?赶紧用这条毛巾捂紧伤口,我们马上送您去医院。
张先生:不要拦着我,我今天非要和他拼个你死我活。

小孙：_____
_____
（小孙向旅行社胡总报告。）
小孙：_____
胡总：马上让全陪送张先生到附近医院治疗，你在现场注意稳定大家的情绪，力争在场群众和公安人员的帮助，控制行凶店主。我马上过来处理，等下你继续带其他客人游览。
小孙：好的，我会小心的。

训练提示：导游在参观游览的过程中，遇到治安事故的发生，必须挺身而出，全力保护旅游者的人身安全。决不能置身事外，更不能临阵而逃。发现不正常的情况，立即采取行动。

（1）全力保护旅游者

遇到歹徒向旅游者行凶、抢劫，导游应该做到临危不惧，毫不犹豫地挺身而出，奋力与坏人拼搏，勇敢地保护旅游者。同时，立即将旅游者转移到安全地点，力争在场群众和公安人员的帮助缉拿罪犯，追回钱物，但也要防备犯罪分子携带凶器狗急跳墙。所以切不可鲁莽行事，要以旅游者的安全为重。

（2）迅速抢救

如果有旅游者受伤，应立即组织抢救，或送伤者去医院。

（3）立即报警

治安事故发生后，导游应立即向公安局报警，如果罪犯已逃脱，导游要积极协助公安局破案。要把案件发生的时间、地点、经过、作案人的特征，以及受害人的姓名、性别、国籍、伤势及损失物品的名称、数量、型号、特征等向公安部门报告清楚。

（4）及时向接待社领导报告

导游在向公安部门报警的同时要向接待社领导及有关人员报告。如情况严重，请求领导前来指挥处理。

（5）处理善后事宜

治安事件发生后，导游要采取必要措施稳定旅游者情绪，尽力使旅游活动继续进行下去，并在领导的指挥下。准备好必要的证明、资料，处理好受害者的补偿、索赔等各项善后事宜。

（6）写出书面报告

事后导游要按照有关要求写出详细、准确的书面报告。

治安事故的预防 导游在接待工作中要时刻提高警惕，采取一切有效的措施防止治安事故的发生。

（1）入住饭店时，导游应建议旅游者将贵重的财物存入饭店保险柜。不要随身携带大量现金或将大量的现金放在客房内。

（2）提醒旅游者不要将自己的房号随便告诉陌生人；更不要让陌生人或自称饭店维修人员的人随便进入自己的房间；尤其是夜间绝不可贸然开门，以防意外；出入房间一定要锁好门。

（3）提醒旅游者不要与私人兑换外币，并讲清我国外汇管理规定。

（4）每当离开游览车时，导游都要提醒旅游者不要将证件或贵重物品遗留在车内。旅游者下车后，导游要提醒司机锁好车门，关好车窗，尽量不要走远。

（5）在旅游景点活动中，导游要始终和旅游者在一起，随时注意观察周围的环境，发现可疑的人，或在人多拥挤的地方，提醒旅游者看管好自己的财物，如不要在公共场合拿出钱包,最好不买小贩的东西(防止物品被小贩偷去),并随时清点人数。

(6)汽车行驶途中,不得停车让非本车人员上车、搭车;若遇不明身份者拦车,导游应提醒司机不要停车。

任务三　火灾事故的处理

情景模拟 3

时间:2006 年 3 月 18 日
地点:新侨饭店
人物:地陪小安、全陪小康、领队史蒂夫、旅游者、119 警员
事件:某旅游团一行 30 人住在新侨饭店三楼,当晚 19:40,饭店突然起火,所幸当时部分客人已外出。

角色扮演 3

(小安立即拨打 119 报警。)
小安:＿＿＿＿＿＿＿＿＿＿＿＿＿＿＿＿＿＿＿＿＿＿＿＿＿＿＿＿＿＿＿＿＿＿＿
119:好的,我们马上赶到。
(小安迅速组织团队成员撤离。)
小安:小康、史蒂夫,还有没有人在房间里?
史蒂夫:没有了。
小康:我们刚才已经把他们都叫出来了。
(两名旅游者准备乘坐电梯下楼。)
小安:＿＿＿＿＿＿＿＿＿＿＿＿＿＿＿＿＿＿＿＿＿＿＿＿＿＿＿＿＿＿＿＿＿＿＿
(走廊里浓烟弥漫。)
小安:＿＿＿＿＿＿＿＿＿＿＿＿＿＿＿＿＿＿＿＿＿＿＿＿＿＿＿＿＿＿＿＿＿＿＿
＿＿＿＿＿＿＿＿＿＿＿＿＿＿＿＿＿＿＿＿＿＿＿＿＿＿＿＿＿＿＿＿＿＿＿＿＿＿＿
(前方一名旅游者身上着火了。)
小康:＿＿＿＿＿＿＿＿＿＿＿＿＿＿＿＿＿＿＿＿＿＿＿＿＿＿＿＿＿＿＿＿＿＿＿
(救援人员赶到。)
小安:那边还有几位客人,我带你们去。
史蒂夫:大家挺住,不要慌!
(在门前广场,小康突然接到一位旅游者的电话。)
旅游者:我还在房间里面,这里好热啊!我该怎么办啊?呜……
小康:＿＿＿＿＿＿＿＿＿＿＿＿＿＿＿＿＿＿＿＿＿＿＿＿＿＿＿＿＿＿＿＿＿＿＿
＿＿＿＿＿＿＿＿＿＿＿＿＿＿＿＿＿＿＿＿＿＿＿＿＿＿＿＿＿＿＿＿＿＿＿＿＿＿＿

(经过导游和救援人员的通力协作,旅游者全部获救。)

训练提示：当发生火灾时,导游应采取的措施如下。

(1) 立即报警,迅速撤离　一旦发现火灾,导游应立即报警并迅速通知全陪、领队和全体旅游者迅速撤离。镇定地与工作人员配合,听从统一指挥,组织大家通过安全出口迅速离开现场。

(2) 判断火情,引导自救　如果情况危急,不能马上离开火灾现场或被困,导游应采取的正确做法是:①千万不能让旅游者搭乘电梯或慌乱跳楼。尤其是在三层以上的旅游者,切记不要跳楼;②用湿毛巾捂住口、鼻,尽量身体重心下移,使面部贴近墙壁、墙根或地面;③必须穿过浓烟时,可用水将全身浇湿或披上用水浸湿的衣被,捂住口鼻,贴近地面蹲行或爬行;④若身上着火了,可就地打滚,将火苗压灭,或用厚重衣物压灭火苗;⑤大火封门无法逃脱时,可用浸湿的衣物、被褥将门封堵塞严,或泼水降温,等待救援;⑥当见到消防队来灭火时,可以摇动色彩鲜艳的衣物为信号,争取救援。

(3) 协助处理　旅游者得救后,导游应立即配合救援人员抢救伤员,将重伤者立即送往医院。若有人员死亡,应按有关规定处理。

(4) 报告领导　立即通知旅行社领导和有关人员。

(5) 做好善后事宜,写出书面报告

采取各种措施,稳定旅游者的情绪,设法解决因火灾造成的生活上的各种困难,想办法使旅游活动能继续进行。火灾过后,导游应将火灾的全过程写出详细的书面报告。

旅途中发生火灾,后果严重,给旅游者带来极大的损失和不幸。为防止火灾发生,导游应注意以下几点。

(1) 做好提醒工作提醒旅游者不携带易燃、易爆物品;不乱扔烟头和火种,不要躺在床上吸烟;向旅游者讲清,在托运行李时应按运输部门有关规定去做,不得将不准作为托运行李运输的物品夹带在行李中。只有这样,才能尽可能地减少火灾。

(2) 熟悉饭店的安全出口和转移路线。导游人员带领旅游者住进饭店后,在介绍饭店内的服务设施时,必须介绍饭店楼层的太平门、安全出口、安全楼梯的位置,并提醒旅游者进入房间后,看懂房门上贴的安全转移路线示意图,掌握失火时应走的路线。

(3) 导游一定要牢记火警电话;掌握领队和全体旅游者的房间号码。一旦火情发生,能及时通知旅游者。

师生互动

一、在旅游途中如何预防和处理旅游者食物中毒事件?

_____
_____
_____

二、导游如何做好旅游者自由活动时的安全提醒?

_____
_____
_____

项目考核

项 目	要 求	满分	得分
礼节礼貌	仪容仪表（头发、面容、手、指甲、服饰等）	10	
礼节礼貌	行为举止（坐、立、行、手势、表情、礼貌用语等）	10	
角色扮演	书面材料（能完成规定的书面材料）	10	
角色扮演	配合默契（角色之间配合自然流畅）	10	
角色扮演	知识运用（能正确运用相关专业知识）	10	
角色扮演	任务完成（能够完成特定情景下的工作任务）	10	
角色扮演	学习态度（专心致志）	10	
师生互动	言之有理（针对问题能提出有价值的观点）	10	
师生互动	表达准确（口头表达能力）	10	
师生互动	参与热情（参与课堂的积极性）	10	
总 分		100	

个人小结	

补充阅读

火海逃生的十大对策

补充阅读

旅途患病的应急处理

模块六　旅途才艺展示

　　为了使旅途充满乐趣，导游人员可以通过个人才艺表演、旅途游戏开展，激发旅游者的兴趣，活跃旅游的氛围，增进旅游团队成员之间的友谊，给旅游者留下美好难忘的回忆。这些表演和游戏的开展必须根据导游人员的自身情况和旅途的具体条件采取不同的形式和方法，并能针对不同旅游者合理调整，随机应变，为整个旅游行程的开展起到锦上添花的作用。

项目 23

个人才艺表演

知识目标

了解导游旅途才艺的主要类型；
掌握导游旅途才艺的基本要领。

技能目标

能成功表演个人才艺。

微课观看

习题测试
判断题

1. 为了活跃旅途氛围,拉近与旅游者之间的距离,导游人员可以选择恰当的时机适当表演才艺。有些旅游者在旅途之初总是略显矜持,这时导游人员一定要有的放矢,尽全力说服更多旅游者参加。（　　）

怎样选择与表演导游才艺？

2. 讲故事、说笑话是导游人员常用的才艺形式,也是导游人员出色口才的一种表现。为了凸显效果,讲故事、说笑话环节一般单独进行。（　　）

3. 讲故事、说笑话,实际上是一个讲述者把自己的感受转移到听众从而引起心理共振的过程。这主要取决于讲述者的理解、处理、传达,而与听众的文化层次、地域习惯、生活经验关系不大。（　　）

4. 朗诵就是把文字作品转化为有声语言的创作活动。朗,即声音的清晰、响亮;诵,即背诵。朗诵,就是用清晰、响亮的声音,结合各种语言手段来完善地表达作品思想感情的一种语言艺术。（　　）

5. 导游人员为旅游者唱歌能够活跃旅游气氛,丰富旅行生活。如果导游人员在唱歌时还可适当加入个性化的发挥,如自编歌曲,改编歌词等,极易引起旅游者的共鸣。（　　）

6. 一般初学者唱歌,在唱到高音时会用力喊叫,这样歌声往往比较刺耳。这时应适度打开咽喉,并放松舌根和下颚,尽量放开音量来唱,使声音显得更加洪亮。（　　）

单选题

1. 下列关于讲故事、说笑话的说法,错误的是（　　）。
    A. 讲故事、说笑话是导游人员常用的才艺形式,也是导游人员出色口才的一种表现
    B. 讲故事、说笑话很多时候不必单独进行,可以穿插在导游讲解的过程中
    C. 讲好一个故事,能让旅游者身临其境,回味无穷;说好一个笑话,又能让旅游者精神愉悦,心情放松
    D. 导游人员讲故事、说笑话时所选内容可以天南地北,无所不包,不必受到限制

2. 关于朗诵作品《将进酒》,下列注音错误的是（　　）。
    A.《将(qiāng)进酒》
    B. 陈王昔时宴平乐(yuè)
    C. 主人何为言少钱,径(jìng)须沽取对君酌
    D. 呼儿将(jiāng)出换美酒,与尔同销万古愁

多选题

在朗诵的过程中,导游人员应该做到（　　）。
A. 理解主题,把握基调
B. 吐字清晰,感情饱满
C. 抑扬顿挫,张弛有度
D. 运用体态,表情达意

 知识强化

导游人员应结合自身兴趣和条件,培养适合自己的个人才艺,以便在带团过程中进行适

203

当的表演。有些旅游者在旅途之初总是略显矜持,不愿意表现自己。这时导游人员也不能生拉硬扯,而应该通过个人才艺表演,吸引旅游者的注意力,抛砖引玉,鼓励更多的旅游者参与。导游人员多种才艺表演的综合运用,必将整体提升自身形象,拉近与旅游者之间的距离。

一、讲故事、说笑话

讲故事、说笑话是导游人员常用的导游方法,也是导游人员出色口才的一种表现。讲好一个故事,能让旅游者身临其境,回味无穷;说好一个笑话,又能让旅游者精神愉悦,心情放松。导游人员讲故事、说笑话时所选内容必须是健康积极的,不得散布荒诞、迷信、恐怖甚至是反动、色情的内容,不得编造或传播有关现行制度、方针、政策和国家领导人有关的所谓"政治笑话",即使是民间的故事,也应该是追求光明、幸福,揭露阴暗、邪恶的内容。

二、朗诵

朗诵就是把文字作品转化为有声语言的创作活动。朗,即声音的清晰、响亮;诵,即背诵。朗诵,就是用清晰、响亮的声音,结合各种语言手段来完善地表达作品思想感情的一种语言艺术。朗诵是一门艺术,也是一项创造性的活动,是人类文明现象中的重要一环。朗诵是一个复杂的系统性工程。朗诵不仅仅是口耳艺术,它还综合了其他门类艺术的特点。

旅途中导游人员可针对不同的旅游者选定适合自己的文学作品。把握好时机,注意场合和氛围,恰到好处地为旅游者进行朗诵,有效增添旅途的情趣。朗诵时一方面要深刻透彻地把握作品的内容,另一方面要合理地运用各种艺术手段,准确地表达作品的内在含义。

(一)停顿

停顿指语句或词语之间声音上的间歇。停顿一方面是由于朗诵者在朗诵时生理上的需要;另一方面是句子结构上的需要;再一方面是为了充分表达思想感情的需要;同时,也可给听者一个领略、思考、理解和接受的余地,帮助听者理解文章含义,加深印象。停顿包括生理停顿、语法停顿、强调停顿。

1. 生理停顿

生理停顿即朗诵者根据气息需要,在不影响语义完整的地方做一个短暂的停歇。要注意,生理停顿,不要妨碍语意表达,不能割裂语法结构。

2. 语法停顿

语法停顿是反映一句话里面的语法关系的,在书面语言里就反映为标点。一般来说,语法停顿时间的长短同标点大致相关。例如,句号、问号、叹号后的停顿比分号、冒号长;分号、冒号后的停顿比逗号长;逗号后的停顿比顿号长;段落之间的停顿则长于句子之间停顿的时间。

3. 强调停顿

为了强调某一事物，突出某个语意或某种感情，而在书面上没有标点、在生理上也可不做停顿的地方做了停顿，或者在书面上有标点的地方做了较大的停顿，这样的停顿我们称为强调停顿。强调停顿主要是靠仔细揣摩作品，深刻体会其内在含义来安排的。

（二）重音

重音是指朗诵、说话时句子里某些词语念得比较重的现象。一般用增加声音的强度来体现。重音有语法重音和强调重音两种。

1. 语法重音

在不表示什么特殊的思想和感情的情况下，根据语法结构的特点，而把句子的某些部分重读的，叫语法重音。语法重音的位置比较固定，常见的规律是：一般短句子里的谓语部分常重读；动词或形容词前的状语常重读；动词后的补语常重读；名词前的定语常重读；有些代词也常重读。如果一句话里成分较多，重读也就不只一处，往往优先重读定语、状语、补语等连带成分。

2. 强调重音

强调重音指的是为了表示某种特殊的感情和强调某种特殊意义而故意说得重一些的音，目的在引起听者注意自己所要强调的某个部分。语句在什么地方该用强调重音并没有固定的规律，而是受说话的环境影响。语法重音较容易找到，在一句话的范围内，根据语法结构的特点就可以确定，而强调重音的确定却与朗诵者对作品的钻研程度、理解程度紧密相连。

（三）语速

语速是指说话或朗诵时每个音节的长短及音节之间连接的紧松。说话的速度是由说话人的感情决定的，朗诵的速度则与文章的思想内容相联系。一般来说，热烈、欢快、兴奋、紧张的内容速度快一些；平静、庄重、悲伤、沉重、追忆的内容速度慢一些。而一般的叙述、说明、议论则用中速。

（四）句调

在汉语中，字有字调，句有句调。我们通常称字调为声调，是指音节的高低升降。而句调我们则称为语调，是指语句的高低升降。句调是贯穿整个句子的，只是在句末音节上表现得特别明显。句调根据表示的语气和感情态度的不同，可分为四种：升调、降调、平调、曲调。升调（↑）前低后高，语势上升。一般用来表示疑问、反问、惊异等语气。降调（↓）前高后低，语势渐降。一般用于陈述句、感叹句、祈使句，表示肯定、坚决、赞美、祝福等感情。平调语势平稳舒缓，没有明显的升降变化，用于不带特殊感情的陈述和说明，还可表示庄严、悲痛、冷淡等感情。曲调全句语调弯曲，或先升后降，或先降后升，往往把句中需要突出的词语拖长着念，这种句调常用来表示讽刺、厌恶、反语、意在言外等语气。

三、唱歌

导游人员为旅游者唱歌能够活跃旅游气氛,丰富旅行生活。导游人员在唱歌时可适当加入个性化的发挥,如自编歌曲,改编歌词等极易引起旅游者的共鸣。导游人员不是专业歌唱演员,但是也应该具备必要的歌唱基础知识。

(一)唱歌姿势

正确的唱歌姿势,不仅是歌唱者良好的心态的表现,而且关系到气息的运用,共鸣的调节以及歌唱的效果。在训练时,应让学生养成良好的演唱习惯,做到两眼平视有神,下颌内收,颈直不紧张,脊柱挺直,小腹微收,腰部稳定。

(二)正确呼吸

在做呼吸练习时,先做好正确的演唱姿势,眼望远处,从内心到面部的表情都充满情意,然后痛快地叹一口气,使胸部放松。吸气时,口腔稍打开,硬软腭提起,并与提眉动作配合,将腰围向外松张,让气自然地、流畅地流进,使腰、后背都有气感,胸部也就自然有了宽阔的感觉。但呼气时不准过深,否则使胸、腹部僵硬,影响发声的灵活和音高的准确,吸气时不要有声响,反之不仅影响歌唱的艺术效果,还会使吸气不易深沉,影响气息的支持,所以在日常生活中要养成两肋扩张,小腹微收的习惯。

(三)科学发声

学习唱歌必须从最基本的发声练习开始。可以做气息支点的练习,体会息与声的配合,利用科学的哼唱方法,体会并调节自己的歌唱共鸣。学会张开嘴巴唱歌,上下齿松开,有下巴松松的"掉下来的感觉",舌尖松松地抵下牙。唱八度音程时,从低到高,母音不断裂连起来唱,口咽腔同时从小到大张开。通过气息通畅的配合,发出圆润、通畅、自如的声音。

(四)咬字吐字

发音练习的目的,归根到底是为了更完善地演唱歌曲,所以必须要注意咬字、吐字的清晰,明确语言的结构规律,将歌曲曲调与咬字吐字结合起来练习。练唱时,将每个字按照出声引长归韵的咬字方法,先念几遍,再结合发声练习,以字带声,力求做到字正腔圆,声情并茂。

四、魔术

魔术是指能够产生特殊幻影的戏法。即以迅速敏捷的技巧或特殊装置把实在的动作掩盖起来,而使观众感到奇幻莫测。就广义的来说,凡是呈现于视觉上不可思议的事,都可称为魔术。而我们下功夫去学习,然后让人们去观看这种不可思议的现象,就是表演魔术,目前魔术分成道具派和手法派两大派系。

（一）道具派

利用魔术道具来表演的魔术师，就属于道具派，舞台魔术的表演者，大都属于道具派的魔术师。国外有一些专门研发魔术道具的公司，当他们研发出新的道具的时候，就会发表在魔术期刊上，让一些魔术师知道有新的道具问世。有兴趣的魔术师就可以去洽谈价格，用彼此可以接受的价格买到这些魔术道具，魔术道具公司为了保障魔术师的权利，通常会限量发行这些道具。

购买这些道具时，双方会签订一份合约，有一定的时效性来保护购买道具的魔术师，等时效一过，魔术公司可能会大量生产，卖给其他二线的魔术师。优先买到这些魔术道具的魔术师，就会开始在世界各地进行表演，因为这是新的魔术，所以通常会很快吸引观众的注意力。

魔术道具里面一定会有机关，这个机关只有表演者和他的助手知道，通常只要知道这个机关的人，就可以表演这个魔术，很多道具魔术都不需太多苦练，就可以表演，在舞台上可以产生莫大的视觉感官冲击，所以很多"伟大魔术师"，都会采用道具魔术的方式进行表演，成名也比较快。

（二）手法派

顾名思义，手法派表演魔术大都借助手法来表演。常见的街头魔术师，和桌面上的即席魔术师，大都属于手法类魔术师，当然有些舞台魔术也会用到手法来表演。手法魔术典型的代表就是空手出牌、四币集合、八仙过海之类的魔术，这些魔术完全是靠手法来完成的，只要有纯熟的手法，不需要太特殊的道具，就可以做出相当惊人的魔术效果，不过这类的魔术通常需要苦练一段时间，才上得了台面，正因为如此，除非是专业魔术师，很多人通常练习到一半就会半途而废。

不过手法类魔术对一个喜欢魔术的人来说，是可以获得莫大成就感的。试想一个困难的魔术手法，经过不断地练习，最后变得出神入化，那带来的喜悦感是非常持久的。手法魔术代表性的人物是最近爆红的刘谦、郭安迪，他们都是手法魔术的佼佼者。

任务一　讲故事、说笑话

情景模拟 1

时间：2022 年 10 月 1 日
地点：旅游大巴
人物：全陪、全团旅游者
事件：南京某旅行社组织教师旅游团一行 36 人前往福建太姥山旅游，你作为全陪，旅途中打算通过讲故事、说笑话调节气氛。

角色扮演1

全：_____

_____

_____

_____

_____

_____

_____

_____

_____

_____

_____

训练提示：导游人员在讲故事、说笑话方面的能力，实际上是一种综合修养，反映出一个人在伦理道德、心理学、行为学、修辞学、逻辑学等多方面的修养。这种修养不是一朝一夕可以练就的，需要长期地反复地磨炼和实践。以下几条建议仅供参考。

（1）镇定自若、从容不迫

讲故事、说笑话的人，一定要沉得住气。只有对故事、笑话的结构、意义有了清楚的认识，在讲述的过程中，才能适当渲染，制造悬念。

郭达与蔡明曾演过一个小品。小品中郭达教蔡明讲"动脑筋急拐弯"的技巧。郭达说："红豆绿豆一块儿炒，倒出锅时红的绿的各在一边，怎么回事？"答案是，锅内只炒了两粒豆，一粒红豆，一粒绿豆。蔡明学着说："我把一粒红豆与一粒绿豆放锅里炒，为什么倒出来一半红的一半绿的？"先把"结果"说出来了，人们便失去了深究下去的兴趣。讲故事、说笑话的道理，跟演小品、说相声的道理几乎一样。

（2）富于联想、切中话题

大多数时候，人们所谈论的话题，本身并无可笑之处，如果长此以往，说话就越来越乏味。如果我们富于联想，能从当前的话题引发出一些相关的笑料，不时地"滑"到旁枝上去，就使谈话立刻有了趣味。

【例】 护士："你父亲做了心脏手术，现在情况怎么样？"儿子："噢，他还好，但他说他有两颗心脏在跳。"护士："那就对了，做手术的外科医生正在寻找他的手表呢。"

【例】 主治医生大发雷霆："这已是你这个月里损坏的第三个手术台了，史密斯先生，请你以后开刀不要开得这么深。"

讲笑话不宜直接说"下面我给大家讲个笑话"，最好是抓住当前的话题加以引申，让人在不知不觉间听到笑话。联想越丰富，引发的笑料越多。笑话与话题的切合点找得越准，笑话的效果越充分。

（3）因人而异、投其所好

讲故事、说笑话的过程，实际上是一个讲述者把自己的感受转移到听众从而引起心理共振的过程。这不仅取决于讲述者的理解、处理、传达，而且与听众的文化层次、地域习惯、生活经验有关系。

【例】 化学家求婚:"我是氧原子O,你是氢原子H,我们的结合就像水（H_2O）一样稳定。"女友立即责问道:"快说,另外一个H在哪里?"

这个笑话能令人联想到化学家的"迂"和女友的"醋",但如果讲给从未学过化学的人听,他就可能不知所云,对你的笑话表现出麻木。

【例】 某人赴宴迟到,匆忙入席后,一看烤乳猪就在面前,大为高兴:"真好,我坐在肥猪的旁边。"话刚出口,才发觉身旁一位肥胖的女士在怒目瞪着他,于是连忙满脸堆笑地解释:"当然,我是指烤好的那只。"

这则笑话,既笑"胖妇",又笑"某人"的"聪明反被聪明误"。如果你把这个笑话讲给一个"胖妇"听,遭骂就在所难免。

(4) 因地制宜、见缝插针

故事、笑话或嘲或讽,或辣或刺,或警或劝,就其内在的风格而言,又有深刻与肤浅、庄重与戏谑、严肃与轻松的区别。精心选取那些与现场气氛相吻合的材料,才能使你的讲述不破坏原有的和谐,显得天衣无缝。

【例】 三个外科医生争夸自己的医术。第一个说:"我给一个男人接上了胳膊,他现在是全国有名的棒球手。"第二个说:"我给一个男人接好了腿,他现在是世界著名的长跑运动员。""你们说的都不算什么奇迹,"第三个说,"我为一个白痴接上了笑容,他现在已经是国会议员了。"

(5) 选材鲜活、推陈出新

故事、笑话易于传播,为广大群众喜闻乐见,不少已深入人心,妇孺皆知。如果你开了头,别人就知道结尾,那么这个故事或笑话就失去了功效,所以我们应该选择那些较为鲜活的素材。

【例】 妻子将丈夫打到床底下去了,妻子命令他出来,丈夫说:"男子汉,大丈夫,不出来就是不出来。"丈夫惧内,是世界各国较为普遍的笑话。本例是中国民间的传统笑话,流传较广。

【例】 士兵集合时,排长下达命令:"怕老婆的,请站到左边去。"结果右边只剩下一个士兵。排长走过来拍拍他的肩膀:"小伙子,好样的。"这名士兵说:"我老婆说,人多的地方不要去。"本例是新翻译过来的外国笑话,较有新意。

(6) 善于改造,引人入胜

现在较为流行的笑话是对话体笑话,多以书面语言的形式载于各类报纸杂志。如果想把读到的笑话,传达给别人,就必须经过调整、补充,把它们改造成口头语言的故事体笑话。

【例】 "先生,请不要在店内吸烟。""那你们店内干吗要卖烟?""我们这里还卖手纸呢。"可改造为:某青年在一家开有空调的商场抽烟,把商场弄得烟雾缭绕。商场经理跑过来,好言相劝:"先生,请不要在店里抽烟。"这个青年反问说:"既然不准抽烟,为什么你们要卖烟呢?"经理一时找不到话来回击他。这时,一个女营业员说:"我们这里还卖卫生纸呢。"

【例】 "一个当他讲错了就认错的人,"演讲家说,"是个聪明人,但是当他对了也说错的人……""就是个结了婚的人!"一个听众气愤地说。可改造为:一个演讲家正在演讲,他说:"一个当他讲错了就认错的人,是个聪明人;但是当他对了也认错的人,就是个……"这时,一个听众接过话来,说:"就是个结了婚的人!"

把对话体改为故事体,适当调整一下语序,并扩展一些情节,增加了说笑话的可操作性,便于把接受者的视觉效应转化为听觉效应。此法也适用于用口头语言对漫画作品的"翻译"。

任务二　朗诵

情景模拟2

时间:2022年10月1日
地点:旅游大巴
人物:全陪、全团旅游者
事件:南京某旅行社组织教师旅游团一行36人前往福建太姥山旅游,应旅游者要求,需要进行一段朗诵表演。

角色扮演2

全:_____
_____
_____
_____
_____
_____
_____
_____
_____

训练提示:

(1) 理解主题、把握基调

相　思
作者:王维
红豆生南国,春来发几枝?
愿君多采撷,此物最相思。

这是借咏物而寄相思的诗。一题为《江上赠李龟年》,可见是眷怀友人无疑。起句因物起兴,语虽单纯,却富于想象;接着以设问寄语,意味深长地寄托情思;第三句暗示珍重友谊,表面似乎嘱人相思,背面却深寓自身相思之重;最后一语双关,既切中题意,又关合情思,妙笔生花,婉曲动人。

全诗洋溢着少年的热情,青春的气息,满腹情思始终未曾直接表白,句句话儿不离红豆,把相思之情表达得入木三分。王维很善于提炼这种素朴而典型的语言来表达深厚的思想感情。在朗诵时需要准确把握这种感情基调,不能局限于对红豆的直白描写,而应该融入对该首诗的理解,力图引起听者的共鸣。

(2)吐字清晰,情感丰富

虞美人

作者:李煜

春花秋月何时了,往事知多少!小楼昨夜又东风,故国不堪回首月明中。

雕栏玉砌应犹在,只是朱颜改。问君能有几多愁?恰似一江春水向东流。

吐字清晰是准确表达内容的重要前提,同时也是展现有声语言艺术的一个重要手段。根据需要,有的内容要铿锵有力,有的就要见微知著。这是一首思乡怀旧的诗词,表现在"何时了""知多少"的感叹,"不堪回首"的无奈和"恰似一江春水"的情怀,读到"向东流"的时候,要有心随流水而去的感觉。

(3)抑扬顿挫、张弛有度

陋室铭

作者:刘禹锡

山不在高,有仙则名。水不在深,有龙则灵。斯是陋室,惟吾德馨。苔痕上阶绿,草色入帘青。谈笑有鸿儒,往来无白丁。可以调素琴,阅金经。无丝竹之乱耳,无案牍之劳形。南阳诸葛庐,西蜀子云亭。孔子云:"何陋之有?"

朗诵时,要站在作者的角度,既清高又儒雅,始终贯穿对世俗权贵不屑一顾的语气。要注意拖音,停顿的技巧在充分理解词义的基础上进行发挥,尤其结尾用张扬的语势强调"何陋之有",甚至可以反复品味孔夫子的话,以傲然大笑来结束。

(4)运用体态、表情达意

将进酒

作者:李白

君不见黄河之水天上来,奔流到海不复回。

君不见高堂明镜悲白发,朝如青丝暮成雪。

人生得意须尽欢,莫使金樽空对月。

天生我材必有用,千金散尽还复来。

烹羊宰牛且为乐,会须一饮三百杯。

岑夫子,丹丘生,将进酒,杯莫停。

与君歌一曲,请君为我侧耳听。

钟鼓馔玉何足贵,但愿长醉不复醒。

古来圣贤皆寂寞,惟有饮者留其名。

陈王昔时宴平乐,斗酒十千恣欢谑。

主人何为言少钱,径须沽取对君酌。

五花马,千金裘,呼儿将出换美酒,与尔同销万古愁。

体态语,又称副语言,是人们用来辅助有声语言进行达意的有效手段。会用者,朗诵效果如虎添翼;不会用者,朗诵效果不仅画蛇添足,而且会影响朗诵主体的表达。在《将进酒》

开始时,目光可以投向高远处,在朗诵到"天"字时,可以侧举胳膊,展开手掌,然后随着语流的行进方向相反方向的下侧挥动,眼神也相应地跟上。这一体态语的运用,可以使黄河之水由上游奔流到海的过程更加形象化,同时在体态语的配合下,河水奔流的气势也得以增强。

任务三　唱歌

情景模拟 3

时间:2022 年 10 月 1 日

地点:旅游大巴

人物:全陪、地陪、全团旅游者

事件:南京某旅行社组织教师旅游团一行 36 人前往福建太姥山旅游,地陪接团后,应旅游者要求,需要进行一段歌唱表演。

角色扮演 3

地:

训练提示:可参考本项目补充阅读,选择适合的歌曲。歌唱发声,是歌唱技术中的一个重要方面。歌唱时,常因为发声不正确而影响到唱歌的表现,因此我们必须根据自身情况逐一纠正。

(1) 纠正喊叫。一般初学者唱歌,在唱到高音时会用力喊叫,这样歌声往往比较刺耳,也容易沙哑。这时应适度打开咽喉,并放松舌根和下颚,暂时用中等音量来唱,使声音圆润自如。

(2) 纠正喉音。喉音在声乐上是指声音被压在了喉咙里。这时要调整好呼吸,放松舌根和下颚,唱歌时可用手摸下颚和舌根之间的肌肉是否放松,把声音的振动位置从喉部移到口腔上前方,使声音唱起来轻松,明亮而圆润。

(3)纠正鼻音。鼻音是由于软腭无力地塌下,声音波大部分流入鼻子而造成的。用鼻音唱歌,会影响到歌声的表现力。要调整好呼吸,咽喉适度打开,下颚放松,特别注意将软腭自然向上提起,调整到气息不从后鼻钻入鼻子,使声音在口腔的上前方振动,获得明亮的色彩。

(4)纠正高音。高音唱不上去,主要是由于呼吸、喉头声带和共鸣位置这三个方面没有配合得当。要从原理上明白唱低、中、高音时呼吸、喉头声带和共鸣位置的配合。唱低音时,共鸣主要在胸腔和口腔,唱中音时,共鸣主要在口腔、咽腔,唱高音时共鸣主要在头腔。要多练中声区的声音,打好基础。用音阶练唱高音,声音越往高走,下颚越要放下。

任务四　魔术

情景模拟 4

时间:2022 年 10 月 1 日

地点:旅游大巴

人物:全陪、地陪、全团旅游者

事件:南京某旅行社组织教师旅游团一行 36 人前往福建太姥山旅游,地陪接团后,为活跃旅途氛围,打算为旅游者表演一段魔术。

角色扮演 4

地:

训练提示：对于导游人员而言，建议综合道具派和手法派的优点，选择难度适中的魔术进行表演，能够很快现学现卖，不会因为表演失败而产生挫折感，还应该考虑魔术的趣味性，力图通过表演给旅途带来更多的快乐。

魔术的表演艺术是指表演者表演形态的艺术性。表演艺术的训练，要从"手、眼、身、法、步"开始。手：指变幻手法和各种手势。所以不但要训练手法的灵活敏捷，而且必须合于美的要求。眼：指表演者的精气神和内在气质而言，这些内容只有通过眼神和面部表情才能体现出来。身：指表演者的身段和表演形态。所以必须进行形体训练，魔术表演者的表演形态要自然大方、美观洒脱，既能巧妙地掩盖魔术的秘密，又要显示形体美，富于艺术魅力。法：可专指变幻手法和表演方法，在训练中要刻意求新，富有情趣。步：指表演者活动的步法。表演者在表演中的位置移动，都需要有一定的步法。其步法与生活实际是有区别的，要讲究舞蹈性、节奏感。

师生互动

一、旅游者要听"黄色笑话"导游人员该怎么办？

二、导游人员试图开玩笑时导致旅游者不快怎么办？

项目考核

项 目	要 求	满分	得分
礼节礼貌	仪容仪表(头发、面容、手、指甲、服饰等)	10	
	行为举止(坐、立、行、手势、表情、礼貌用语等)	10	
角色扮演	书面材料(能完成规定的书面材料)	10	
	配合默契(角色之间配合自然流畅)	10	
	知识运用(能正确运用相关专业知识)	10	
	任务完成(能够完成特定情景下的工作任务)	10	
	学习态度(专心致志)	10	
师生互动	言之有理(针对问题能提出有价值的观点)	10	
	表达准确(口头表达能力)	10	
	参与热情(参与课堂的积极性)	10	
总 分		100	

个人小结	

补充阅读

导游带团歌唱曲目

补充阅读

导游带团经典魔术

项目 24

旅途游戏的开展

> **知识目标**
>
> 了解旅途游戏的基本类型;
> 掌握各类旅途游戏的要领。

> **技能目标**
>
> 能成功开展旅途游戏。

微课观看

习题测试

判断题

1. 带团过程中,为了保证旅途游戏效果,导游人员和旅游者应站到车辆前部表演。（　　）

2. 谜语是指暗射文字、事物让人根据字面说出答案的隐语。猜谜语是一项文雅、益智、轻松、愉快的语言游戏。谜语最初起源于民间口头文学,是我们的祖先在长期生产劳动和生活实践中创造出来的,是劳动人民聪明智慧的表现。（　　）

3. 绕口令是我国一种传统的语言游戏,它将若干双声、叠词词汇或发音相同、相近的语、词有意集中在一起,组成简单、有趣的语韵,要求快速念出,所以读起来使人感到节奏感强,妙趣横生。（　　）

怎样开展旅途车内游戏？

单选题

1. 下列不属于语言类游戏的是（　　）。

   A. 猜谜语　　　　　　　　　B. 绕口令

   C. 猜数字　　　　　　　　　D. 歇后语

2. 在进行车内娱乐游戏的时候,被点到的旅游者不肯表演,导游人员的做法错误的是（　　）。

   A. 导游人员可以鼓励旅游者或提议由自己陪同表演,或者找个替身代其表演

   B. 如果旅游者仍然不肯,就不要勉强,绝不能让旅游者下不来台,要始终保持一种轻松愉悦的氛围

   C. 自己不要过分强求,可以让领队或者全陪尽量做其工作

   D. 可请其谈谈这次旅行的感受或者对其他节目的看法

多选题

1. 开展旅途车内游戏,应遵循如下原则（　　）。

   A. 安全保障原则　　　　　　B. 良性互动原则

   C. 内容健康原则　　　　　　D. 快乐至上原则

2. 关于歇后语,下列说法正确的是（　　）。

   A. 歇后语是一种短小、风趣、形象的语句

   B. 前一部分起"引子"的作用,像谜底

   C. 后一部分起"后衬"的作用,像谜语

   D. 在一定的语言环境中,通常说出前半截,"歇"去后半截,就可以领会和猜想出它的本意

 知识强化

导游人员在带团的过程当中,单靠个人才艺表演是不够的。要提高旅游者的参与度,驱赶

长途旅行的疲劳,开展适当的游戏必不可少。这样能使旅游者保持良好的身体和精神状态,保证旅游活动愉快顺利地进行。总体上来讲,旅途游戏可分为语言游戏和娱乐游戏两种类型。

一、语言游戏

(一)猜谜语

谜语是指暗射文字、事物让人根据字面说出答案的隐语。猜谜语是一项文雅、益智、轻松、愉快的语言游戏。谜语最初起源于民间口头文学,是我们的祖先在长期生产劳动和生活实践中创造出来的,是劳动人民聪明智慧的表现。中华谜语历经数千年的演变、发展、完善才形成现今的体系格局。

1. 谜语构成

谜语一般由谜面、谜目和谜底三部分构成。谜面是谜语的主要部分,是猜谜时以隐语的形式表达描绘形象、性质、功能等特征,供人们猜测的说明文字。谜目是给谜底限定的范围,是联系谜面和谜底的"桥梁"。它的作用有点像路标,给人指明猜测的方向。谜底就是谜面所提出问题的答案。谜底字数一般很少,有的是一个字、一个词、一个词组,有的是一种事物的名称或者动作,最多也不过是一两句诗词。谜底既要符合谜面的内在含义,又必须符合谜目所限定的范围。

2. 谜语分类

(1)事物谜

事物谜除了少量的字谜以外,事物谜的谜底大都是一些我们生活中常见常用的"事"和"物"。比如,动物、植物、各种器具、用品、人体器官、自然现象、宇宙天体……它常常采用朗朗上口的民谣或者短诗歌的形式。比如:猜字,有马行千里,有水能养鱼,有人不是你我,有土能种谷物。谜底是也。猜动物,有头无颈,有眼无眉,有尾无毛,有翅难飞。谜底是鱼。猜植物,有丝没有蚕,有洞没有虫,有伞没有人,有巢没有蜂。谜底是莲藕。猜机器,别看名字消极,其实却很积极,成天忙着劳动,干活特别卖力。谜底是拖拉机。猜用物,哥俩一般高,出门就赛跑,老是等距离,总也追不到。谜底是自行车。猜日常用品,有嘴不能说,有肚不吃馍,虽说无胃病,黄水吐得多。谜底是茶壶。猜人体器官,根底不深站得高,要长要短看爱好,为求姿容仪态美,难计功夫费多少。谜底是头发。猜自然现象,像云不是云,像烟不是烟,风吹轻轻飘,日出慢慢散。谜底是雾。猜劳作,千人万人织锦绣,曲背弯腰汗直流,本来一片汪洋海,转眼之间变绿洲。谜底是插秧。

(2)文义谜

文义谜的谜底是表达任何一种意义的文字。所以谜底的范围是相当广泛的。它包括单字、各种词语、词组、短句等。请看下面的一些文义谜:庄稼人(打一作家名),谜底是田汉。归心似箭(打一称谓),谜底是思想家。高速抽杀(打一音乐名词),谜底是快板。指头触电(打一字),谜底是摩。灭鼠运动(打一军事名词),谜底是消耗战。遥望祖国宝岛(打一体育设施),谜底是看台。

(二)绕口令

绕口令是我国一种传统的语言游戏,它将若干双声、叠词词汇或发音相同、相近的词语有意集中在一起,组成简单、有趣的语韵,要求快速念出,所以读起来使人感到节奏感强,妙趣横生。

1. 对偶式

对偶式两句对偶,平行递进,如《四和十》:"四是四,十是十;要想说对四,舌头碰牙齿;要想说对十,舌头别伸直;要想说对四和十,多多练习十和四。"对偶式的绕口令最有名的是民间流传的绕口联,如:"童子打桐子,桐子落,童子乐;丫头啃鸭头,鸭头咸,丫头嫌。"这副绕口联同音异义,颇为绕口,实属巧对妙联。

2. 一贯式

一贯式的绕口令一气呵成,环环相扣,句句深入,如:"远望一堆灰,灰上蹲个龟,龟上蹲个鬼。鬼儿无事挑担水,湿了龟的尾,龟要鬼赔龟的尾,鬼要龟赔鬼的水。""黑化肥发灰,灰化肥发黑。黑化肥发灰会挥发,灰化肥挥发会发黑,灰化肥发黑挥发会发灰。""一面小花鼓,鼓上画老虎。宝宝敲破鼓,妈妈拿布补,不知是布补鼓,还是布补虎。"

(三) 歇后语

歇后语是一种短小、风趣、形象的语句。它由前后两部分组成:前一部分起"引子"的作用,像谜语,后一部分起"后衬"的作用,像谜底,十分自然贴切。在一定的语言环境中,通常说出前半截,"歇"去后半截,就可以领会和猜想出它的本意,所以就称为歇后语。

1. 推理式

说明部分是从前面比喻部分推理的结果。例如:猪八戒照镜子—里外不是人。水仙不开花—装蒜。哑巴吃黄连—有苦说不出。

2. 谐音式

在前面一种类型的基础上加入了谐音的要素。例如:外甥打灯笼—照旧(舅)。孔夫子搬家—尽是输(书)。火烧旗杆—长叹(炭)。粪坑关刀—文(闻)也不能,武(舞)也不能。

二、娱乐游戏

(一) 脑筋急转弯

脑筋急转弯就是指当思维遇到特殊的阻碍时,要很快地离开习惯的思路,从别的方面来思考问题。现在泛指一些不能用通常的思路来回答的智力问答题。脑筋急转弯是一种大众化的娱乐游戏,一经破解,令人忍俊不禁。

(二) 交头接耳

由导游人员悄悄向第一位旅游者说一句比较复杂的话,然后由他将此话悄悄传给第二位旅游者,以此类推,由最后一位旅游者讲出自己听到的话,由于最后的结果可能会与原话有很大的出入,大家听后会开心发笑而精神愉悦。如果旅游者数量较多,可分小组同时进行。

(三) 心心相印

一组两人面对面,一人表演,一人猜测。导游人员取出事先准备的写好词语的卡片,向表演者及场下旅游者演示,接下来由表演者通过动作和语言提示猜测者猜出卡片上的词语,但是不能直接说出卡片中的字词。表演的内容可以是景区名称、熟悉的成语、生活用品等,但是不宜过于生僻,以免冷场。

任务一　语言游戏

情景模拟 1

时间:2022 年 10 月 2 日

地点:旅游大巴

人物:全陪、全团旅游者

事件:南京某旅行社组织旅游团一行 40 人前往黄山旅游,你作为全陪,旅途中打算开展一种语言游戏,活跃旅途氛围。

角色扮演 1

全:_____

_____

_____

_____

_____

_____

_____

训练提示:导游人员开展语言游戏,可根据旅游者的兴趣选择适当的形式。

(1) 猜谜语。导游人员在组织猜谜活动时要密切注意旅游者的反应,如果多数旅游者积极性很高,踊跃参与,导游人员不妨多出些谜语,也可让旅游者来出谜语,反之导游人员则应适可而止。为提高旅游者的积极性,达到活跃气氛的效果,导游人员选取的谜语不应太难,应尽量选用经过短暂思考就能找到答案,又比较有趣味性的谜语。

(2) 脑筋急转弯。导游人员在组织脑筋急转弯活动时要考虑团队的构成。脑筋急转弯问题的答案一般都比较简短,而且现在的年轻人大多数都喜欢玩这类游戏,在各种场合经历过类似的问题,知道很多答案。有鉴于此,导游人员对年轻人要出一些不常见的、有一定难度的问题,而对年龄较大的团队,要出一些具有一定逻辑性的问题,以免他们感觉答案离谱。

(3) 歇后语。歇后语用于旅途游戏时,导游人员可以说前面的一部分,让旅游者猜后面的部分,相当于猜谜。导游人员应选择那些风趣幽默、耐人寻味的歇后语让旅游者来猜,杜绝含有庸俗或低级趣味内容的歇后语。

任务二　娱乐游戏

情景模拟 2

时间:2022 年 10 月 2 日

地点:旅游大巴

人物:全陪、全团旅游者

事件:南京某旅行社组织旅游团一行 40 人前往黄山旅游,你作为全陪,旅途中打算开展一种娱乐游戏,活跃旅途氛围。

角色扮演 2

全:_____

训练提示:娱乐游戏形式丰富多彩,为了适合在旅途中开展,导游人员有时候要对游戏的规则和内容做适当的调整。一方面是因为旅游者在车上的走动会不太方便,另一方面不同类型的旅游者喜好会有所差异。如果千篇一律地开展同样的娱乐游戏,极有可能会产生尴尬。对此导游人员既要在上团前做好充分的准备,也要在开展游戏时随机应变。

师生互动

一、被点到的旅游者不肯表演怎么办?

二、还有哪些游戏适合在旅途中开展呢?

项目考核

项 目	要 求	满分	得分
礼节礼貌	仪容仪表(头发、面容、手、指甲、服饰等)	10	
	行为举止(坐、立、行、手势、表情、礼貌用语等)	10	
角色扮演	书面材料(能完成规定的书面材料)	10	
	配合默契(角色之间配合自然流畅)	10	
	知识运用(能正确运用相关专业知识)	10	
	任务完成(能够完成特定情景下的工作任务)	10	
	学习态度(专心致志)	10	
师生互动	言之有理(针对问题能提出有价值的观点)	10	
	表达准确(口头表达能力)	10	
	参与热情(参与课堂的积极性)	10	
总 分		100	
个人小结			

补充阅读
旅途游戏题库

补充阅读
猜谜方法

模块七　送团服务

　　俗话说："行百里者半九十",导游工作的每一个环节都不容忽视。送团服务是保证旅游活动圆满结束的重要环节,导游人员应该严格按照送团程序做好各项工作。若在这一过程当中出现失误,极有可能使旅游者对整个旅游产生不良评价,甚至导致功亏一篑的局面发生。无论是全陪还是地陪,都应该充分重视这一机会,通过优质服务,善始善终,进一步提高旅游者的满意度。

项目 25

送 站 服 务

> **知识目标**
>
> 掌握送站服务的具体程序；
> 掌握欢送词的类型和写作方法。

> **技能目标**
>
> 能进行送团准备；
> 能提供规范的离店、送行、离站服务；
> 能完成欢送词的写作、讲解。

微课观看

习题测试

判断题

1. 迎接是导游人员树立良好形象的开端,接待是保持良好形象的关键,离站则是导游加深良好形象的最后节点。导游人员应该以饱满的工作热情和良好的精神状态做好离站服务工作,使旅游者顺利、安全地离开。（　　）

2. 根据《导游服务规范》,离站服务具体包括送行前服务、离店服务、离站送客服务。（　　）

3. 欢送词和欢迎词首尾相接,遥相呼应。欢迎词是导游的精彩亮相,欢送词则是对活动的有力总结。导游人员切不可虎头蛇尾,前功尽弃,而应根据服务场景精心设计,情真意切地表达。（　　）

4. 当旅游者进入安检口或隔离区时,地陪应与旅游者告别,并祝他们一路顺风。如旅游者是乘坐火车或汽车离开,地陪应等交通工具起动后方可返回;如旅游者是乘坐飞机离开,地陪应等旅游者安检结束后,才能离开。（　　）

怎样做好离站服务工作?

单选题

1. 团队送行前,地陪导游人员的工作不包括（　　）。
   A. 提前确认或落实交通票据,以确保团队能按时启程
   B. 商定并宣布行前集中行李、叫早、早餐以及集合出发的时间
   C. 提醒旅游者离开本地前抓紧购买一些旅行生活用品,以备不时之需
   D. 宣布有关离站注意事项

2. 离店服务的内容不包括（　　）。
   A. 集中交运行李　　　　　　　　B. 移交单据
   C. 办理退房手续　　　　　　　　D. 集合登车

多选题

1. 根据《导游服务规范》,离站服务具体包括（　　）。
   A. 送行前服务　　　　　　　　　B. 离店服务
   C. 离站送客服务　　　　　　　　D. 善后工作

2. 在离站送客服务阶段,地陪应与全陪协作,具体完成（　　）工作。
   A. 致欢送词　　　　　　　　　　B. 征询意见
   C. 照顾下车　　　　　　　　　　D. 移交单据
   E. 协助离站

 知识强化

迎接是导游人员树立良好形象的开端,接待是保持良好形象的关键,送站则是旅游者对导游人员良好形象的加深。因此,导游应该以饱满的工作热情和良好的精神状态做好送站工作,使旅游者顺利、安全地离开。在这一阶段,地陪要做的是送行前的业务准备、离店服务

和送行服务三项工作。

一、送站准备

（一）核实交通票据

旅游团离开本地的前一天，地陪应认真做好旅游团离开的交通票据核实工作，核对团名、代号、人数、全陪姓名、航班（车次、船次）和始发到达站、起飞（开车、启航）时间；弄清启程的机场（车站、码头）的位置等事项。

（二）商定出发事宜

地陪应在旅游团离开的前一天与领队、全陪商定出发时间，从而确定叫早、出行李及早餐时间，并通知每一位旅游者和饭店有关部门。如果该团所乘交通工具班次时间较早，无法在饭店餐厅用早餐，地陪要及时做好相应的准备工作，并向旅游者作说明。

（三）及时归还证件

旅游团离开的前一天，地陪应检查自己的行李，是否保留有旅游者的证件、票据等。若有应立刻归还，并当面点清。一般情况下，地陪不应保留旅游团的旅行证件，若需用，可通过领队或全陪向旅游者收取，用完后，立即归还。

二、离店服务

（一）交运行李

旅游团离开饭店前，地陪应按商定的时间与领队、全陪、饭店行李员一起检查行李是否捆扎、上锁，有无破损等，在每件行李上加贴行李封条，然后共同清点、确认行李件数，并填写好行李交运卡。

（二）办理退房

地陪应协助旅游者办理退房手续，并询问旅游者是否已与饭店结清账目。如有需要，地陪应收齐房卡，集中交到总服务台。如有损坏客房设备，地陪应协助饭店妥善处理赔偿事宜。通常情况下，应在中午12:00以前退房。

（三）集合登车

旅游者上车后，离开饭店前，地陪要仔细清点人数，并得到全陪或领队的确认。全体到齐后再次提醒旅游者有效证件是否随身携带，有无遗漏物品等，一切妥当后示意司机开车。

三、送行服务

（一）致欢送词

致欢送词能加深彼此的感情，增加告别气氛，令人难忘，所以地陪在致欢送词时要真诚。

致欢送词的场合多选择在行车途中,也可选择在机场(车站、码头)。

(二)征询意见

请全陪、领队或旅游者代表填写旅游团(者)意见征询表(表 25-1),从中得出他们对当地旅游活动的评价和建议。从表扬中看到自身的优势,继续发扬,从批评中找到自身不足,不断改进。通过经验的积累,提升自己的服务水平,提高旅行社的服务质量。

表 25-1 旅游团(者)意见征询表

尊敬的游客:
  为不断提高旅游服务质量,树立我社企业新形象。请您在所列项目内打"√",对本次旅游提出宝贵意见,使我们的服务不断改进,让您下次旅游更加满意!

旅行社
年 月 日

团 号				单 位										
项目	住宿			餐饮			用车服务			景点完整		购物			全陪导游			地陪导游		
	好	中	差	好	中	差	好	中	差	是	否	好	中	差	好	中	差	好	中	差
导游是否履行安全责任					安全工作是否到位									
评价或建议														
领队或游客代表签名					联系电话									
全陪签字					地陪签字									

(三)照顾下车

旅行车抵达机场(车站、码头),下车前,地陪应提醒旅游者带齐随身行李物品,准备好旅行证件,照顾全团旅游者下车,请司机协助检查车内有无旅游者遗留物品。

(四)移交单据

如送国内航班(车、船),到达机场(车站、码头)后,地陪应尽快与行李员联系,取得交通票据和行李卡,将交通票据和行李卡交给全陪或领队,并一一清点、核实。如系送国际航班(车、船),地陪应请领队、全陪一起与行李员交接行李,并在清点检查后将行李交给每一位旅游者。

(五)协助离站

进行完交通票据和行李卡移交工作后,地陪仍不能马上离开旅游团。若系乘坐国内航班(车、船),地陪应协助旅游者办理离开手续(帮助旅游者交付机场税、领取登机牌,并请全陪或领队分发登机牌;帮助办理超规格行李托运手续);若是乘坐国际航班(车、船),地陪将旅游团送往隔离区,由领队帮助旅游者办理有关离境手续(因为地陪、全陪不能进入隔离区),但地陪要向他们介绍办理出境、行李托运和离站手续的程序。

当旅游者进入安检口或隔离区时,地陪应与旅游者告别,并祝他们一路平安。如旅游者系乘坐火车或汽车离开,地陪应等交通工具起动后方可返回;如旅游者系乘坐飞机离开,地陪应等旅游者安检结束后,才能离开。

(六)结算事宜

若接待国内团,地陪应在团体结束当地游览活动后,离开本地前与全陪办理好拨款结算手续;若接待离境团,地陪应在团体离开后,与全陪办理好财务拨款结算手续,并妥善保管好单据。

任务一 送站准备

情景模拟 1

时间:2022年10月7日

地点:北京友谊宾馆

人物:地陪吴某(地)、司机刘师傅、领队珠裕玲(领)、全陪张某(全)、宾馆前台服务员、全团旅游者

事件:某旅游团一行26人由韩国釜山东航旅行社发出,代号:FSH-101001。在中国境内的线路为上海—杭州—桂林—北京,北京段由中国青年旅行社接待,游览长城、颐和园、故宫,下榻北京友谊宾馆。该团将于10月8日上午11:40搭乘GB4507航班返回韩国釜山,详情参考旅行社接待计划表(表25-2)。

表25-2 旅行社接待计划表

国别:韩国	在中国旅游时间: 2022/10/01—2022/10/08	Wonder Travel Service (豪华团)	团体全包价
韩国组团社: 釜山旅行社	旅游团名称:釜山旅行社 代号:FSH-101001 联系人:朴成俊 联系电话/传真: 00820517412306	领队姓名: 珠裕玲	团队人数:26人 男:15人 女:11人 成人:24人 12岁以下小孩:2人
国内组团社: 上海旅行社	联系人:杨某	电话/传真:021-87858888	

续表

中国境内各地接待社	上海:上海旅行社　　联系人:张某　联系电话:021-87858888
	杭州:杭州国际旅行社　联系人:李某　联系电话:0571-87858888
	桂林:桂林国际旅行社　联系人:江某　联系电话:0773-87858888
	北京:中国青年旅行社　联系人:吴某　联系电话:010-87858888

中国境内行程安排

旅游线路	上海—杭州—桂林—北京				
城市	抵离时间	入住饭店	用餐	活动内容	备注
上海	第一天 2022/10/01　7:35DH2576航班韩国釜山飞抵上海虹桥机场 第二天 13:00乘汽车赴杭州	上海饭店	一早三正	上海豫园、东方明珠电视塔、金茂大厦	
杭州	第二天下午14:40抵达杭州汽车东站 第三天 20:51KH5490航班飞桂林	杭州饭店	一早二正	西湖、灵隐寺、六和塔、茶叶博物馆	
桂林	第四天游桂林 第五天 17:18XZ2379航班飞北京	桂林宾馆	二早四正	漓江、象鼻山、芦笛岩	机场税自理
北京	第五天 19:30飞抵北京 第六、七天游北京 第八天上午11:40GB4507航班回韩国釜山	北京友谊宾馆	三早四正	长城、颐和园、故宫、老北京风情街	

角色扮演1

(地陪吴某核实完旅游团队离开的交通票据,与司机刘师傅商量出发时间。)

地:＿＿＿＿＿＿＿＿＿＿＿＿＿＿＿＿＿＿＿＿＿＿＿＿＿＿＿＿＿＿＿＿＿

司:在哪座机场?

地:首都国际机场。

司:离我们这里33千米,路上大约要花40分钟。要提前多久到达?

地:＿＿＿＿＿＿＿＿＿＿＿＿＿＿＿＿＿＿＿＿＿＿＿＿＿＿＿＿＿＿＿＿＿

司:这样算来,最晚也得8:00出发。

地:保险起见,要不我们把时间再提前一点?

司:那我们7:30出发可以吗?

地:那好的,我和领队再商量一下,有变化我再通知您。

(晚饭时地陪与领队、全陪商量出发相关事宜。)

地:＿＿＿＿＿＿＿＿＿＿＿＿＿＿＿＿＿＿＿＿＿＿＿＿＿＿＿＿＿＿＿＿＿

领:可以的,那我们7:00用早餐好了。

全:那客人得早点起床了,6:30叫早行吗?

地:没问题的,我会通知饭店的。
领:那客人的行李怎么办?
地:我们让客人在明早6:50以前把大件行李放在房间门口,小件行李及贵重物品随身携带好了。
领:那行,让你费心了。
地:没关系,应该的。
全:那等下你在车上给客人讲一下吧!
地:嗯,我会的。
(晚饭后返回饭店途中,地陪向客人宣布次日安排,提醒注意事项。)
地:＿＿＿＿＿＿＿＿＿＿＿＿＿＿＿＿＿＿＿＿＿＿＿＿＿＿＿＿＿＿＿＿＿＿＿

(下车后,地陪走向宾馆服务台通知有关事宜。)
宾:您好,有什么可以帮您吗?
地:＿＿＿＿＿＿＿＿＿＿＿＿＿＿＿＿＿＿＿＿＿＿＿＿＿＿＿＿＿＿＿＿＿＿＿
宾:请稍等,您说的是FSH-101001团,24＋2,一共是26人对吗?
地:是的,我们明天早上6:30叫早,6:50出行李,7:00用餐。
宾:我跟您核对一下,6:30叫早,6:50出行李,7:00用餐是吗?
地:是的,麻烦您通知行李生和餐厅配合一下,谢谢!
宾:放心吧!没问题。

训练提示:如旅游者乘坐出境或沿海城市的航班离开,则要求提前2小时抵达机场;如旅游者乘坐国内航班离开,则要求提前90分钟抵达机场;如旅游者乘火车、轮船离开,则要求提前1小时抵达车站、码头。地陪不仅要向旅游者说明时间安排,还应提醒、督促旅游者尽早与饭店结清所有自费项目账单(如洗衣费、电话费、饮料酒水费等),如有损坏客房设备,地陪应协助饭店妥善处理赔偿事宜。

任务二　离店服务

情景模拟2

时间:2022年10月8日
地点:北京友谊宾馆
人物:地陪吴某、司机刘师傅、领队珠裕玲、全陪张某、宾馆前台服务员、全团旅游者事件:韩国釜山东航旅行社发出的旅游团一行 26 人,将搭乘今日上午 11:40 的 GB4507 航班返回韩国釜山,现在正准备离店出发。

角色扮演 2

(行李交接完毕,地陪前往宾馆前台退房。)
宾:您好,有什么可以帮您呢?
地:_____
宾:一共是 13 张,没错。我们已经根据你们的要求提前通知客房服务中心完成了查房。
地:客人还有个人账目未结吗?
宾:都已经结清了。这是团队的账单,请在这里签字确认。
地:好的,由单位与你们统一结算。
宾:谢谢,期待您再次光临。
地:再见!
(旅游者上车后,地陪清点人数无误,开始提醒有关注意事项。)
地:_____
_____
_____
_____

训练提示:地陪应与领队、全陪共同清点行李的件数,与行李员签字交接。旅游团队退房时注意提前通知客房服务中心,提高退房效率。地陪应提前收齐旅游者房卡,办理退房手续,与饭店结清有关账目,注意与旅行社客房协议价格的保密工作,不得告知领队、全陪、旅游者。注意旅行社只承担团队房费、餐费,旅游者其他一切消费,包括房内有偿物品、电话费、个人用餐、酒水等消费一律自理。上车后地陪应注意清点人数,提醒有关注意事项。

任务三　送行服务

情景模拟 3

时间:2022 年 10 月 8 日
地点:旅游大巴
人物:地陪吴某、司机刘师傅、领队珠裕玲、全陪张某、全团旅游者
事件:韩国釜山东航旅行社发出的旅游团一行 26 人,将搭乘今日上午 11:40 的 GB4507 航班返回韩国釜山,现在乘坐大巴从北京友谊宾馆赶赴首都国际机场。

角色扮演 3

（前往机场途中，地陪致欢送词。）

地：_____

_____

_____

_____

_____

_____

_____

_____

（全陪代表国内组团社致欢送词，地陪请全陪领队填写意见征询表。）

全：_____

_____

_____

_____

_____

_____

_____

_____

训练提示：欢送词和欢迎词首尾相接，遥相呼应。欢迎词是导游人员的精彩亮相，欢送词则是对活动的有力总结。导游人员切不可虎头蛇尾，前功尽弃，而应根据服务场景精心设计，情真意切地表达。欢送词的基本内容包括：回顾旅游活动、感谢合作；表达友好和惜别之情；征求旅游者对工作的意见和建议；旅游活动如有不尽人意之处，导游人员可借机会向旅游者表示歉意；期待重逢；美好祝愿。欢送词主要有以下类型：惜别式、道歉式、感谢式。惜别式：惜别式欢送词是常用的方式之一，但切记不可过分渲染，给人以虚假之嫌。点到即可，才会使真情自然地流露。道歉式：这种欢送词往往用于有失误的情形下，通常是不得已而为之。旅游旺季或在接待过程中，有时难免会出现失误或意外，导游人员应息事宁人，以消除旅游者的怨气。送团时再次重申，既可说明自己的诚意，又可使旅游者明白导游人员已足够重视，有益于化解旅游者的不满情绪。感谢式：感谢式的欢送词是最常见的一种，如果团队旅行顺利完美,此时的感谢将会是锦上添花,会收到非常好的效果。
(填写旅游团(者)意见反馈表,旅游车抵达机场前地陪提醒注意事项。)
地：_____
_____

训练提示：旅游者到达机场前,地陪应提醒旅游者带齐随身的行李物品,到达后导游人员应最先下车并站立在车门前侧引导、协助旅游者下车,还要再检查一下车内有无旅游者遗漏的物品。安顿旅游者在一个集中位置坐好等候,并再次提醒旅游者保管好自己随身携带的物品。
(地陪、全陪和领队一起与行李员交接行李,地陪向领队扼要介绍出境程序。)
地：_____
_____
_____

领：谢谢你,我们得进去了。
(领队带领旅游团走向隔离区,地陪和全陪向旅游团挥手告别。)
训练提示：我国旅游者出境前一般都要经过以下程序:持护照、机场税票走红色通道,托运行李过安检;办理登机手续,提前取下当日乘机联,小心不要多撕,对托运的行李办好手续后,要保存好行李牌;过卫生检疫,出示黄皮书;过边检,旅游护照按名单顺序排好,依次通过。如是长期护照者可走其他通道,出过境的要填出境卡;领队将两份出境游客名单交边检检查,边检将留下一份,另一份盖边检章后,交领队放存,入境时依此检查;过安检、候机、登机。

师生互动

一、导游应如何加强与司机的协作？
_____
_____
_____
_____

二、前往机场途中出现交通堵塞地陪应该怎么办？
_____
_____
_____
_____

项目考核

项 目	要 求	满分	得分
礼节礼貌	仪容仪表（头发、面容、手、指甲、服饰等）	10	
	行为举止（坐、立、行、手势、表情、礼貌用语等）	10	
角色扮演	书面材料（能完成规定的书面材料）	10	
	配合默契（角色之间配合自然流畅）	10	
	知识运用（能正确运用相关专业知识）	10	
	任务完成（能够完成特定情景下的工作任务）	10	
	学习态度（专心致志）	10	
师生互动	言之有理（针对问题能提出有价值的观点）	10	
	表达准确（口头表达能力）	10	
	参与热情（参与课堂的积极性）	10	
总 分		100	

个人小结	

补充阅读
酒店客房服务标准

补充阅读
乘飞机小常识

项目 26

善后工作

知识目标

掌握善后工作的主要内容；
掌握带团记录的主要内容；
掌握带团总结的基本格式。

技能目标

能整理带团记录；
能撰写带团总结；
能正确处理收尾事宜。

微课观看

怎样做好送团后的善后工作?

习题测试

判断题

1. 如果预计的人数是58人,实际是56人。为了保持账目一致,后面签单的餐费,签单的门票,还是应当按照58人来进行结算。（　　）

2. 地陪在工作中出现一些失误在所难免,重要的是引以为戒,因此带团总结就显得很有必要。地陪应认真细致地进行带团总结,实事求是地汇报接团情况。接待工作中的成功经验和失败教训可以使自己更清楚地认识到自己的长处和不足,这样才能不断完善自己。（　　）

单选题

在教学视频中的处理报账事宜环节,导游填写完报账清单之后,接下来的流程是(　　)。

A. 部门经理签字　　　　　　B. 导游在线报账

C. 计调人员审核　　　　　　D. 财务人员报销

多选题

1. 送走旅游团后,导游人员工作还没有结束,导游人员还需要处理送团后的善后工作,内容主要包括(　　)。

A. 处理报账事宜　　　　　　B. 整理带团记录

C. 征询游客意见　　　　　　D. 做好带团总结

2. 带团记录中应包括(　　)。

A. 旅行团名称、人数、抵离时间、全程路线

B. 旅游团成员基本情况

C. 服务项目变更情况

D. 旅游服务提供情况

E. 旅游事故发生后的处理情况

 ## 知识强化

一、整理带团记录

送走旅游团队后,导游人员工作仍在继续。下团后,导游人员应将整个团队的接待情况记录下来,对此,全陪可填写全陪日志(表26-1),地陪可以填写专门的地陪记录表。如果在旅游中发生较为严重的旅游事故,要整理成书面材料向旅行社领导汇报。这些记录不仅能为自己的工作留下宝贵的文字材料,也能为旅行社逐步改善行程设计,提高服务质量提供重要的资料。

二、进行带团总结

地陪在工作中出现一些失误在所难免,重要的是引以为戒,因此带团总结就显得很有必

表 26-1 全陪日志

单位/部门			团号	
全陪姓名			组团社	
领队姓名			国籍	
接待时间	年 月 日至 年 月 日		人数	（含 岁儿童 名）
途经城市				
团内重要旅游者、特别情况及要求				
领队或旅游者的意见、建议和旅游接待工作的评价				
该团发生问题和处理情况（意外事件、旅游者投诉、追加费用等）				
全陪意见和建议				
全陪对全过程服务的评价： 合格 不合格				

行程状况	顺利	较顺利	一般	不顺利
客户评价	满意	较满意	一般	不满意
服务质量	优秀	良好	一般	比较差
全陪签字		部门经理签字		质管部门签字
日期		日期		日期

要。地陪应认真细致地进行带团总结，实事求是地汇报接团情况。接待工作中的成功经验和失败教训可以使自己更清楚地认识到自己的长处和不足，这样才能不断完善自己。

三、做好收尾工作

地陪应在旅行社规定时间内整理好旅游过程中发生的账目票据、表单，及早与财务部门结清账目，相关单据有旅游团（者）费用结算单、借款凭证、旅游团队报账单等。归还从旅行社借出的喇叭、导游旗等物品。如有旅游者委托事宜，应尽快按照程序办理。

任务一 整理带团记录

情景模拟 1

时间:2022 年 10 月 8 日

地点:中国青年旅行社

人物:地陪吴某

事件:地陪吴某送走韩国旅游团队之后,开始整理带团记录,填写旅行社地陪记录(见表 26-2)。

角色扮演 1

表 26-2 旅行社地陪记录

团号			领队		电话	
线路名称			起止日期			
团队情况	游客总人数:	男:	女:	其中儿童:		
组团情况	组团社			电话		
	全陪导游			电话		
团队变更、自费项目及其他需要说明的情况						
			领队或游客代表签字:			
导游履行安全责任情况						
游程情况记录	入住宾馆情况					
	游客用餐情况					
	交通工具情况					
	景点安排情况					
	导游服务情况					

地陪导游: 年 月 日

训练提示:通常在带团记录中应包括以下一些内容:旅行团名称,人数、抵离时间、全程路线;旅游团成员基本情况;服务项目变更情况;旅游服务提供情况;旅游事故发生后的处理情况等。

任务二 进行带团总结

情景模拟 2

时间:2022 年 10 月 8 日
地点:中国青年旅行社
人物:地陪吴某
事件:地陪吴某在整理完带团记录之后,撰写带团总结。

角色扮演 2

_____
_____
_____
_____
_____
_____
_____
_____
_____
_____
_____
_____
_____

训练提示:
带团总结包括下列基本内容:①旅游团基本情况;②旅游者在旅游期间的表现;③各项服务的的落实安排情况;④旅游事故处理情况;⑤旅游者对本人接待工作的评价及建议;⑥自己的工作体会和今后做好工作的打算。

任务三 做好收尾工作

情景模拟 3

时间:2022 年 10 月 9 日
地点:北京中国青年旅行社
人物:地陪吴某、计调周某、财务处钱某、总经理董某事件：地陪吴某整理旅游团（者）费用结算单（表 26-3）、借款凭证（表 26-4）等资料，填写有关单据（表 26-5），到旅行社财务处报销。

角色扮演3

表 26-3 旅游团（者）费用结算单

团号	SHT(FSH-101001)			人数	成人 24 人		
国籍	韩国	领队	珠裕玲		男 15 人 女 11 人		
全陪	张某				儿童 2 人		
抵离时间	抵 10 月 01 日 17:35 火车 飞机√ 汽车 离 10 月 08 日 11:40 火车 飞机√ 汽车						
	项目			拨款结算			
				天数	单价	人数	金额
	综合服务费拨款				2 000		2 000
用餐	早餐						
	中餐			2	50	25	2 500
	晚餐			2	50	25	2 500
	风味						
房费	用房数			1	800	12 间	9 600
	加床						
	陪同			1	100	1	100
门票	故宫				60	25	1 500
	大观园				40	25	1 000
	颐和园				30	25	750
	老北京风情街				20	25	500
交通费用	包车						
	（乘坐）飞机、火车、轮船去　地				4 000		4 000
	订送票手续费						
	外宾行李托运费						
拨款合计	24 450						
备注	请于团队到达之前将团款汇入我社账号或现付，谢谢配合						

知识链接：SHT(FSH-101001)的含义为此团由韩国釜山发出，由上海旅行社（SHT）作为国内组团社负责境内全程接待。在结算时，北京中国青年旅行社只需就北京段发生的费用与上海旅行社进行结算即可，一般不与境外组团社直接发生联系。

表 26-4　借款凭证

借款人姓名	吴某	借款日期	9月30日	报销日期	10月9日
事由	备用金				
领导批示			金额		
			贰万伍千零百零十零元零角零分		

借款人：吴某　　　　　　　　　　　　　　　　　　　　　　　　　　　　付款人：钱某

表 26-5　旅游团队报账单

团号		人数	
领队		全陪	
应收款			
应付款	内容		金额
备注			
预支款		余额		计调	

训练提示：地陪回到本社后，应在三天内整理好旅游团（者）费用结算单、借款凭证、接待计划、旅游团（者）意见反馈单，带团小结，填好旅游团队报账单，并与餐饮票据、门票存根等有关票据经计调审核后交财务部，总经理签字后结算。

师生互动

一、导游带团时应如何理财？

案例：每次下团到旅行社结账对导游小秦来说都是一件痛苦的事，一堆的票据，签单算得他头晕，而且很少能一次算得准、对上账，气得旅行社的会计总批评他，每到这时小秦都很委屈，心想："我又不是学会计的，有疏漏很正常嘛！"

二、全陪的善后工作包括哪些内容？

项目考核

项　　目	要　　求	满分	得分
礼节礼貌	仪容仪表（头发、面容、手、指甲、服饰等）	10	
	行为举止（坐、立、行、手势、表情、礼貌用语等）	10	
角色扮演	书面材料（能完成规定的书面材料）	10	
	配合默契（角色之间配合自然流畅）	10	
	知识运用（能正确运用相关专业知识）	10	
	任务完成（能够完成特定情景下的工作任务）	10	
	学习态度（专心致志）	10	
师生互动	言之有理（针对问题能提出有价值的观点）	10	
	表达准确（口头表达能力）	10	
	参与热情（参与课堂的积极性）	10	
总　　分		100	

个人小结	

补充阅读
《导游管理办法》
解读

参 考 文 献

[1] 全国导游资格考试统编教材专家编写组．导游业务[M]．北京:中国旅游出版社,2021.
[2] 窦志萍．导游技巧与模拟导游(第3版)[M]．北京:清华大学出版社,2020.
[3] 马树生,许萍．模拟导游(第4版)[M]．北京:旅游教育出版社,2018.
[4] 蒋炳辉．导游带团艺术[M]．北京:中国旅游出版社,2001.
[5] 彭淑清．景点导游[M]．北京:旅游教育出版社,2006.
[6] 天津市旅游局．全国导游基础知识[M]．北京:旅游教育出版社,2004.
[7] 熊剑平,董继武．导游业务[M]．武汉:华中师范大学出版社,2006.
[8] 毛福禄．模拟导游[M]．大连:东北财经大学出版社,2002.
[9] 李如嘉．模拟导游[M]．北京:高等教育出版社,2002.
[10] 赵利民．模拟导游[M]．大连:东北财经大学出版社,2016.
[11] 黄明亮,刘德兵．导游业务实训教程[M]．北京:科学出版社,2007.
[12] 吕莉．模拟导游[M]．北京:高等教育出版社,2004.
[13] 周晓梅．导游带团技能一本通[M]．北京:旅游教育出版社,2007.
[14] 黎泉．导游趣味讲解资料库[M]．北京:中国旅游出版社,2008.
[15] 赵冉冉．导游应急处理一本通[M]．北京:旅游教育出版社,2008.
[16] 侯志强．导游服务实训教程[M]．福州:福建人民出版社,2003.
[17] 孔永生．导游细微服务[M]．北京:中国旅游出版社,2007.
[18] 王琦．导游岗位实训[M]．上海:上海财经大学出版社,2007.
[19] 熊剑平,李志飞,张贞冰．导游学[M]．北京:科学出版社,2007.
[20] 梁杰．导游服务成功秘诀[M]．北京:中国旅游出版社,2006.
[21] 周彩屏．模拟导游实训[M]．北京:中国劳动社会保障出版社,2008.
[22] 潘宝明．导游业务[M]．北京:中国商业出版社,2002.
[23] 王昆欣．旅游景观鉴赏[M]．北京:旅游教育出版社．2004.
[24] 中国标准出版社第六编辑室．旅游标准与法规汇编[M]．北京:中国标准出版社,2006.
[25] 熊友平．导游讲解技巧[M]．杭州:浙江大学出版社,2021.
[26] 全国中级导游等级考试教材编委会．导游知识专题[M]．北京:中国旅游出版社,2019.
[27] 全国中级导游等级考试教材编委会．汉语言文学知识[M]．北京:中国旅游出版社,2019.